国家自然科学基金资助项目（41571160，41101151）

城市社会空间研究书系

主编　冯健

城乡结合部经济空间特征、演化机理与调控——以北京为例

Characteristics, Evolution Mechanism and Regulation of Economic Space in Rural-Urban Fringe: A Case Study of Beijing

刘玉　著

中国建筑工业出版社

图书在版编目（CIP）数据

城乡结合部经济空间特征、演化机理与调控——以北京为例 / 刘玉著 . — 北京：中国建筑工业出版社 .2017.9
（城市社会空间研究书系 / 冯健主编）
ISBN 978-7-112-21027-5

Ⅰ.①城… Ⅱ.①刘… Ⅲ.①城乡结合部 — 区域经济发展 — 研究 — 北京 Ⅳ.① F127.1

中国版本图书馆 CIP 数据核字（2017）第 174029 号

责任编辑：李 东 陈海娇
责任校对：李欣慰 芦欣甜

城市社会空间研究书系
主编 冯健
城乡结合部经济空间特征、演化机理与调控——以北京为例
刘玉 著
*
中国建筑工业出版社出版、发行（北京海淀三里河路9号）
各地新华书店、建筑书店经销
北京京点图文设计有限公司制版
北京君升印刷有限公司印刷
*
开本：787 × 1092毫米 1/16 印张：12 字数：280千字
2017年11月第一版 2017年11月第一次印刷
定价：38.00元
ISBN 978-7-112-21027-5
（30646）

PREFACE | 总　序

我想利用为“城市社会空间研究书系”丛书撰写总序的机会，重点说清楚三个问题。

一是这套丛书出版的背景。这包括了两个层面的内涵，即现实背景和学术背景。

现实背景是在中国快速城镇化发展进程中，尤其是在大都市用地扩张和人口高度集聚的同时，促进了社会空间的发育，催生了社会组织的成长，同时也伴生了一系列社会问题的出现。特别是当经济发展到一定程度后，城市居民的各种社会性需求充分显现，需要得到空间上硬件设施合理布局的保障以及社会关系网络的支撑。这样，“社会”和“空间”便产生频繁联系，进而相互影响和制约，西方学者称之为“社会空间辩证法”(Socio-Spatial Dialectic)，这属于地理学家的研究范畴。与此同时，中国的城市规划建设出现了前所未有的繁盛局面，城市规划需要应对大量的社会层面的新趋势、新现象和新问题，而地理学家所重视的空间思维与空间分析方法与城市规划中的“空间”内涵有着天然的契合关系。因此，围绕“城市社会空间”的主题，召集以地理学家为主的创作群体并出版系列研究成果，对于体现城市规划的“时代性”具有重要意义。

学术背景是，西方的城市社会空间研究肇始于20世纪20年代，可以追溯到著名的“芝加哥学派”，而国内的同类研究出现在20世纪80年代中后期。国内的城市社会空间研究经过30年的实证研究积累和学术发展，目前已经到了建设学科、形成有中国特色的系统理论以及把相关核心问题放大并开展系列研究的阶段了。在这个阶段，策划出版有关城市社会空间系列丛书，扩大研究的社会影响，无疑是促进相关学科发展的重要手段。

二是为什么策划出版这套丛书。一句话，就是要促进城市地理的社会化发展。通过这套丛书，高举“城市地理社会化”的大旗，切实推进新时期中国城市地理研究迈向一个新的台阶。

城市地理学是人文地理学中最有生命力、从事研究的人员数量最多、与城市规划关系最为密切的重要分支学科。一般而言，城市地理学的主要构成框架包括四个部分，即城市发展史（城市历史地理）、城镇化、城镇体系和城市内部结构。城市内部结构属于城市社会地理学范畴，而城市社会空间是其最主要的研究内容。西方的城市地理学研究，对城市发展史、城镇化和城镇体系的研究早已十分成熟，难以再产生新的理论，所以目前的情况是以城市内部结构为主要研究内容。我曾统计过美国的权威期刊 *Urban Geography* 近年某一年内所发表的论文，发现四分之三以上的论文主题属于城市内部结构方面，而只有不到四分之一的论文属于城市地理的另外三个方向。如前所述，国内学术界对城市内部结构或城市社会空间研究的关注，至今不超过 30 年时间，而尤以近 15 年来研究最为热门，取得的研究成果也最多。事实表明，中国城市社会空间研究已经成为城市地理研究理论创新最多的领域。因此，国内的城市地理研究，要强化对“城市地理社会化”的认识，让城市内部结构成为未来一段时间内中国城市地理和城市规划理论创新和实践应用最广泛的研究方向之一。

三是这套丛书的特点。这套丛书最大的特点就是通过强调“社会空间和文化生态”的理念和视角，实现地理学的“人文关怀”，包括对行为主体的人的关怀、对行为主体集聚体的社会的关怀和对行为主体活动载体的空间的关怀。

目前已经列入丛书出版计划的著作已经有 10 本，这些著作多数是博士论文或是国家自然科学基金课题的研究成果，作者以中青年学者为主。一方面，这保证了本套丛书的写作质量；另一方面，相对年轻化的作者年龄结构特点，更容易激发学术创新的火花。当然，今后还可以继续吸纳一些前沿的研究成果纳入本套丛书的出版。

这套丛书在论证选题时，本着趣味性、前沿性和学术性并重的理念，旨在吸引更广泛的读者群。这套丛书可供城乡规划、地理学、社会学、区域经济与管理等研究领域的人员，以及政府有关部门的决策人员、房地产开发与经营管理者和高校师生参考使用。

兹为序。

冯健

中国地理学会人文地理专业委员会副主任

北京大学城市与环境学院副教授

2016 年 1 月

PREFACE | 前　言

2008年奥运前夕，笔者和同事在北京市海淀区城乡结合部进行了为期三周的实地调查。此次调查让我切实感受了城乡结合部真实的发展状态，了解了此类区域发展中面临的种种矛盾与困难，也激发了对这一区域的研究兴趣，从此开始了对城乡结合部地区持续、日渐深入的关注。

城乡结合部是城市与区域空间体系中的重要组成部分之一，在促进城乡交流、约束城市边界扩张、为城市发展提供要素供给与空间储备，以及实现区域一体化等方面具有重要的作用。而作为快速城镇化影响最显著的区域之一，城乡结合部不断从乡村社会转向城镇社会或者是半城半乡的社会，空间范围急剧扩大，人口数量与结构变化显著，经济形态日趋复杂。多种要素影响下，转型过程中城乡结合部地区建立起的是一个“无序、低端、脏乱”的经济、社会、生态空间，成为城市经济发展中的“洼地”和城乡联系的“断裂带”，对城市和城乡结合部自身都形成了一系列负面效应。现阶段，“脏、乱、差”“城市发展毒瘤”等负面语言被广泛应用于描述我国城乡结合部，而且不仅是大城市、超大城市的城乡结合部矛盾集中，让城市管理者大伤脑筋，中等城市甚至有些小城市也备受困扰。

随着研究的不断深入，笔者越来越发现城乡结合部存在诸多与传统城市中心区和乡村地区不同的空间特征、形成与发展机制。时代背景、制度因素、宏观环境和微观个体行为等共同作用，使城乡结合部问题非常棘手，形成机制相当复杂，而其经济空间对城市与区域的结构优化与持续健康发展又具有重要影响。传统的城市空间研究视角与结论难以准确地解释中国城乡结合部空间的形成与演化机制。如此庞杂的问题需要长期、多角度的深入探讨。

快速城镇化进程中，城乡结合部农业用地被迅速蚕食，农业地位急剧下降。不仅使农民、农业企业、农村经济组织受到严重冲击，也让区域生态环境遭受剧烈破坏，城市失去生态保护屏障。尽管现在有些城市付出巨大的努力与成本，试图通过增加绿化用地等措施来改善本地环境质量，但收效并不太乐观。城乡结合部现有居民构成中，被征地农民与外来人口是重要的主体。这些群体虽然摆脱了农业生产与生活环境，却难以在城市中找到适合自己的就业与生存出路，生存状况普遍堪忧，而只要居民的生存境况不发生改变，其经济行为选择特征不会有根本的改变，对城乡结合部空间的影响也仍将持续。城镇化背景下，城乡结合部的转型与发展势不可挡，其中会涉及土地流转、农民安置、集体资产处置、外来人口疏解、产业升级，以及城乡经济社会管理体制的有效衔接等诸多方面工作……

我们需要的是美丽、健康、宜居、充满活力，并且在城市与区域发展中承担重要地域功能的城乡结合部。这就需要我们去系统探究城乡结合部经济社会活动的特征、规律与影响因素，分析城乡结合部的功能定位与发展方向，积极有效地推动这一地区的有序、健康发展。

CONTENTS | 目　录

城乡结合部是城市与区域空间体系中的重要组成部分之一，这一地区在空间形成与演化方面表现出与传统城市，尤其中心城区较为显著的差异性。传统的城市空间研究视角与结论难以准确地解释中国城乡结合部空间的形成与演化机制。

第1章 绪论

ONE

1.1 何谓城乡结合部

目前公认的最早提出城乡结合部（rural-urban fringe）概念的人是德国地理学家L. Louis。他在1936年研究柏林城市的地域结构时，发现有些近邻城市的乡村地区出现了很多建成区，成为市区的一部分，但它们仍然以其独特的景观成为城市新区与旧区的分界，他把这些地带称之为城乡边缘区（Stadtrand Zonen）（张建明、许学强，1997）。之后，很多学者对其进行了修正和补充，T. L. Smith研究了路易斯安那周边的城市边缘区，对其在人口组成和变动方面的特点进行了重点考察（Smith TL，1937）。Wahrwein在1942年把城乡结合部定义为"在已经被承认的城市土地与农业地区之间的用地转变地域"（张建明、许学强，1997）。1953年，W.C. Mckain和R.G. Burnight认为之前城乡边缘区的提法有一定的片面性，要将城市与乡村之间的边缘地带划分为限制边缘带和扩展边缘带，在一定程度上补充了城乡结合部的定义（Mckain W C、Burnight R G，1953）。英国的Conzen于20世纪60年代提出城乡结合部不仅仅是城市土地利用景观变化，而且是一种有序的、复杂的城市发展过程，认为城乡结合部是城市地域扩展的前沿，将城乡结合部地域结构划分为内缘区、中缘区和外缘区，分别代表不同时期地域扩展的情况（ConzenMRG，1960）。1968年，Pryor概括了之前一系列对于城乡结合部研究的不足之处，提出了许多学者较为赞同并广泛采用的概念——城乡结合部，指出"城乡结合部是城乡间土地利用、社会和人口特征的过渡地带，它位于中心城的连续建成区与外围几乎没有城市居民住宅及非农土地利用的纯农业腹地之间，兼有城市与乡村两方面的特征，人口密度低于中心城区，但高于周围的农村地区"（PryorR J，1968）。之后，城市地理学、社会学、城市规划学、城市管理学、城市经济学等学科都用自己研究的角度去界定城乡结合部，推动了对城乡结合部的深入研究。

而在中国，1980年代后期，学者们开始关注这一区域，在表述上有"城乡结合部""城市边缘区""城乡交错带""城乡边缘带（urban fringe）""城乡复合区""城市蔓延区（the area of urban sprawl）""城市阴影区（urban shadow zone）和城—乡连续区域（rural-urban continuous field）"等诸多说法。尽管"城乡结合部"这一概念广泛出现在政府文件、学术著作、新闻报刊，甚至是人们的闲谈之中，但对其却没有明确、统一的界定。

学者们从空间、行政区划、景观、土地及成因等各角度对这一区域给出了定义。例如，城乡结合部是城市建成区到农村纯农腹地之间的过渡性地域实体（任荣荣、张红，2008）；城乡结合部主要指城市与乡村的结合地带，即分布于城市建成区周围的郊区土地（许月明、梁山，1998）；城乡结合部是指城市市区、城乡郊区与乡村的结合部位（陈怡、潘蜀健，1995）；城乡结合部是一种城市与乡村相互结合的经济地理单元，该经济地理单元既不同于单纯的城市区域，又不同于纯粹的农村区域，而是既有城区风貌，又有乡村特点的一种经济地理空间（金平，2001）；2002 年 8 月，建设部、国土资源部等九部委在《国务院关于加强城乡规划监督管理的通知》中提出，"城乡结合部是指规划确定为建设用地，国有土地和集体所有用地混杂地区；以及规划确定为农业用地，在国有建设用地包含之中的地区"，明确了城乡结合部概念所具有的规划和土地管理背景的特征……即便针对同一个城市的城乡结合部空间范围，不同的研究者，甚至是不同级别行政管理部门给出的方案都不尽相同，这也为城乡结合部的实际研究与治理增加了难度。

城乡结合部是处于城市生态系统与乡村生态系统交融状态下的地区，受城市与乡村两种力量作用，在我国特定的经济社会制度背景下，已演化成一个区别于城市和乡村的经济空间单元，并且对城市与区域的空间地域结构、城乡一体化以及城镇化质量等产生越来越重要的影响。城乡结合部的空间范围是动态变化的，随着城市边界的不断扩张，原来城市外围以乡村经济社会生态要素为主的区域逐渐受到城市要素的侵蚀并不断整合，发展成为城乡结合部地区，而距离城市中心区较近的城乡结合部地区有可能逐渐发展为城区的一部分。因此，对城乡结合部的研究应该以特定的时代背景为依据。

本研究将城乡结合部界定为：城市与乡村地域之间的过渡地带，在兼具城市与乡村部分经济社会特征基础上形成了独特的经济、社会与空间运行体系，在城市与区域发展中承担重要功能的地域单元。另外，有人提出"城乡结合部"应为"城乡接合部"，而且近期有些官方文件也改用后者。"接合"意为连接到一起，"结合"意为彼此紧密联系，因此"城乡接合部"从字面上更能表明该区域的位置与区位特点，但长期以来，"城乡结合部"使用更为广泛，本书采用的表述为"城乡结合部"。

1.2 为什么要研究城乡结合部

城乡结合部的复杂性、动态性、交叉性和多样性加剧了对其清晰界定的难度。但是，它以一种什么样的形态存在，发展方向如何，以及在城市与区域发展中发挥怎样的作用，值得关注和思考，其研究价值与意义引导着理论与实践研究不断延伸与拓展。

顾朝林、熊江波指出（1989），城镇化最敏感、变化最大、最迅速的地区在城市边缘区，我国城市边缘区的研究具有宽阔的发展前景和深远的理论与实践意义。余钟夫认为（2011），城乡结合部是城市发展过程中的必然产物，一个城市的现代化水平和成熟程度，相当大程度上取决于城乡结合部地区的水平，而不是光看中心区几个亮点；如果城乡结合部搞得不好，哪怕中心区搞得再好，这个城市也不是成熟的城市。戚本超、周达提出（2007），城乡结合部是城镇化进程中普遍存在的一种社区类型，在城市中具有重要的功能，其发展状态直接影响到整个城市的可持续发展。

本书对城乡结合部地区的研究主要基于以下方面。

1.2.1 区域经济空间演化过程中的重要地域单元

改革开放以来，我国城镇化进程进入加速发展时期（Zhou Y X、Ma L J C，2003;Lin G C S，2007），城乡要素交流日趋频繁，城乡结合部承载了快速城镇化过程中城市空间扩展、要素扩散（Zhou Y X、Ma L J C，2000），以及与城市相邻乡村地区经济发展模式变化的重要后果，并在此基础上逐渐形成了独特的运行模式与景观特点。

城乡结合部的形成与扩张是城镇化过程中必然出现的产物，也是区域经济空间演化过程中所经历的必然阶段，是经济要素从区域中心（城市）向外围体系扩散过程中的重要路径（陆大道，1995; 陆大道，1998）。作为区域经济空间演化过程中的重要地域单元，城乡结合部经济空间形态及演化影响甚至决定着区域经济空间向一体化为特征的高水平、稳定平衡阶段演化的进程。

1.2.2 中国城市空间转型的重要组成部分

中国城市的空间转型是政治、经济和社会文化要素与空间复合作用的产物，其中，“经济转型”在空间转型中扮演了最重要的角色（Wu F L，2003; Gaubatz P，1999）。从某种意义讲，城乡结合部复杂的经济形式造就了其独特的经济空间形态与特征。

城乡结合部是城市经济扩散的主要空间载体，既会接受城市原有产业外迁（余钟夫，2011），也会成为城市新兴产业或新兴产业区（如各种类型的开发区）的目的地（Wang J C、Wang J X，1998）。另外，在城市要素扩散过程中，原有乡村经济会受到一定冲击与替代，但仍然会有一部分保留下来。因此，城乡结合部最终会成为传统乡村经济、传统城市产业与现代城市产业共生的地区。在这里，不仅农业与非农产业并存、传统经济与现代经济并存，而且也会有正规经济与非正规经济并存。这种复杂经济形式决定了城乡结合部独特的经济空间形态，是中国城市转型研究不可回避的重要组成部分。

1.2.3 快速城镇化背景下受多元要素影响变化剧烈而倍显研究价值

随着中国快速城镇化进程的推进，城乡结合部的经济空间作为多元要素驱动下而形成的复杂空间，其特征明显、构成复杂、重构剧烈，对它的系统研究无疑将为理解中国城市空间转型提供有益的证据。

1. 城市产业结构调整与经济空间优化

城乡结合部是城市中心功能扩散和辐射带动乡村地区发展的主要作用区域，城市每一次产业结构调整与经济空间优化都会对城乡结合部产生直接而重大的影响。例如，在新中国成立后重工业发展大潮中，北京高速增加的人口与经济活动主要集中在城乡结合部，“摊大饼”的发展模式加速了城乡结合部经济空间的演化进程。20 世纪 80 年代以后，在产业结构从“二、三、一”向“三、二、一”转型的过程中，大型工业向郊区或其他地区迁移，打破了圈层结构（景体华，2009），也显著改变与重塑了城乡结合部的经济空间。

2. 城乡结合部自身经济结构演化

通常，城乡结合部集体经济较为发达（李培林，2004），随着时代的发展与社会的进步，城乡结合部地区自身经济结构也在不断调整变化，逐渐形成带有一定乡村经济烙印的特色经济体系。受地理区位、经济基础及集体资产特点等因素影响，不仅在城乡结合部地区分布着一些传统制造业，而且以物业租赁、专业市场等为代表的第三产业也占有相当的比重。

3. 人口居住、就业与消费需求

快速城镇化进程中，城乡结合部成为大规模流动人口最主要的集聚区，同时伴随着农业用地不断地流转为城市建设用地，越来越多的被征地农民生产生活状态发生巨大变化。流动人口和城乡结合部原有农民的居住、消费需求以及就业空间分布对城乡结合部经济空间与演化产生重要影响，在某种程度上固化与加剧了城乡结合部经济空间的特殊性与复杂性。一方面，流动人口追求的偏低租金住房促进城乡结合部形成巨大的房屋租赁市场，甚至成为绝大多数城乡结合部原住民的主要或唯一收入来源，在空间上表现为连片的平房、简易住房，甚至包括大量的私搭乱建建筑。另一方面，由于人口相对消费能力偏低，消费要求也相对较低，适合其消费需求的批发市场、小型个体商户（包括餐馆、商店、理发、洗浴）等在城乡结合部地区广泛存在，从而促进了城乡结合部低端经济与非正规经济（无照经营、非法运营）的发展。

与此同时，部分现代城市产业与经济要素也在城市扩张的过程中落户城乡结合部地区，并且这一区域逐渐成为城镇居民的重要居住场所之一，人口、就业与消费结构和需求越来越复杂。

4. 城乡结合部土地流转与规划决策

城乡结合部土地权属复杂，决定了土地利用类型与经济活动类型多样。我国城乡土地权属不同，相应的土地征用、赔偿、开发等程序与运作也存在一定的差异。城乡结合部国有土地与集体土地共存，而且在空间分布上呈相嵌交错状，直接影响与制约着城乡结合部土地开发的空间格局（刘玉、冯健、孙楠，2009），同时也是造成土地开发甩边等问题的主要原因之一。另外，规划与政府决策作用对城乡结合部经济空间转型影响巨大。城乡结合部相对丰富的土地资源与发展空间使其容易成为城市规划新兴产业区、大型居住区等的首选之地。有学者认为城乡结合部是快速城镇化进程集中体现的地区（张雪松、吕正华、李逸群，1999），也是多种影响因素共同作用的地区，是容易受政策与规划影响的城市空间类型。

总之，理论上，城乡结合部既不完全同于城市核心区，也不完全同于传统乡村地区，其经济空间的形成与演化受多元要素驱动且变化频繁、剧烈，基于一般的城市经济空间形成与演化规律的理论与相关研究成果未必会适用于城乡结合部。现实中，城乡结合部人口混杂，经济活动低端、无序，空间变化日新月异，生态环境脏乱不堪，基础与配套设施短缺，城乡二元管理交叉，土地征用补偿矛盾集中……发展困境已经影响到更大范围城市与区域的健康持续发展，加之其在区域与城市空间结构与体系中的重要作用与地位，亟待从理论与现实角度对城乡结合部地区加强研究。

1.3 如何研究城乡结合部

1.3.1 已有研究综述

国内外学术界围绕城乡结合部的界定与边界划分、人口与社会经济属性、空间结构、土地利用与景观结构、演化机制等方面开展了一系列研究。

19 世纪末 20 世纪初，伴随着世界城市化进程的加剧，西方国家的特大城市快速扩张和蔓延，出现了一种兼具城市和乡村两方面土地利用、人口和社会特征的过渡地带，这种现象引起了地理学家、社会学家、规划学家等的关注，进而开始了对城乡结合部的研究。20 世纪 80 年代以来，发展中国家的城市化进程异常迅速，与之相对应，城市近域推进和广域扩张交互作用下的城乡结合部成为城市问题研究的热点之一（刘玉、郑国楠，2014）。

国外对于城乡结合部的研究大致分为三个阶段。第一阶段是 20 世纪 30 年代至 60 年代末期，与城市化进展相适应的是大都市近郊的城市元素不断增加与农村元素逐渐衰退，这种现象遍及西方主要发达国家的大都市地区。地理学家首先注意到这个现象，并从城市地理学的角度进行了各种有益研究，之后社会学家、规划学家也纷纷进入这个研究领域。总体看来，这个阶段的研究主要涉及城市地域结构和对城乡结合部概念、界定及特征的讨论。第二阶段是 20 世纪 70 年代至 90 年代初期，这个时期西方发达国家的城市化进程基本完成，对城乡结合部的研究也进入成熟阶段，主要侧重于对理论的研究，包括城乡结合部的空间结构、形成演变过程和机理的研究等。之后进入第三阶段，西方学者把研究的视角进一步转向城乡结合部的土地利用、社会管理和人性化社区建设等方面，并且针对之前对城乡结合部的认识、管理方式与规划方式等进行了反思；研究方法方面，更多地利用地理信息系统和遥感工具。

20 世纪 80 年代后期，国内学者们开始关注这一区域。1986 年发表在《江西社会科学》第 2 期上的“城乡复合区农业生态经济探讨”一文，属于国内较早探讨城乡结合部地区发展特点并提出相关问题思考的文献。这篇文章关注的主要是城市扩展与农村城市化综合作用下城乡结合部地区农业生态系统的发展与变化等。此后，学者逐渐认识到这一区域的复杂性与研究的必要性，研究视角、研究领域和研究方法等日趋丰富（刘玉、苏晓捷、车巍巍，2014）。中文期刊全文数据库篇名包含“城乡结合部”和“城市边缘区”两大主题检索词的统计显示，对这一区域的研究大致可以分为三个阶段。第一阶段（1986 ~ 1997 年），除 1993 和 1996 年两个年份论文发表数量略高外，其余年份的年论文发表数量都在 10 篇以下；第二阶段（1998 ~ 2005 年），每年论文发表数量在 25 ~ 55 篇之间，且整体上呈现逐年增长趋势；第三阶段（2006 ~ 2013 年），每年的论文数量都在 90 篇以上，最多时达到 141 篇（图 1-1）。

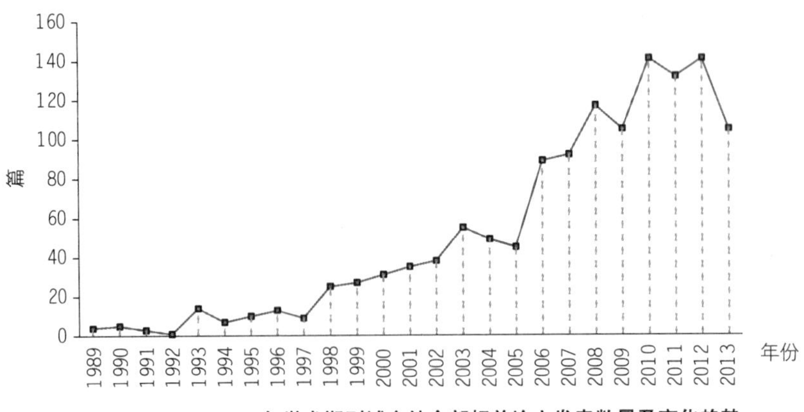

图 1-1　1989 ~ 2013 年学术期刊城乡结合部相关论文发表数量及变化趋势

（资料来源：中国知网）

有学者结合城市规划需要和城市核心区与外围的联系等情况对中国城乡结合部及其内部层次进行边界的界定（顾朝林，1989；顾朝林、陈田、丁金宏等，1993；顾朝林、柴彦威、蔡建明等，1999），还有研究提出一套基于产业活动、GIS 技术和空间自相关分析的城乡边缘区空间划分方法（曹广忠、缪杨兵、刘涛，2009）。研究发现，城乡结合部的边界一直会有变化甚至冲突，具体原因因时空尺度的不同而发生变化，但毋庸置疑的是，宏观的社会结构过程是城乡边界冲突的基础动力（Razin E、Hasson S，1994）。城乡结合部作为城乡人口的混居地带，以及城市郊区化和郊区城市化的双重主体（Zhou Y X、Ma L J C，2000），具有独特的人口、经济社会属性（曹广忠、缪杨兵、刘涛，2009；Sullivan W C、Lovell S T，2006）和空间感知特征（Weaver D B、Lawton L J，2001；Sullivan WC，1994）。这些人口和社会经济特征随距离的空间分布表现出一定的规律性，形成具有特色的空间结构，这种空间结构特征随经济发展的周期性波动而变化（崔功豪、武进，1990）。

一直以来，侵占城乡结合部土地是城市空间扩张的最重要途径，土地征用成为城乡结合部转型的初始动力（刘玉、冯健、孙楠，2009）。学术界围绕着城乡结合部土地利用、土地流转、土地征用价格、土地收益分配等问题开展了较多研究。主要贡献包括：利用统计数据、遥感与 GIS 等技术手段揭示城乡结合部土地扩展形态（刘盛和、吴传钧、沈洪泉，2000）、土地利用结构特点及其和城镇化的关系（Hara Y J、Takeuchi K、Okubo S，2005；刘盛和、张擎，2008），剖析城乡结合部土地制度的不规范及其引发的各种问题（Zhao P G、Lu B、Woltjer J，2009；Banzhaf H S，2010；Wu F、Phelps N A，2011），探讨城乡结合部土地利用变化与城乡景观重构的政策意义（Gant R L，Robinson G M、Fazal S，2011；McDonald G T、Brown A L，1984；Nkambwe M、Arnberg W，1996；Yu X J、Ng C N，2007），系统归纳城乡结合部农地非农化的机制（张安录，1999；曲福田、陈江龙、陈雯，2005；李雷艳、周介铭，2005）等。城乡结合部从乡村走向城市需要经历一个较为漫长的演变过程，同时也要面对复杂的经济、社会、环境和体制变革（Nkambwe M、Arnberg W，1996；Gallent N，2006）。从当前中国的情况来看，快速城市化发展已经对城乡结合部的居民构成、土地产出、产业转型、资产处置、管理模式和空间结构等产生重要影响与冲击，尤其是城市的空间集聚和扩散进程与城乡结合部的经济要素和管理决策交织在一起，城乡结合部经济发展的空间结构、空间后果和空间意义都值得学术界继续研究。

地理学对经济空间的研究可以追溯到各种经济区位论，它们实际上是探讨聚落和主要经济形式的空间组织方式、空间结构特征和区位决策规律（张文忠，1999a；张文忠，1999b）。国外这方面的工作很早就取得了瞩目成就，例如德国经济学家韦伯（A.Weber）、美国区域经济学家艾萨德（W.Isard）、德国地理学者克里斯泰勒（W.Christallar）、美国地理学家加里森（W.L.Garrison）以及瑞典地理学家哈格斯泰朗（T.Hägerstrand）等与他们在区位布局方面的著作，被地理学者广为熟知（陆大道，1995）。中国学者所提出或探讨的区域发展“点—轴系统理论”（陆大道，1988；陆大道等，2003）、城市与区域的“双核结构”（陆玉麒，2002；陆玉麒、俞勇军，2003）、区域港口体系空间结构（曹有挥，1999）、基于信息技术的城市空间结构成长机制（甄峰，2004）、城市社区研究（Gu C L、Wang F H、Liu G L，2005；Feng J、Zhou Y X、Logan J、Wu F L，2007；李志刚、吴缚龙，2006；Li Z G、Wu F L，2008）等都是结合中国发展实践对西方区位理论的发展，并且在指导我国国土开发、区域经济发展和城镇规划实践方面发挥了重要作用。

西方学者在20世纪90年代以后，一度形成对城市内部经济空间研究的热潮（冯健，2004）。其背景是1970年代后期以来，随着西方城市郊区化的深入发展，在许多大城市的郊区出现了新的就业中心（Suburban Employment Centers）（McDonald J F、Prather P，1994）、郊区闹市区（Suburban Downtowns）（Hartshorn T A、Muller P O，1989）、郊区磁力地区（Suburban Magnet Areas）（Stanback T M，1991）和边缘城市（Edge Cities）（Garreau J，1991），集聚经济得以快速增长，而且在高级服务业布局方面与CBD形成了直接竞争，这种状态导致了都市区内部经济和人口要素空间集聚与扩散的新变化，尤其是在人口和就业空间扩散过程中大都市区空间经济的一体化发展趋势引起了地理学者的关注（Feng J，Wang F H、Zhou Y X，2009）。

McDonald很早就撰文研究城市内部就业的空间结构，并发展了一套基于就业密度函数判断城市内部就业次中心的方法（McDonald J F，1987）。后来，他与他的合作者们又以芝加哥作为实证研究城市，通过对城市制造业、商业和居住等行业空间发展格局的分析，提出通过人口密集的次级就业中心的发展而成长起来的城市，比那些通过把公司和住户推向快速蔓延的边缘地区而发展起来的城市更为“集中化”（McDonald J F、McMillen D P，2000）。为了突出反映都市区内部人口和经济空间集聚与扩散的最新发展趋势，Stanback提出“新郊区化”（New Suburbanization）的概念，认为郊区就业的构成变得广泛，郊区以外地区的通勤者数量激增，商业、消费以及社会服务的大型中心获得发展，导致集聚经济的增长，并对中心城市的社会和经济结构构成挑战（Stanback T M，1991）。Coffey和Shearmur是长期跟踪研究城市经济空间集聚与扩散的学者，他们在对加拿大蒙特利尔的研究中发现，城市经济的发展的确表现出并趋向于多中心的本性，制造业、商业服务业的多中心化在城市空间结构的演化过程中扮演了重要角色（Coffey W J、Shearmur R G，2001 a；Coffey W J、Shearmur R G，2001 b），除此之外，近些年高级服务业也参与了城市空间的集聚／扩散进程，顾客对公司的便利性、土地花费和租金价格是其区位变动的最重要影响因素（Coffey W J、Shearmur R G，2002）。Coffey 还专门撰文总结有关城市内部经济空间集聚与扩散方面的研究，提出所谓的“生产服务地理”（The Geographies of Producer Services）理论（Coffey W J，2000）。

近年来，随着中国进入城市化发展的中期加速阶段，快速城市化带来城市空间转型速度加快，异质化、多中心化、破碎化成为转型期中国大城市空间演化的重要特征（张雪松、吕正华、李逸群，1999；Coffey W J，2000）。在这种背景下，近年来中国地理学界对城市经济空间研究较为关注，取得较多的成果。主要涉及以下几个方面：城市经济要素的空间分布及空间结构，如生产性服务业（甄峰、刘慧、郑俊，2008）、资本密度（杨永春、伍俊辉、杨晓娟等，2009）、城市写字楼（吴一洲、吴次芳、贝涵璐，2010）的空间分布规律研究；基于居民行为尤其是购物行为调查的城市空间结构和空间组织研究（柴彦威、翁桂兰、龚华，2004；柴彦威、李昌霞，2005；冯健、陈秀欣、兰宗敏，2007）；城市居民的就业空间、居住区位偏好及居住与就业的空间分离，基于交通／通勤、居住、就业的城市空间结构耦合关系（周素红、刘玉兰，2010；周素红、闫小培，2006；孟斌，2009；张文忠、刘旺、李业锦，2003）；城市生产活动、企业的区位选择与城市空间结构的关系（吕卫国、陈雯，2009；张景秋、陈叶龙、孙颖，2010；张景秋、贾磊、孟斌，2010）；利用空间数据来解析城市空间发展模式（杨振山、蔡建明、高晓路，2009）等。值得指出的是，中国城市经济的转型，伴随着文化、社会、政府和制度的转型，而它们往往和空间的再生产交织在一起（刘玉、冯健、孙楠，2009），因此，城市经济空间是研究快速城市化背景下中国城市转型不可或缺的方面。

1.3.2 已有研究评析与本研究视角

总体而言，国内外学术界对“城乡结合部”和“城市经济空间”这两个方向的研究已取得很大进展。尤其是后者，涉及郊区化和城镇化的最新发展趋势，一度成为城市发展和规划领域的研究热点，在国内则以地理学者的工作为主，相对偏重于整个城市尺度的统计数据的处理和问卷调查数据的分析，侧重对城市空间或区位规律的探讨以及对中国城市空间转型的诠释，也是地理学对发展城市理论的一个重要贡献或特色所在。但是，我们也注意到，专门探讨“城乡结合部的经济空间”的研究却较少，尤其是对城乡结合部经济空间形成与演化机制的翔实调查分析与理论框架总结还较鲜见，这正是本研究的一个重要立足点。

城乡结合部经济空间的研究具有重要的理论价值。从现实情况来看，城乡结合部经济空间的形成与演化受多元要素驱动且变化频繁而剧烈。实际上，基于一般的城市经济空间形成与演化规律的理论与相关研究成果未必会适用于城乡结合部的经济空间，因此，有必要专门对城乡结合部的经济空间开展理论和实证研究，为中国城市转型理论提供更丰富的案例。城市空间结构与形态演化的本质是经济社会要素在地域空间上聚集与扩散的运动过程（张学勇、沈体雁、朱成元，2014）。现阶段，无论是像美国这样的发达国家还是像中国这样的发展中国家，越来越多的人进入城市（Sperandelli D L，et al.，2013）。城市蔓延已成为一种普遍现象，城市空间演化进入一个新的阶段。城市经济要素空间分布从集聚向分散转变，大都市地区表现出居住与就业等的分散化，边缘城市已成为一种重要的城市形态（Henderson V、Thisse J F，2004）。但是，发展中国家与发达国家城市蔓延与边缘地区空间拓展的动力机制存在着显著差别。汽车的发展对发达国家城市蔓延与边缘地区发展起着至关重要的作用，有学者甚至认为尽管有很多原因会促进蔓延，但最根本的因素是汽车。郊区、边缘城市和蔓延都是汽车技术发展的必然（Henderson V、Thisse J F，2004），它为较富裕的中产阶级外迁提供了可能与便利。对发展中国家而言，城市人口数量的激增，城市建设的向外推进，以及城市中心区高昂的生活成本等，推动了人口与产业等向外围地区挺进。城市快速蔓延对城乡结合部地区带来的负面影响引人关注，其空间形态与结构也出现复杂变化趋势。

迄今为止，国内外关于城市空间结构模式、特征、形成与演化机理以及优化调整等方面的研究已经很多。聚集效应与地租通常被认为是城市空间结构形成与演化的主要影响因素（郭鸿懋等，2002）。以往国内对城市内部空间结构的研究大都建立在西方理论与模型的基础上，近年来，有些学者结合我国城市特点进行了一系列实证研究（冯健、周一星，2003；冯健、刘玉，2007；张庭伟，2001）。尤其是 21 世纪初以来，开始进入总结中国城市空间结构模式并开启新城市空间现象研究的多元化时期。全球化、信息技术、生态、智能等因素更多地被纳入城市空间研究体系之中（周春山、叶昌东，2013），但我国城市空间中一些独特的要素与区域差异仍未能得到充分的阐释。城市化与郊区化过程中，城市周边的乡村在城市要素、外部要素的入侵和自身经济社会组织形式变迁的共同作用下，空间形态与空间结构逐渐发生变化，演化为城乡结合部地区。快速城市化进程、独特的城市化模式和城乡二元土地与管理体制，使城乡结合部空间在短期内急剧形成与扩展，并且表现出与传统城市空间，尤其是中心城区空间具有显著差异的形成与演化机理。运用一般的城市发展与空间演化规律对城乡结合部进行开发、管理与改造，效果自然不够理想。过去城市化较多地把注意力集中在旧城中心的改造与更新，今天，城乡结合部问题到了必须解决的时候（余钟夫，2011）。而对城乡结合部的治理、改造、开发与优化必须建立在对该区域空间发展与演化机理和规律正确认识的基础之上。

另外，从方法论上看，以往对城市经济空间的研究多强调基于统计和问卷调查数据的整个城市尺度的宏观分析，常运用地理信息系统（GIS）技术、数理统计技术或其他定量手段开展研究，相对缺乏对微观视角的重视，用微观层次的基于居民个体的访谈调查的手段来研究经济空间的方法有待深入探讨。近年来，通过人的日常生活活动的微观视角研究宏观城市空间结构的变化，成为城市空间研究的新热点（张艳、柴彦威，2013），也为城市空间研究提供了一种新的思路。在研究城市空间的过程中，工商业、土地价格、就业、人口密度等方面的数据被较多地开发与运用，而居民的社会经济特性，包括收入、教育、职业、住房和家庭等较少受到关注。事实上，居民的生产消费能力、社会网络结构与经济行为特征等对城市空间结构和形态等会产生重要的影响。一直以来，研究者及管理者倾向于揭示城乡结合部地区的各种矛盾与问题，尤其对土地问题、管理问题、环境问题和教育问题等较为关注，而对这一区域的经济空间特征、形成机制等涉及不多，提出的区域改造与治理对策也更多地停留在就事论事层面，较少从人口经济活动、行为选择的需求与区域影响视角去考虑城乡结合部的发展定位与方向。

1.3.3 研究内容

图 1-2 为本书的研究框架结构。

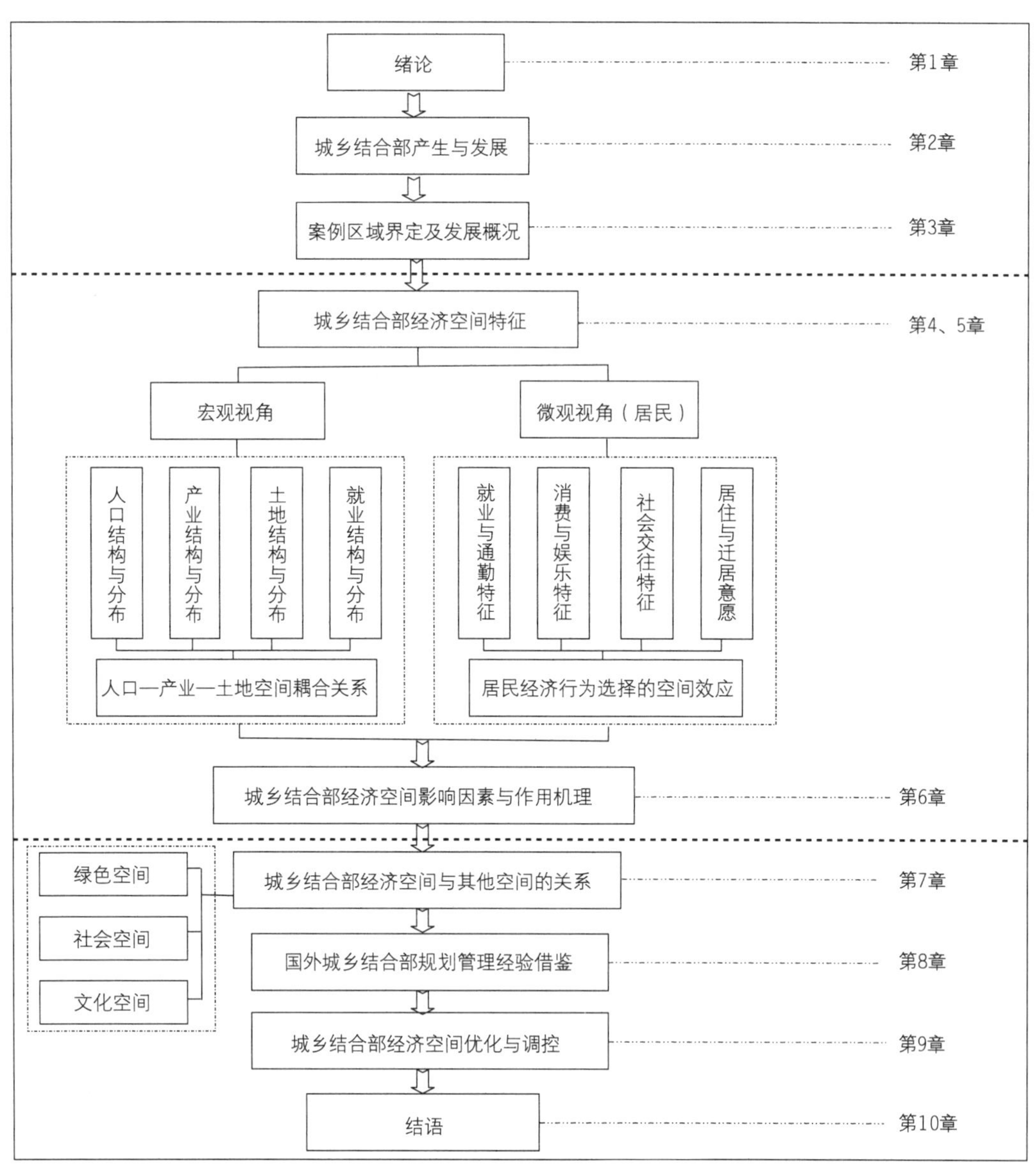

图 1-2 本书的研究框架结构

本书共有十章，第 1 章绪论部分概要介绍城乡结合部的概念界定，城乡结合部研究的理论与现实意义，已有的研究评述以及本书的研究思路与内容安排等；第 2 章概述城乡结合部产生、发展的历程与演化态势，进行了中外对比并从整体上揭示我国城乡结合部存在的问题；第 3 章主要介绍案例研究区域——北京城乡结合部的空间分布与发展概况等；第 4、5 章分别立足于空间分析、统计分析和质性研究方法等，从宏观与微观视角对城乡结合部经济空间特征加以分析；第 6 章则是在前两章研究的基础上，剖析城乡结合部形成与演化的影响因素与作用机理；第 7 章在分析城乡结合部社会空间、绿色空间和文化空间主要特征、形成机制与发展演化趋势的基础上，探讨了城乡结合部经济空间与上述各种空间之间的关系，为建立该区域和谐有序的整体发展空间奠定基础；第 8 章对国外城乡结合部的区域特征、功能定位、地域规划和规划管理等进行了较系统的介绍，旨在为我国城乡结合部未来的规划发展提供有益的借鉴与思考；第 9 章是基于前文研究结论，提出城乡结合部经济空间优化与调控思路及对策建议；第 10 章为结语，既是对本研究的一个总结，也提出一些未尽的思考与展望。

1980 年代以来，我国城乡结合部进入快速扩张和发展时期，其发展演化历程折射出经济、社会、制度的种种变迁与烙印。

茶庵农贸市场
滋美蛋糕
订做各种蛋糕 面包 时令糕点

第2章 城乡结合部的产生、发展与功能演变

TWO

2.1 城乡结合部的产生与发展

城乡结合部的产生与发展是一个漫长的历史过程，其空间范围与形态特征受城市与乡村空间边界划分方式、城乡经济社会交融程度，以及城乡土地利用与开发模式等的影响。

2.1.1 西方国家城乡结合部的产生与发展

西方国家郊区化是影响城乡结合部形成与发展的重要因素，而郊区化的推进与城市发展压力密不可分。Hoggart K（2005）认为，城市压力作用于农村腹地引起其变异和变化新机制而创造了城乡结合部地区。城市压力主要包括交通基础设施（摩托车道、飞机产业、火车及相关发展）、城市人口增加与城市扩张等。20世纪60年代，英国地理学家科曾从城市开发的有序性与复杂性角度研究，认为城市边缘区并非总是稳步向外围腹地农村推进，而是存在加速期、减速期和稳定期三种变化状态。边缘区向外推进的节奏，取决于城市经济的发展和土地利用的制约因素（涂人猛，1991）。

持续扩大的城市不断容纳边缘地区，同时在离城市中心更远的地方创造新的城乡结合部（Gollege R G,1960）。城乡结合部内部的功能和活动也在不断演变，包括居住和农业（Menzies B、Bell M，1981）、集约农业的新形式（Johnson N L，Kelleher F M、Chant J J，1998）以及旅游和商业等（Tonts M、Greive S.，2002）。郊区化与城市功能外溢促进了城乡结合部景观、功能、土地利用与空间结构的变化，也不断塑造着城乡结合部新的区域特征。城乡结合部的产生与发展兼具乡城过程和城乡过程，前者突出农村变化的主导作用，后者是城市变化引起的过程（Audirac，1999）。

2.1.2 中国城乡结合部的产生与发展

中国古代城市分为内城和外城，统称为城郭，相当于现代城市的概念。以“外城”（即城墙）为屏障，城市与乡村有着明确的分界线。近代以来，受当政者巩固统治、加强军事防御等因素的影响，城市管制措施也非常严格，高大的城墙和宽深的护城河断然地界定了城乡的分野（余钟夫，2010）。到了现代，随着城市建设的不断推进，城市空间范围不断向周边乡村地区拓展，

加之经济社会开放程度的提高，城乡要素交流日趋频繁，城市与乡村的地域界线越来越模糊，出现了城乡土地利用、景观、经济活动等相互交错的过渡地带，即城乡结合部，而且区域范围呈现不断扩大之势，内部经济社会发展也日趋复杂。

作为城市与乡村两种不同经济地域类型共同作用的区域，城乡结合部在形成与发展过程中受到城市扩张与乡村转型的双重影响。城市作为区域经济增长的中心，经济要素不断集聚，经济活动密度越来越大，对空间拓展的需求也日趋旺盛。20 世纪 80 年代以来，我国进入以城市经济扩张为主要特征的快速城镇化发展时期，包括人口在内的各种经济要素加速向城市聚集，城市膨胀问题日益突出，空间蔓延现象普遍，地域扩张甚至成为城市经济增长的重要推动力之一（图 2-1），这一过程伴随着对乡村地区日趋严重的侵蚀。最直接的表现是城市中心区外缘农业用地急剧减少，土地利用类型与结构发生显著变化，各种城市要素与现代化景观从城区迅速蔓延过来。而且，由于城市空间扩张往往沿着重要的交通线、主要开发轴带等方向延伸，向乡村地区的扩散并非是均质的、匀速的，因此城乡结合部的空间形态逐渐演化为多元化的复杂特征。

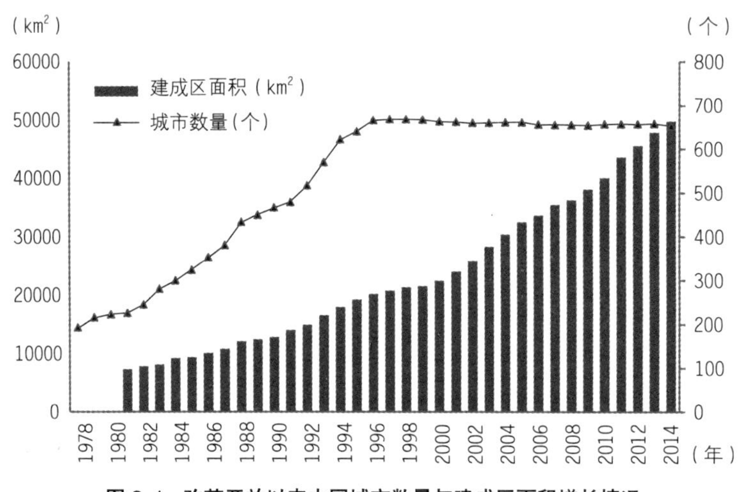

图 2-1 改革开放以来中国城市数量与建成区面积增长情况

（资料来源：《中国城乡建设统计年鉴（2014 年）》）

伴随着经济社会的发展，城市周边地区的乡村在城镇化背景下也经历着不断的转型。在接受城市辐射的影响下，非农经济活动日益增多，居民构成越来越复杂、多样化，生产组织方式由传统的乡村特点向现代城市特点转变，土地利用结构也发生显著变化。城市的郊区化与郊区（乡村）的城镇化过程共同作用，推动着城乡结合部的发展并塑造了独特的区域经济空间特征。

此外，快速城镇化背景下，我国大量乡村剩余劳动力进入城市，而受自身竞争力和城市中心区接纳能力有限等因素的制约，他们中的绝大多数落脚于城乡结合部地区，邻近城市中心区和交通便利、低价租房房源丰富的城乡结合部地区更是集聚了大量的外来人口。现阶段，城市中的外来人口在年龄特征、职业分布、就业竞争力、消费水平和居住选择等方面都具有较显著的群体特征，其经济社会特征与行为选择对城乡结合部的发展产生了重要的影响。

2.2 城乡结合部的地域功能

城乡结合部是城市与区域空间体系中一个重要的地域单元，承担着独特的经济、社会、生态与文化等功能，而且在不同的经济发展阶段和社会制度背景下，其功能存在一定的差异与变化。

2.2.1 西方国家城乡结合部的功能定位

城乡结合部作为城市的附属区，接纳了城市转移出的一些必要功能（Whitehand J W R，1967；Whitehand J W R，1988；Whitehand J W R、Morton N，2003）。城市嫁妆（urban dowry）理论认为城乡结合部只是城市的附属产物，其有别于城市（Kaika M、Swyngedouw E，2000），在承担与分担城市功能方面具有重要的作用。具体表现在：作为维持城市正常运转所必需的大型基础设施与公共服务基地，如污水处理厂、垃圾处理厂、发电站、燃气站、停车场等；作为城市对外交通枢纽，如飞机场、铁路编组站、高速公路交会处、轨道路网、仓储物流中心等；分流城市经济要素与经济活动，减轻城市压力，如居住外迁、企业生产外迁、办公外迁、商业消费外迁等；提供城市及城市居民日益增长的景观、生态与休闲娱乐空间，如乡村公园、儿童开放活动地、旅游临时营地与房车点、水上运动、体育活动和园艺等场所。城乡结合部对城市发挥着中心的作用（Gallent N、Andersson J、Bianconi M，2006）。

城乡结合部对周边乡村地区也具有重要的作用。例如，在英国等国家城乡结合部实施的绿带政策，在控制城市快速扩张的同时，也有利于保护周边乡村及遗产型城镇不受侵蚀。而且，城乡结合部布局的各类商业零售机构，在满足外迁人口消费需求的同时，也为城市附近农场提供直接营销的机会（Gallent N、Andersson J，2007）。对荷兰的案例研究发现，与城市的临近有利于城乡结合部农民识别新市场，并不断创新以适应新需求（Le GrandL、Van Meekeren M，2008）。此外，城乡结合部还是许多国家和地区人口增长的主要区域，联系城乡发展的重要纽带。1996 年由澳大利亚移民、多元文化与人口研究管理局出版的《郊区之外》（*Beyond the Suburbs*）开始关注围绕大城市和省会中心的城乡结合部，描绘了城乡结合部成为全国人口增长的主要地区的过程（McKenzie F，1996）。

西方城乡结合部在发展过程中同样存在各种困境、冲突与挑战，如城乡结合部被各种道路分割，被以前的工业活动损害，被非法倾倒的废物侵害，景观质量被破坏，经济边缘性明显，以及土地利用间的种种冲突等。Bryant 等学者总结道：之前的很多研究都探讨过如何应对这些挑战，但很少有学者考虑到城乡结合部的多功能性，很少考虑到构建一种综合的框架融合各种功能，并能使各种利益群体互相协调、合作（Bryant C R、Johnston T R R，1992）。现阶段，城乡结合部的多功能属性日益得到广泛认识。即使农业生产是城乡结合部地区最主要的土地利用方式，但它依然是附近城市的放松空间（Wu F L，2003）。城市地区的参观者会用一种非正式的方式来利用城乡结合部景观，如享受公共空间活动（Agger P，2001）。他们很看重城乡结合部农业所具有的休闲娱乐价值（Weber G、Seher W，2006）。英国乡村机构也从原来较注重城乡结合部单一的景观功能转向将城乡结合部视为多功能区加以规划（Gallent N，2006）。城乡结合部具有巨大的潜力用于发展多功能土地利用（Wood R、Ravetz J，2000）。除了经济功能外，城乡结合部基于农业景观之上的生态、休闲、娱乐与美学等功能越来越受到关注。Brandt 等人识别了多功能战略规划的多种目标，并对多功能性进行了文献综述，认为城乡结合部空间应当实现一些基本功能，如经济的、生态的、社区的、美学的和历史的功能（Brandt J、Tres B、Tress G，2000）。城乡结合部地区具有非常明显的功能性，具有非常强的非生产性趋势，如地方内嵌性、短供应链、低农场密度、高度多样化和社会开放性（Wilson G，2007）。

概括而言，西方国家城乡结合部承担着较为明确且日趋多元化的功能，除了传统的作为基础设施与公众服务布局地的功能外，农产品生产与供给功能，生态保护与文化景观功能，以及休闲娱乐服务功能等越来越受到重视。

2.2.2 中国城乡结合部的地域功能

我国城乡结合部在工业化、城镇化等宏观背景下，功能、结构、景观、区域特征等不断发生变化。1960 年代以前，城乡结合部主要为城市提供蔬菜、副食品和原料；1960 年代初，由于国家控制城区规模和发展工业的方针，城市工业向城市边缘扩散，边缘区工业用地增加；1980 年代后，第二、第三产业迅猛发展起来，工业成为边缘区发展的重要产业，出现了许多新技术开发区与科技园区（杨山，1998）。不可否认，伴随着这一过程，城乡结合部在城市与区域发展中发挥了重要的作用。

中国城乡结合部地域功能与西方国家有相同之处，但也存在一定的区别。

1. 承担部分城市功能

与西方国家类似，城乡结合部具有基础设施与公共服务及城市生态环境屏障功能，交通、水利、环卫等大型基础设施项目多布局在此，绿化隔离带建设也集中在这一区域。包括重要服务职能在内的许多城市功能在城市边缘地区集中，例如为城市提供饮用水、能源，或者处理生活污水和商业垃圾等。有些行业需要廉价的土地以及便利的交通，如办公、小型园林、轻工业、仓库和物流业等，也倾向于向城乡结合部集聚。道路、铁路编组站、机场等也集中在这一区域。

2. 城市升级与拓展的重要空间载体

一方面，中心城区的升级改造是城市升级的重要组成部分，中心城区人口与低端产业向外疏解是其主要的途径，而承接其疏解的主体为紧邻中心城区的城乡结合部地区。尤其在区域一体化发展的较低级阶段，中心城市与外围腹地之间的经济联系尚不够紧密的背景下，城乡结合部承担了城市内部疏解的主要任务。另一方面，在快速城镇化过程中，城市规模扩张趋势显著，城乡结合部地区为此提供了重要的空间储备。例如，城市政府为了扩大城市规模，在城乡结合部地区建设新城区，布局各种产业园区与科研教育基地等，使这一区域成为城市新开发用地的重要空间载体。

3. 区域和城乡一体化过程的重要纽带

城乡结合部处于城市与乡村经济地域单元的交汇区域，同时也是区域中心（城市）向外围腹地实施扩散的重要路径。城市在发展过程中通过郊区化的蔓延，引导要素扩散，由居住郊区化到商业活动郊区化，再到办公郊区化，实现空间扩张，并带动要素转移及重置，且形成新的节点，而这些节点基本位于城乡结合部地区，承接中心城区功能的外延，实现与中心城区及都市圈内其他城市的物质和信息交换，促进了城市产业升级和都市圈发展。

4. 为中低收入人口和外来人口提供住所与就业空间

城乡结合部是农村剩余劳动力等外来人口进入城市的主要栖息地。城乡结合部，尤其是城中村分布密集的出租屋（包括违章建筑在内），在现阶段为新增城镇化人口提供住所方面发挥了不可忽视的作用。同时，城乡结合部地区也是城市经济适用房、限价房、限套型普通商品住房和廉租房等政策保障房的主要分布区，为中低收入人口提供居住场所。城乡结合部人口的集聚也催生了一些包括非正规就业在内的就业机会的产生，为部分外来人口提供了一定的生存空间。

2.3 城乡结合部的发展过程

西方较发达国家的城乡结合部虽然也经历了不同程度的开发历程，发展过程也较中国长，但整体开发程度与复杂性远不及我国，在此着重探讨中国城乡结合部的发展过程。

2.3.1 农业、生态与边界约束功能逐渐丧失

快速城镇化过程中，城乡结合部成为我国区域经济增长和城市景观变化最显著的地带之一（齐童、白振平、郑怀文，2005）。有研究表明，改革开放前十年，发展最快并取得卓越成就的，既不是城市的市区经济，也不是广大乡村地区的农业经济，而是在城乡结合部形成的城郊经济（石永江，1991）。主要动力在于其拥有经济建设中最宝贵的土地资源与发展空间。城市中心与边缘土地价格的差异，农业与非农业用地土地收益之悬殊，使得城乡结合部地区大量农田被征用开发，成片绿化用地被占用改建。在经济利益驱动下，城乡结合部表现出较强的城市扩展空间的储备功能。城市产业的转移与扩散，加之原有乡村经济结构与形态的城市化转变，使城乡结合部经济建设功能日趋增强，而其原有功能，如城市蔬菜、水果等农副产品供应地，城市空间增长约束界线，区域绿化、生态屏障等，却被忽视而逐渐丧失。

目前，在城乡结合部地区，生态农业、休闲农业、观光农业等现代农业业态在农业中所占比重较大。相对于传统农业而言，这些新型农业业态附加值较高，但城乡结合部地区作为城市蔬菜、水果等农副产品基地的功能没有得到应有的重视。例如，以前在北京规划部门确定的城

乡结合部地带，蔬菜基地生产占北京蔬菜市场供应的 30% ~ 40%，而到 1990 年代中期，北京 90% 的蔬菜供应来源于山东等邻近省份（刘扬，1995）。同一时期，处于北京城乡结合部的绿地及绿地规划区域也被大量侵占，如平房乡规划绿地面积被各类建设用地占了 40% 以上（陈佑启，1996）。尽管近年各地采取了一些措施遏制这种态势，但收效甚微。城乡结合部农业、生态功能持续弱化，经济与空间开发热情逐步高涨。此外，城乡结合部作为城市与乡村间的过渡区域，是城市发展的缓冲地带，除了在城市与区域中承担的特定实体功能外，还应具备约束城市边界扩张的功能，以有效隔离城市发展对乡村地区的侵占与破坏。而事实恰好相反，在经济利益导向下，城乡结合部不仅自身成为城市空间扩张最主要的阵地，还不断向外推进，导致结合部的空间范围持续、急剧扩张。浪费土地资源，破坏城市总体规划，成为城市伤疤和补丁，给城市管理与发展带来很多后患（齐童、白振平、郑怀文，2005）。

2.3.2 独特的经济、社会与空间运行体系日益形成

在我国长期以城市为中心的城镇化过程中，不仅在城市与乡村的关系方面城市占据主导地位，而且在市区与郊区的关系方面，市区也占据主导地位，所以城市中心城区是发展的核心。中心城区为了实现更高层次的发展，不断进行产业转移、企业搬迁、旧城改造与空间扩张等，而目标区域正是与其紧邻、土地资源丰富、生产要素价格低廉的城乡结合部地区。

随着城市规模的扩大，越来越多的占地大、污染重的基础设施与公共服务部门布局在城乡结合部，大量无法挤进市区的外来人口也落脚于此。在这种背景下，各种城市要素与力量加速向结合部地区集聚，处于城市与乡村交界状态下的结合部逐渐被城市侵蚀、渗透与改变。被城市边缘化的要素散乱地镶嵌、叠加在结合部地区，加快了这一区域的城市化进程，也随同原有乡村经济、社会要素和景观生态不断塑造着一个全新、独特的空间。尽管由于空间制约，有些现代产业园区、文化教育基地、休闲娱乐场所和新开发居住小区等落户城乡结合部，但在宏观发展环境的影响下，无法带动这一区域真正走向现代化。规模小、档次低、分散经营的集体经济，无法彻底实现就业与生活城市化的转居人员，游走在城市边缘的大量外来人口，开发势头火热但利益矛盾重重的土地资源，经济与体制因素下投入不足的基础设施等要素相互作用、相互影响，使城乡结合部逐渐从原来城区发展的影响与附属区域，变成了一个既区别于城区也不同于乡村，相对独立且特殊的经济、社会与空间体系，具有通勤比例高、功能单一、基础设施与公共服务不健全等特点。

2.3.3 结构、效率与各种利益关系趋于恶化

城乡结合部是动态的、复杂的，也是最容易被忽略的。一方面，无论是上级部门还是结合部基层政府，都在等待着拆迁改造，从而放松了对其长远的规划与认真的管理；另一方面，城乡结合部存在城市与乡村两种要素，受我国长期城乡二元体制的影响，这一区域的规划、管理

也是由城市和乡村分别、交叉地进行。城乡分割状态下，其规划管理明显缺失而且矛盾重重。国有土地与集体土地的交错分布，城镇人口、农业人口与外来人口的混杂居住，现代城市经济与乡村传统业态的相嵌布局，不仅加大了规划管理的难度，也导致了政府间、部门间的相互推诿。

缺少规划，未来不明，各利益主体就把目光聚焦在短期利益最大化的挖掘上。第一，农村土地被大量出让并改变用途。温州市瓯海区仅 1998 年，非农建设占用耕地就达 5 937 亩，其中大部分为集体建设用地。苏州市城乡结合部耕地全部变为建设用地的“无地生产队”达 58 个，加上下属县市，“无地生产队”达 200 多个（土地利用管理司调研组，2001）。第二，集体经济经营松散并逐渐转向房屋开发与出租。广州城乡结合部南景村早先用征地费兴办的各类企业和服务业曾红火一时，但随着经济的发展，这类集体经济组织暴露出许许多多的问题，如经营管理混乱、产品档次不高、生产技术落后、无法适应市场的竞争等。为了维持村集体的收支平衡，只好寻求新的经济增长，兴建厂房收租金，房屋开发和出租（周大鸣、高崇，2001）。第三，居民住房私搭乱建，违法交易。廊坊市城乡结合部有 70% 的农户私下出租房屋，郑州市城乡结合部 90% 的农户私下买卖或出租房屋（土地利用管理司调研组，2001）。第四，违法违章经济活动滋生、蔓延。目前，北京海淀区城乡结合部田村路街道辖区内有无照经营户 256 户，有的还制假卖假（刘玉，2012）。

混乱状态下这一区域的经济、社会、土地、空间结构合理性遭到破坏，经济要素利用与产出效率持续下降。缺少规范导致各自投机，利益分配出现不公平，许多人生活不稳定，各种利益关系趋于恶化，经济、社会与空间运行体系中蕴藏着巨大的危机。

2.4 本章小结

城乡结合部，作为城市与乡村之间的过渡区域，是城市化进程中的必然产物，在全球广泛存在，其地域范围随着城市化的推进与经济社会的发展不断发生变化。

城乡结合部是一个充满生机、矛盾和困惑的区域，其发展演化历程折射出我国经济、社会、制度的种种变迁与烙印。总体而言，1960 年代起我国城乡结合部的产业结构与发展形态开始有所变化，1980 年代以来进入快速发展与变化时期。多种因素影响下，我国城乡结合部已逐渐发展、演绎成一种具有独特特征的地域类型，在城市与区域经济快速发展中发挥了重要的作用，但普遍存在的不良发展状态也给城市与区域的高端发展带来困惑与挑战。

城乡结合部绝不仅仅是城市与乡村之间的一个过渡空间，更不能单纯为城市扩张提供土地储备与空间支持，它具有自己独特的、重要的功能。城乡结合部的发展应该是适度的、有序的，应以不削弱其应有的功能为前提（齐童、白振平、郑怀文，2005）。西方国家对城乡结合部的区域功能有了较全面、系统的认识，尤其是探索并挖掘其多功能方面已经取得了一定的进展，近期结合城乡结合部农业多功能的研究，更进一步强调了其在生态、文化、休闲娱乐，以及健康食物供给等方面的功能与价值。我国对城乡结合部区域功能的认识也在不断提高与深化，但总体而言，经济功能仍是被广泛重视和强调的功能，这也正是导致城乡结合部土地开发混乱的重要原因之一。生态功能也得到了一定的重视，只是片面停留在单纯的绿化等方面。文化与休闲娱乐功能，区域联系纽带功能等则仍未得到应有的重视。

城乡结合部的产生与发展有着深刻的宏观环境与时代背景，现阶段，我国城乡结合部进入快速转型时期，也是影响此区域自身乃至更大范围区域发展的关键时期，需要系统、全面地认识其发展态势，总结发展规律，并制定好未来的发展方向。

广大的城乡结合部地区为北京的发展作出了突出的贡献，成为首都科学发展的战略新区，但也是城镇化进程中矛盾最为突出的区域，许多经济、社会、生态问题亟待解决。

第 3 章　北京城乡结合部空间分布与发展概况

THREE

3.1　北京城乡结合部空间范围与演进

城市与乡村地域的界线随着经济社会的发展日渐模糊并处于不断变化之中，由此导致城乡结合部的空间范围也具有显著的动态变化特征。在北京城市建设进程不断推进的过程中，北京的城乡结合部空间分布与范围不断调整。总体而言，北京城乡结合部的发展与城市交通形态及经济发展格局的变化密不可分。

3.1.1　北京城乡结合部的发展演化历程

众所周知，新中国成立前乃至改革开放前，经济建设一直处于缓慢发展与恢复期，城市建设进展也不明显。再加之较为严格的城市与乡村二元发展体系，城乡结合部在这种背景下基本未出现较为明显的特征。有研究表明：新中国成立前，北京城市核心区每年向外扩展只有不到 0.2km^2。城市与乡村之间基本不存在过渡带，即没有真正意义上的城乡结合部。新中国成立初期，北京城乡结合部扩展也非常慢，到 1955 年，北京城乡过渡带面积为 72.9km^2，平均每年扩展约 0.9km^2。之后较前一阶段有所加快，范围主要集中在二环路以外，面积年均扩展 14.1km^2。20 世纪 50 年代初到 60 年代初，城乡结合部主要扩展方向在西北海淀区往颐和园、圆明园一带，主要为教育科研区；东向的东八里庄、双井、劲松及西向的石景山区一带为另外两个主要扩展区域，主要是新建工业区。至改革开放，城乡结合部在各个方向上都有较大扩展，向东延伸到了今通州区，向西已到老山一带，往北到了清河、东小口一带，往南到了南苑一带，城乡结合部已初具雏形（余钟夫，2010）。

改革开放后，北京城市建设与经济建设步伐均明显加快，城乡结合部发展也进入一个新的阶段，空间范围上出现围绕中心城区向外不断推移的趋势。由于北京采取的是以环路为主的建设模式，城乡结合部的空间拓展也呈现环状外推态势。1992 年前，北京近郊城乡结合部主要分布在二环以外的区域，包括朝阳、海淀、丰台和石景山等外围区域，以及高碑店、平房、东风、卢沟桥、玉渊潭、四季青、大屯等乡镇。1994 年三环路建成通车后，近郊城乡结合部也逐渐由二环路附近转移到三环路附近（戚本超，2007）。城乡结合部面积扩展速度显著加快，1984 ~ 1992 年，北京城乡结合部面积年均扩展 36.5km^2，到 1996 年，城乡结合部平均宽度达 14.7km，面积达 1585.8km^2，是核心区面积的 5.2 倍，占整个北京市面积的 9.7%（余钟夫，2010）。

20世纪90年代中期开始，北京外来人口数量出现激增，外来人口中多数选择落脚城乡结合部地区，也从某种程度上促进了北京城乡结合部的进一步发展。另外，随着发展进程的加快，原来城乡结合部中有些区域配套建设日渐成熟，如朝阳区西部、海淀区山前区域和丰台区河东各地区，出现了恋日、万柳桥、莲花池、芳群园等小区，以及首都图书馆、颐方园体育健康城、燕莎商城、太平洋百货、大中电器城、十里河建材城、丽泽建材城等文化、体育和商业机构（余钟夫，2010），开始不断演变成新的市区。到21世纪初期，近郊城乡结合部的范围主要分布在石景山区的绝大部分地区和朝阳区、海淀区、丰台区三环路以外的部分地区（北京市农研中心、北京市委研究室、北京市政府研究室联合调查组，1999）。

2001年北京四环路建成通车，带动了沿线农村地区经济社会发展，城市中心区部分产业与经济活动也转移到交通便利、发展空间更充实的四环路附近，城区范围进一步外推，城乡结合部也从三环路、四环路沿线逐步外扩。2001年北京成功获得第29届夏季奥林匹克运动会举办权，也促进了北京以北部为主的部分城乡结合部地区的改造与发展。至今，北京城乡结合部已经拓展到五环、六环路附近。

在上述城乡结合部的发展演化过程中，不仅空间范围出现了变动，开发程度与经济社会特征也在不断变化。总体而言，城乡结合部农业用地持续减少，农业经济不断被城市非农经济所替代，人口构成越来越复杂，景观混合、破碎程度进一步加剧，城市化程度不断提高。在此过程中，城乡结合部接纳了城区转移人口、产业、企业，吸收了数以百万计的外来人口，贡献了大量城市建设、发展所需的土地和空间，在城市经济社会发展中发挥了重要的作用，但根深蒂固的城乡二元体制，多元交叉的管理体系，日新月异的发展变化也使得这一区域积累了大量矛盾与问题，成为现代城市发展中的“毒瘤”（图3-1）。

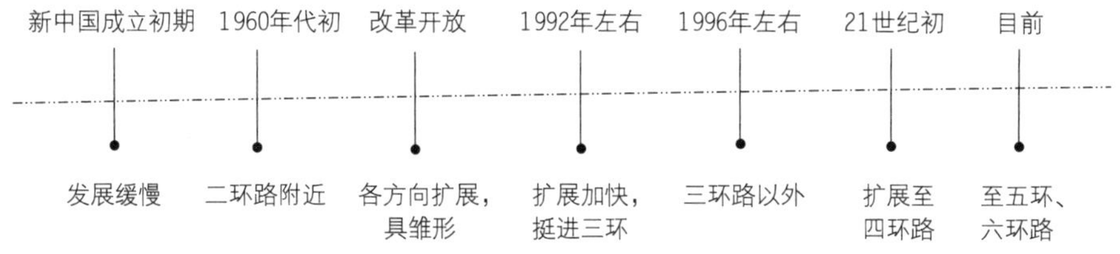

图3-1 北京城乡结合部演化历程示意图

3.1.2 现阶段北京城乡结合部空间范围界定

关于城乡结合部范围的界定，有定性和定量两种方法，定性方法主要是根据经验或者行政区划来进行划分，例如弗里德曼根据通勤经验，将城市周围约50km的区域划为城乡结合部（杨再巧，2008）；宋金平、李丽平将朝阳、丰台、石景山、海淀四区的地域确定为城乡结合部（宋金平、李丽平，2000）。定量的方法主要是通过构建合理的指标体系对城乡结合部范围进行界定，如顾朝林利用人口密度和距离中心城区距离等数据确定上海的城乡结合部范围（顾朝林，

1995); 陈佑启利用 20 个指标，建立“断裂点”模型，确定城乡结合部范围（陈佑启，1996）；曹广忠则根据制造业、服务业就业人口密度确定北京城乡结合部的范围（曹广忠，2009）。

表 3-1 为学者们整理的国内对城乡结合部属性特征和地域范围的界定。

国内典型的城乡结合部地域范围划分方法　　表 3-1

项目	人口密度梯度率	断裂点分析	景观紊乱度分析	突变检测分析	熵权模糊分析
时间与代表人	1995 年，顾朝林	1996 年，陈佑启	1995 年，程连生	1999 年，章文波	2005 年，孙世民
研究对象	上海市	北京市	北京市	北京市	北京市
研究角度	城乡社会板块	综合社会经济指标	土地利用类型	土地利用类型	综合特征属性指标
划分临界点	密度梯度突变值	距离衰减突变值	景观紊乱转折点	城市用地比率突变点	模糊划分
划分结果	内外边界	内外边界	内外边界	内外边界	内外边缘区
划分指标	人口密度	水平、结构、密度、联系和基础设施五类，共 20 个指标	市地、农地、交通用地、水面和其他用地类型，共 18 个指标	市地、水体和非城市用地等用地类型，共 14 个指标	人口、用地景观、经济和社会四类，共 15 个指标
数据来源	城乡人口分布	社会经济统计资料	彩色 TM 合成影像图	彩色 TM 合成影像图	社会经济统计指标

资料来源：转引自：杨再巧．基于城乡统筹视角的城乡结合部问题研究——以重庆市南岸区涂山镇莲花村畜牧社为例 [D]. 重庆大学硕士论文，2008.

2010 年左右，北京市规划委员会界定的中心城城乡结合部空间范围包括：朝阳、海淀、丰台、石景山四区中心城边缘地带以及与大兴、昌平相接壤地区，包括十个边缘集团（清河集团、北苑集团、酒仙桥集团、东坝集团、定福庄集团、垡头集团、南苑集团、丰台集团、石景山集团、西苑集团）、全部第一道绿化隔离带地区及部分第二道绿化隔离带地区，面积约 753km^2（图 3-2）。

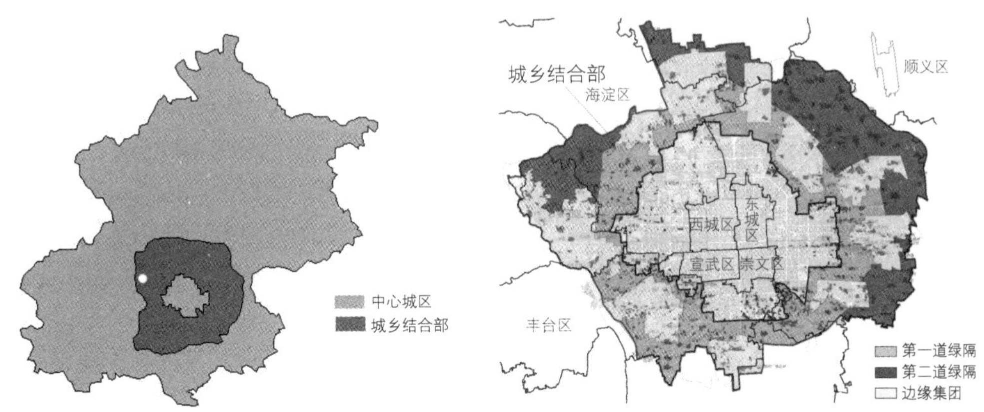

图 3-2　北京规划部门界定的中心城区城乡结合部示意图

（资料来源：根据北京市规划委员会相关图绘制）

然而，城乡结合部的空间范围随着城市建设的推进呈现动态变化趋势，不断向外围推进，因此从更广阔的全市角度而言，北京城乡结合部地区已从原来的朝阳、海淀、丰台、石景山边缘地带扩展到大兴、昌平、通州、顺义等与主城区相邻的大片区域。因此，本研究在规划部门确定的城乡结合部空间范围基础上，结合最近发展演变趋势，将北京城乡结合部空间范围作了一定的拓展。

受研究资料与数据获取的限制，本书中对北京城乡结合部进行相关分析时，如无特殊说明，采用的是以区为基本行政单元的统计范围，包括朝阳区、海淀区、丰台区、石景山区、通州区、昌平区、大兴区和顺义区，在资料与数据能够支持的情况下，将重点对表 3-2 中涉及的城乡结合部核心区相关街道与乡镇进行分析。

基于街、乡的北京城乡结合部核心区空间范围界定 表 3-2

区	街道、乡镇（地区）					
朝阳	洼里（奥运村）	大屯	来广营	太阳宫	望京	酒仙桥	将台
	东坝	平房	高碑店	三间房	王四营	南磨房	垡头
	小红门	豆各庄	黑庄户	管庄	常营	麦子店	十八里店
	金盏	孙河	崔各庄	东风			
海淀	四季青	万柳	东升	香山	青龙桥	清河	西三旗
	马连洼	田村路	上地	西北旺			
石景山	八宝山	老山	八角	古城	金顶街	广宁	苹果园
	五里坨						
丰台	卢沟桥（乡）	宛平城	丰台	花乡	南苑（街）	太平桥	右安门
	马家堡	和义	卢沟桥（街）	东铁匠营	东高地	南苑（乡）	新村
	大红门						
昌平	回龙观	东小口	北七家	沙河	小汤山	百善	
大兴	旧宫	西红门	黄村	亦庄			
通州	北苑	永顺	台湖	马驹桥	梨园	宋庄	
顺义	仁和	后沙峪	天竺	南法信	高丽营		

3.2 北京城乡结合部发展现状

城乡结合部处于北京中心城区与外围区域之间，地理位置非常重要。作为城市空间体系的重要组成部分之一，不仅自身的发展水平关系到城市整体竞争力，而且具有维系中心—外围、联系城—乡的重要作用。北京城乡结合部历经长期发展积累，又不断接受着现代化改造与重建，发展层次与水平有所提高，但仍然存在一系列较为严重的问题。

北京城乡结合部地区主要分布在城市功能拓展区和城市发展新区，这两类地区正是北京今后经济发展的重要支撑区域。2013 年，北京城乡结合部各区共实现地区生产总值 12 806.6 亿元，占全市地区生产总值的 65.7%，三次产业结构比例为 0.66：24.3：75.1，与全市同期产业结构的 0.8：21.7：77.5 相比，第二产业比重略高，第一和第三产业比重偏低。另据 2013 年北京第三次经济普查数据，城乡结合部第二、三产业法人单位数分别为 37 712 和 432 455

个，占全市第二、三产业法人单位总数的 72.8% 和 74.7%。城乡结合部第二、三产业从业人员分别为 148.9 万和 637 万人，占全市第二、三产业从业人员总量的 68.7% 和 71.2%。由此看出，城乡结合部在北京非农产业发展中占据着重要的地位。2013 年，北京城乡结合部从业人员 50 人以下法人单位占了全部法人单位数的 95.4%，其中 7 人及以下规模法人单位占比为 77.6%，小微型企业为绝对主体。

另据第二次经济普查数据，2008 年，北京城乡结合部核心区法人单位共 90 408 个，其中第二产业法人单位 16 510 个，第三产业法人单位 73 898 个，占全市比重分别为 33.7%、42.9% 和 32.2%；从业人员超过 244.9 万人，其中第二产业从业人员 72.5 万人，第三产业从业人员 172.4 万人，占全市比重依次为 30.0%、36.0% 和 28.0%。从城乡结合部法人单位与从业人员内部构成看，第二产业法人单位占本区域法人单位总数的 20.6%，这一比重远高于城区的 4.3%，也高于全市的 14.4%，从业人员的结构呈现出同样特征（表 3-3）。从中可以看出，城乡结合部核心区分布着北京 1/3 左右的单位与从业人员，在经济与社会中具有较重要的地位，尤其在北京第二产业发展中承担着重要的作用。

以从业人员规模划分，北京城乡结合部核心区 50 人以下的法人单位占了全部非农法人单位总数的 92.1%，其中 7 人及以下规模的法人单位为 65.1%，由此看出，城乡结合部核心区非农产业法人单位规模以小型为主，这一比重高于城区和全市同类水平。以从业人员所在法人单位登记注册类型看，86.3% 的从业人员就业于内资企业，4.9% 的就业于港澳台商投资企业，8.7% 的就业于外商投资企业，这一结构分布与全市整体水平基本一致。

北京城乡结合部核心区法人单位与从业人员结构及其与城区对比（%）　　表 3-3

	二产法人单位占比	二产从业人员占比	7 人及以下规模法人单位占比
城乡结合部核心区	20.6	31.3	65.1
城区	4.3	10.2	62.5
北京市	14.4	24.6	62.1

资料来源：北京第二次经济普查年鉴；北京各区第二次经济普查年鉴。

以从业人员结构分析，北京城乡结合部核心区就业于国有单位的比重占本区域内资单位总和的比重为 20.2%，低于全市同类数据 7.5 个百分点，但国有独资单位占比却高于全市同类数值 6.1 个百分点。另外，城乡结合部核心区集体单位和私营合伙单位占比也显著高于全市水平，说明集体经济与私营合作经济较为活跃。

从从业人员就业的行业结构分析，北京城乡结合部核心区占全市比重较大的行业依次为：交通运输、仓储和邮政业（44.1%）、制造业（38.1%）、水利、环境和公共设施管理业（37.2%）、采矿业（35.8%）、居民服务和其他服务业（34.0%）、建筑业（33.3%）以及批发和零售业（31.4%）；而占全市比重较低的行业为：金融业（7.1%）、文化、体育和娱乐业（16.7%）和电力、燃气及水的生产和供应业（18.1%）（表 3-4）。由此看出，北京城乡结合部核心区第二产业和第三产业中的传统部门分布较为集中。

北京城乡结合部核心区分行业从业人员占全市各行业比重（%）　　表 3-4

行业部门	占比	行业部门	占比	行业部门	占比
采矿业	35.8	批发和零售业	31.4	水利、环境和公共设施管理业	37.2
制造业	38.1	住宿和餐饮业	25.2	居民服务和其他服务业	34.0
电力、燃气及水的生产和供应业	18.1	金融业	7.1	教育	26.1
建筑业	33.3	房地产业	27.5	卫生、社会保障和社会福利业	21.5
交通运输、仓储和邮政业	44.1	租赁和商务服务业	28.4	文化、体育和娱乐业	16.7
信息传输、计算机服务和软件业	24.8	科学研究、技术服务和地质勘查业	25.8	公共管理和社会组织	20.3

资料来源：北京第二次经济普查年鉴；北京各区第二次经济普查年鉴。

3.3　北京城乡结合部改造与建设

北京城乡结合部作为城市空间结构的重要组成部分，于《北京城市总体规划（1991 ~ 2010）》颁布之日起正式提上规划日程。并于 2005 ~ 2007 年，奥运筹备期进行了大规模的整治，该期间的治理主要集中在第一道绿色隔离带内，实行市、区两级财政补贴，共整治城中村 171 个，拆迁安置人口共 7 万人，改造用地 519.5hm^2，取得了良好的社会效益。2009 年年底，城乡结合部的整治范围逐渐扩大，逐渐延伸至第二道绿色隔离带区域。城乡结合部城市化建设被列入“十二五”规划。2010 年正式启动的“城乡结合部 50 个重点村改造工程”和 2015 年编制完成的“城乡结合部建设三年行动计划（2015 ~ 2017 年）”是近期北京城乡结合部改造与建设的重点工作（图 3-3）。

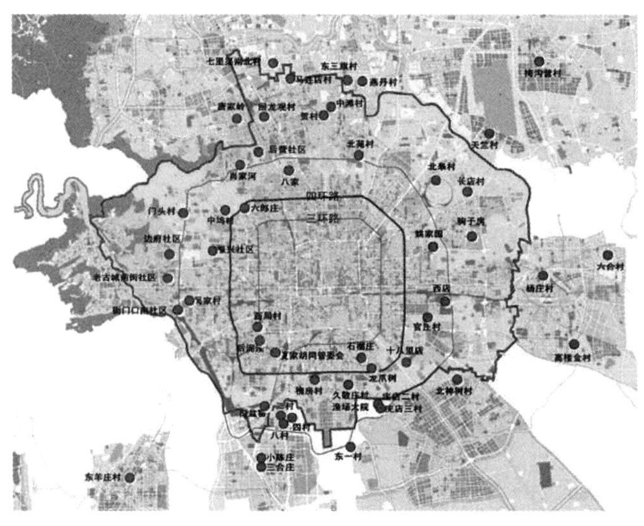

图 3-3　北京市城乡结合部 50 个重点村分布示意图

（资料来源：北京市规划委员会）

3.3.1 城中村改造

作为问题最突出、矛盾最集中的地区，城中村的治理与改造问题一直是城乡结合部治理与改造的重点。尽管北京城中村的整治工作一直在持续进行，但涉及范围较大、实施力度较大的工作当属“城乡结合部 50 个重点村改造工程”。

50 个重点村，分布在朝阳、海淀、丰台、石景山、房山、通州、顺义、昌平和大兴 9 个区，涉及 73 个行政村 133 个自然村（表 3-5），面积相当于东城、西城两区之和，涉及户籍人口 18.3 万人，其中，农民 14 万人，居民 4.3 万人，流动人口近 69 万人。工程中需要拆除宅基地面积将达到 1200hm^2（徐文营、金晶，2010）。这些城中村人口密度高、流动人口严重倒挂、环境卫生状况差、违章违法建筑泛滥、社会治安混乱。

北京城乡结合部市级挂账整治督办重点村（点）名单　　表 3-5

序号	村名	所属区县	所属乡镇	序号	村名	所属区县	所属乡镇
1	驹子房村	朝阳区	东坝乡	26	衙门口南社区	石景山区	鲁谷街道
2	西店村	朝阳区	高碑店乡	27	边府社区	石景山区	苹果园街道
3	长店村	朝阳区	金盏乡	28	老古城前街社区	石景山区	古城街道
4	北苑村	朝阳区	来广营乡	29	芜殿二村	大兴区	旧宫镇
5	北皋村	朝阳区	崔各庄乡	30	芜殿三村	大兴区	旧宫镇
6	姚家园村	朝阳区	平房乡	31	二村	大兴区	西红门镇
7	官庄村	朝阳区	王四营乡	32	四村	大兴区	西红门镇
8	龙爪树村	朝阳区	小红门乡	33	八村	大兴区	西红门镇
9	十八里店村	朝阳区	十八里店乡	34	小陈庄村	大兴区	黄村镇
10	八家村	海淀区	东升乡	35	三合庄	大兴区	黄村镇
11	中坞村	海淀区	四季青镇	36	东一村	大兴区	瀛海镇
12	振兴社区	海淀区	四季青镇	37	六合村	顺义区	宋庄镇
13	后营社区	海淀区	上地街道	38	北神树村	顺义区	台湖镇
14	肖家河社区	海淀区	马连洼街道	39	高楼金村	顺义区	梨园镇
15	门头村社区	海淀区	四季青镇	40	杨庄村	顺义区	永顺镇
16	六郎庄村	海淀区	海淀乡	41	梅沟营村	顺义区	仁和镇
17	唐家岭村	海淀区	西北旺镇	42	天竺村	顺义区	天竺镇
18	西局村	丰台区	卢沟桥乡	43	燕丹村	昌平区	北七家镇
19	夏家胡同	丰台区	花乡	44	中滩村	昌平区	东小口镇
20	久敬庄村	丰台区	南苑乡	45	东三旗村	昌平区	北七家镇
21	槐房村（小龙河以北地区）	丰台区	南苑乡	46	马连店村	昌平区	东小口镇
22	后泥洼村	丰台区	卢沟桥乡	47	七里渠南北村	昌平区	沙河镇
23	石榴庄村（双庙、东街地区）	丰台区	南苑乡	48	贺村	昌平区	东小口镇
24	小瓦窑村	丰台区	卢沟桥乡	49	回龙观村	昌平区	回龙观镇
25	白盆窑村	丰台区	花乡	50	东羊庄	房山区	拱辰街道

资料来源：北京市规划委员会。

通过此项工程的实施，可以将北京城中村治理归纳为以下特点。

1. 立足宏观背景

城中村的治理改造与全市促进城乡一体化和加快推进规划实施等宏观背景紧密结合。

一方面，进入新世纪后，北京城乡统筹发展问题日益得到重视，城乡结合部地区 50 个重点村改造成为了推动城乡一体化的先行示范区。通过城中村的改造，改善这些地区村容村貌，消除经济、社会、环境、治安等各种隐患；整合集体建设用地，增加就业机会，全面改善居民生产生活环境，提高其生活水平；加快提升其基础设施与公众服务的水平，以此达到缩小与城市地区的发展差距，并在城乡间建立起经济、社会、景观、生态等方面的联系，促进一体化进程的目标。

另一方面，通过城中村的改造，彻底拆除违章建筑，并根据绿带规划、城市规划等进行相关区域的布局调整与功能建设。有些城中村改造后原地被局部或整体恢复为绿化用地，例如，海淀区北坞村处于颐和园建设控制缓冲区范围之内，改造后原地被建设为公园等绿化用地；海淀区原著名的“蚁族”聚集地——唐家岭，改造后建起了国家森林公园。

2. 城市化导向

推进城中村地区区域城市化和农民市民化是城中村改造的重点目标与任务。2011 年，北京市人民政府办公厅发布了《北京市人民政府关于城乡结合部地区 50 个重点村整建制农转居有关工作的意见》，落实了对重点城中村农业户籍人员和未加入城镇职工社会保险的农转居人员集体转居和参加城镇社会保障等问题。

城中村改造后整理的土地以城市建设用地为主，以 50 个重点村改造为例，共拆迁整理出土地 $45km^2$，其中 $7.8km^2$ 建回迁安置房 1500 万 m^2，$3.3km^2$ 建设 620 万 m^2 产业用房发展集体经济，安排好农民就业，$13km^2$ 回建绿地，$16.9km^2$ 完善城市功能，平衡建设资金，$4km^2$ 建设交通、医疗、卫生、水务等城市基础设施（王广双，2012）。

3. 分类治理改造

推动城乡结合部改革发展以区县为主体，按“一村一策”的方法因地制宜地进行。实施过程中，探索出了一些城中村改造模式，比较典型的有“北坞模式”等。

北坞村改造属于先行示范区，许多创新做法为后续城中村改造等项目提供了有益的借鉴，尤其对位于城市边角地或绿化带上的“地小、楼高、人多”型城中村改造提供了宝贵的经验。这类城中村由于难以通过商业开发收回拆迁成本，有的甚至拆迁之后要原地绿化而无法进行商业开发，所以开发商一般都不愿意投资该类村庄的拆迁和开发项目（谢宝富，2012）。“北坞模式”主要特点简述如下：①创新土地流转模式。将村民安置房建设用地征为国有，直接空转至村集体，节省土地出让金；并由村集体成立房地产公司负责拆迁和建设回迁楼，减少成本。②增加集体建设用地，促进村集体产业的发展，为村民长效发展提供保障。安排较多的集体建设用地，由村集体组织运营，目前建有外来人口租赁公寓、汽车 4S 店、生态餐厅和高级酒店等。不仅可以安置就业，还可以通过分红等获取长期收入来源。③给予较高的安置面积指标和拆迁补偿。根据相关有效依据对合法宅基地按 1：1 置换回迁房。④通过政府出资、土地储备、重点工程带动等解决开发启动资金问题。政府承担市基础设施建设，根据规划，玉泉村未建道路 8 条，总长 17.1km，占地 81.61hm^2，总投资 22.36 亿元。其中，道路工程建设投资 10.57 亿元，征地补偿 1.22 亿元，专业管线 10.57 亿元，市政府承担 11.79 亿元（刘守英，2011）。⑤完善社会保障政策。在积极推动城乡社会保障并轨的同时，赋予村民更自由的参保权限，村民根据自己的经济实力与就业情况，选择参加社会保障类型及缴纳社会保险的年限等。

北坞模式最突出的特点是以农民利益为导向，在征地、拆迁、安置、后续就业、收入与社保各个环节都较充分地照顾了村民的利益，同时探索出了一种绿隔地区城中村改造与发展的创新模式，通过在制度、规划、政策等层面的创新，较好地解决了以往政府主导型城市化造成的矛盾激化与农民自主城市化存在突出制度性障碍的问题。北京曾经非常著名的“蚁族社区”唐家岭也是采用了“北坞模式”，取得了良好的效果。近年，海淀区百望山以北地区，包括西北旺、温泉、苏家坨和上庄四镇，将推广“北坞模式”实施城市化改造和农民致富工程。

4. 注重农民利益与自主权

城中村改造从根本上要触及农民的利益，过去一些教训表明，不重视农民权益的城中村改造不可能取得良好的效果。北京在重点城中村改造过程中，探索出了全方位保障农民权益的做法。赋予农民城市化资源权，保障农民合法的生存和发展空间，在解决农民问题的同时解决好城市发展的历史遗留问题（王广双，2012）。具体包括：①完善征地制度，尊重农民合理财产权。规范征地标准，以宅基地区位和面积核定拆迁补偿金额，并统筹考虑征地的区域平衡与时效平衡等。②注重城中村拆迁改造后农民的长期利益保障。农民转居后依旧拥有集体土地使用权，并获取应得利益，并且允许村集体经济组织利用集体建设用地大力发展非农产业，为农民创造就业岗位和长期收入保障。③给予农民参与城中村改造及后续城市建设的更多权利与便利。④将农村劳动力纳入城镇失业登记范围，享受相应的就业促进政策，开展有针对性的岗位征集、职业指导、技能培训等精细化就业援助，有条件的地区，发放岗位补贴、社会保险补贴、职业技能和创业培训补贴，创建充分就业社区（王广双，2012）。

3.3.2 城乡结合部建设规划

北京城乡结合部规划建设问题近年也越来越受到重视，尤其 2015 年年底出台的《城乡结合部建设三年行动计划（2015 ~ 2017 年）》（京政办发〔2015〕54 号），将这方面的工作带入了一个新的阶段。

1. 统筹解决城乡结合部发展问题

将城乡结合部规划建设置于全市乃至京津冀协同发展的背景下，按照“创新、协调、绿色、开放、共享”的发展理念和疏解北京非首都功能、构建高精尖经济结构的要求，加快推进城乡结合部建设。着力提高该地区基础设施承载能力，完善社会公共服务体系，加强生态建设和调整产业结构，为建设国际一流的和谐宜居之都提供有力保障。现阶段的主要目标包括建成第一道绿化隔离带，全面实现这一地区的城市化；建好第二道绿化隔离带，促进这一地区的城乡一体化进程。最终目标是将城乡结合部建设成为布局科学、用地集约、产业高端、环境优美、配套设施完善、人口有序流动的绿色生态发展区域。

2. 加强规划力度

一直以来，北京城乡结合部在规划体系中处于缺失状态，城市规划和乡村规划均难以解决这一区域面临的特殊问题。近期启动编制了《北京中心城城乡结合部专项规划》，深入研究细化中心城城乡结合部的功能定位和发展重点，以人口资源环境承载力为底线，统筹非首都功能疏解、人口控制、用地减量、空间优化等目标任务，划定城市增长边界和生态红线，加强对集体经营性建设用地、宅基地、农用地的规划管理，落实空间开发管控措施，切实提高规划的前瞻性、系统性、科学性和实际约束力。

3. 以重点区域建设拉动，逐步推进城乡结合部地区建设

50 个重点村的改造积累了宝贵的经验，在此基础上，进一步启动一批重点区域的建设，至 2017 年年底，在第一道绿化隔离带地区，东部基本完成朝阳区来广营、将台、太阳宫、常营、豆各庄、南磨房 6 个乡的城市化建设任务，逐步启动朝阳区其他 9 个乡的城市化建设；南部推进丰台区南苑乡、大兴区旧宫镇和南郊农场的城市化建设，适时启动丰台区花乡和卢沟桥乡的城市化建设；西部基本完成海淀区四季青镇整建制转居试点任务；北部推进昌平区东小口镇的城市化建设。第二道绿化隔离带地区，重点推进丰台区长辛店镇等乡镇的城乡一体化建设试点，探索集约利用集体经营性建设用地的新路径。

这些重点区域建设的探索与推动，为全面实现城乡结合部城市化和城乡一体化奠定了基础。

4. 改善城乡结合部居住条件与外部环境

“脏、乱、差”是对城乡结合部整体环境的概括，为了彻底改变这一状况，一方面通过拆迁腾退、棚户区改造、房屋配套设施、严控违法违章建设等措施改善住房条件，另一方面加强居住区环境治理和整个区域基础设施、公共服务水平的提升。具体而言，至 2017 年年底，在第一道绿化隔离带地区，通过棚户区改造、土地整理储备、重点工程带动、宅基地腾退等方式，改善约 20 万农（居）民的居住条件；规范引导利用集体土地建设租赁住房工作；尊重历史，兼顾现实，多方筹措资金和房源，统筹解决国有企业历史遗留问题，腾退约 5500 户国有企业农租房。在第二道绿化隔离带地区，加快实施减煤换煤、电网改造、抗震节能改造、污水治理、垃圾治理、环境综合整治等重点项目，完善基础设施管护机制，建成 300 个美丽乡村。推进 8 号线三期等 8 条轨道交通线路建设，统筹长安街西延等 31 条跨区城市主干路、一级公路建设，落实 143 项由各区负责实施的次干路、微循环道路等项目，改善区域交通条件。统筹推进供电、通信、给水、供热、供气、排水等管网建设，加快实施海淀区北部区域能源中心、朝阳区金盏乡 110kV 变电站、昌平区阿苏卫循环经济园等项目，增强区域保障能力。推进北京二中朝阳学校、友谊医院顺义院区、国家大剧院舞美基地等 54 项建设项目，加快优质公共服务资源向城乡结合部转移。优化社区生活设施布局，完善便民利民服务网络，打造便捷生活服务圈。

5. 改善城乡结合部生态环境

城乡结合部生态环境差与局部人口密度过高、开发强度大、基础设施建设欠账多、低端经济活动聚集、环境保护疏于监管等多种因素有关。

北京在此方面的主要做法包括：一是加大人口调控力度。加强对流动人口和出租房屋的基础信息采集工作，细化“以证管人、以房管人、以业控人”的具体措施；严格执行建设项目的交通评价和水资源评价制度，降低开发建设强度，强化人口规模调控。二是增加生态容量。结合旧村拆迁、新农村建设、河道综合治理等工作，推进城乡结合部地区绿化建设，增加绿地面积，优化绿地结构，提升绿化质量。到 2017 年年底，新增林地面积约 3.58 万亩，建设生态休闲公园 15 个，改造提升现有绿地林地面积约 0.74 万亩。加快实施河道综合治理、污水治理、水土流失治理，完成 38 条（段）河道综合治理，解决污水直排入河问题；升级改造污水处理厂 2 座，新建污水处理厂（再生水厂）11 座；新建和续建供水厂 3 座；新建和改造污水管线约 165km，新建再生水管线约 22km；完成 20 条生态清洁小流域治理，涉及面积约 200km^2，水环境质量实现根本性好转。加快实施“燃煤替代”工程，改善空气质量。三是集约利用发展空间。认真落实《北京市新增产业的禁止和限制目录》，加快产业结构调整，坚决退出不符合首都城市战略定位的产业，减少产业用地约 3 万亩。严格控制开发强度，推动集体建设用地腾退减量和集中集约利用，将腾退土地用于扩大绿色空间、改善生态环境。充分发挥城乡结合部区位和生态环境优势，积极发展科技研发、文化创意、休闲旅游等产业，推动区域资源集约高效利用。

6. 重视城乡结合部农民安置

农民安置是城乡结合部地区工作的重点之一。北京近年一方面推进该区内农民的转居，一方面为这个群体开拓更广阔的就业与发展渠道。具体而言，根据区域发展条件、资源禀赋和建设模式等情况，采用不同方式筹集转居所需费用。采取集体产业收益统筹、年度汇缴按月发放等方式破解超转人员转居费用高的难题；由集体经济组织自主开发建设的，引导其自行筹集农民转居费用。严格落实建设项目转居工作，到 2017 年年底推进约 7.8 万人实现整建制转居。增加劳动力就业安置岗位约 4.4 万个，鼓励绿地养护等公益性就业岗位向就业困难人员倾斜。落实城乡一体化的就业帮扶政策，通过培训、创业指导、安排在岗实习等措施，引导农民树立正确的就业观念，不断提高就业能力。

7. 完善城乡结合部制度建设，提升管理水平

推进城乡结合部健康发展与有效转型，制度与管理层面的创新提升必不可少。城乡结合部建设与发展过程中涉及土地流转、集体资产处置、建设发展资金筹措、城乡管理体制的对接与统一，以及社会保障、社会治理等多方面工作。

北京近年在城乡结合部制度建设与管理水平提升方面都有一些新的探索，具体包括：①加强农村土地管理制度改革。建立兼顾国家、集体、个人的土地增值收益分配机制，完善对被征地农民合理、规范、多元的保障机制。依法保障农民宅基地权益，探索农民住房保障新机制。推进大兴区集体经营性建设用地入市试点工作，赋予符合规划和用途管制的集体经营性建设用地出让、租赁、入股权能，促进集约高效利用。推广海淀区东升镇集体产业园区的发展经验，为具备条件的集体产业用房颁发房屋权属证明，为引入高端生产要素创造条件，加快腾退低端低效集体产业。②探索区域统筹机制。充分发挥规划的统筹引领作用，统筹城乡建设用地资源，探索城市集中建设区与周边城乡结合部建设统筹联动机制，实现市政基础设施、公共服务设施

和绿地空间统一规划、统一实施、统一管理；合理确定规划实施单元，优化土地开发项目成本核算机制；探索土地增值收益的统筹利用机制，“一绿”地区产生的土地收益优先用于解决该地区的城市化问题。③引导农民自主建设。规划实施过程中要加强与群众的协商，实事求是地优化规划建设方案，根据区域发展条件和收益水平，合理确定用于安置劳动力的产业用地规模，鼓励和引导农村集体经济组织自主参与城市化建设。推广大兴区西红门镇集约利用集体建设用地的经验，优化规划实施方案，合理确定拆建比例，实行增减挂钩，推进绿化隔离地区乡镇企业、工业大院自主拆迁改造。④深化农村集体经济产权制度改革。完成村级集体经济产权制度改革，积极推进乡镇级集体经济产权制度改革，保护好农民集体资产和集体土地的权益。主动适应联村发展需要，各村以集体经营性建设用地使用权入股，组建新型集体经济组织，共同实施开发建设。引进社会资本进行合作开发的，要建立社会资本进入、退出机制，坚持土地所有权不变，确保相应集体经济组织成员充分享有其收益权。⑤拓宽融资渠道。搭建银企合作平台，引导金融机构创新信贷产品，积极探索集体建设用地的融资模式，支持城乡结合部建设。充分利用现有棚户区改造融资平台和融资政策，加快推进城乡结合部棚户区改造。完善绿地建设投入政策，建立租用绿地补贴标准调整机制，提高绿地养护标准。⑥加强基层治理与社会管理。促进基层法治建设，提高运用法治思维和法治方式推动发展、深化改革、化解矛盾、维护稳定的能力；推动乡镇政府加快职能转变，强化公共服务、社会治理、环境保护等职能；创新基层治理方式，充分发挥农村自治组织的作用，实现农村管理体制与城市管理体制无缝对接。加强治安秩序、经营秩序、环境秩序的整治，加强火灾隐患、房屋结构安全隐患和食品安全隐患的排查，加强对重点地区痼疾顽症的治理，依法严厉打击各类严重影响群众生命财产安全和扰乱社会秩序的违法行为，维护良好社会秩序。

3.4 北京城乡结合部的地位与作用

城乡结合部，是城市中心城区与外围地区之间的过渡地带，也是城市与乡村之间建立起各种联系的桥梁。此外，作为其中的一个组成部分，城乡结合部为城市与区域经济的发展作出了重要的贡献。城乡结合部在北京城市建设与经济社会发展中也起到了重要的支撑、保障与促进作用。

3.4.1 经济社会发展的重要空间载体

改革开放以后，北京城市建设与经济发展进入快速发展的轨道，各种经济要素快速积累，北京城，尤其是中心城区在经历了繁荣发展的同时，面临的空间压力、资源压力与环境压力等也越来越大，反过来成为进一步提升发展的桎梏。而城乡结合部地区在此过程中则作为经济社会发展的重要空间载体，发挥着不可替代的作用。一方面，城乡结合部一直为首都经济社会发展提供着宝贵的空间资源；另一方面，城乡结合部在北京基础设施建设、人口与就业吸纳、农产品与休闲产品供应、生态保护屏障等诸多领域担负着重要功能。2014 年人口抽样调查显示，北京四环至六环间聚集了 941 万人，占全市的 43.8%，同时这一区域还聚集了全市 65% 的外来常住人口，而这一区域正是北京城乡结合部的主体区域。

3.4.2 建设国际城市的关键区域之一

国际城市是城市发展的高级形态，自 20 世纪 50 年代以来，世界经济快速发展，随着通信和网络技术的不断创新，地区经济联系不断增强，城市作为经济的凝结点不断地融入全球化的浪潮中，成为经济交往的重要空间载体。随着中国经济的不断发展，北京在世界经济中的地位不断提高，建设国际城市成为重要发展目标。

虽然，北京已经具备了建设国际城市的一些基本要素，但与世界上公认的顶级国际城市——纽约、伦敦和东京，仍有巨大的差距。根据上海社会科学院发布的 2014 年国际城市发展报告，在全球 40 个大型城市中，北京位列第 31 位，处于第四集团，城市发展建设任重而道远。其中，生态问题成为制约北京发展的最大短板。治理指标和空间指标也远低于平均水平，城市公共卫生服务供给不足，居民健康水平差，城市蔓延的圈层结构影响城市功能的发挥，对居民出行造成了极大的负面影响，城市宜居性差。创新能力、区域协同发展、产业结构等方面也存在着差距。除此之外，北京所在城市圈的发展远远落后于纽约都市圈、伦敦都市圈和东京都市圈，区域整体发展落后在一定程度上制约着北京的国际城市建设。

在北京谋求新发展的时期，一个特殊的区域——城乡结合部，逐渐被人们所关注，该区域对城市发展的重要意义逐渐凸显。城乡结合部不仅作为城市与区域空间的重要组成部分之一，对城市和都市圈的发展具有直接影响，而且在加强城乡联系与中心城市和外围腹地联系方面具有独特的作用。城乡结合部成为北京建设国际城市的关键区域之一。为此，需要对城乡结合部的功能定位、发展方向、改造模式等进行深入研究与探讨，尤其需要以全新的思维，重新思考城乡结合部对首都高端产业形态培育、城市空间重构、生态恢复与改善、市民休闲与文化素养提升以及城乡区域边界划分与功能连接等方面应发挥的作用。

3.4.3 京津冀协同发展的重要纽带

京津冀地区包括北京、天津和河北两市一省，土地面积 21.6 万 km^2，人口超过 1 亿，战略地位十分重要。目前，京津冀地区发展面临着城镇体系发展失衡、区域与城乡发展差距不断扩大，以及生态环境状况持续恶化等突出问题，而协同发展是解决上述问题的根本出路，也是面向未来打造新型首都经济圈、实现国家发展战略的需要，对全国城镇群地区可持续发展同样具有重要的示范意义。

京津冀协同发展应该建立在合理分工、合作共赢的基础之上，空间上应以京津冀城市群建设为载体，充分发挥北京、天津两个特大城市的辐射、带动作用。而在北京中心城市向外辐射扩散的过程中，城乡结合部作为连接中心城区与外围地区之间的关键地带，具有重要的纽带作用。城乡结合部地区不仅要实现自身的健康、合理发展，提升中心城市竞争力，还要在京津冀协同发展的过程中在环境整治、产业优化、要素转移、功能提升、基础设施和公共服务均等化，以及提高土地利用等方面发挥重要作用。

3.5 本章小结

新中国成立以来，北京城乡结合部经历了形成与发展过程，改革开放以后，尤其20世纪90年代以来，城乡结合部迅速发展，空间地域范围持续扩大，开发强度也越来越高。

总体而言，北京城乡结合部空间发展与环路等重要交通设施的建设紧密相关。目前，北京城乡结合部主要分布在四环外至五环、六环路附近，涉及朝阳、海淀、丰台、石景山、昌平、通州、顺义、大兴等行政区域。在动态发展过程中，城乡结合部对北京经济社会发展作出了重要贡献，尤其在拓展城市建设空间、吸纳外来人口、实现第二产业发展，以及重要基础设施和公共服务布局等方面发挥了重要作用。但同时也存在土地开发无序、粗放蔓延；人口混杂，经济活动低端、不规范；生产、生活环境恶化；基础设施与公共服务滞后等一系列问题，不仅自身成为城市与区域经济发展中的“洼地”，也分割了城市与区域空间网络体系，不利于城乡一体化与区域一体化发展。

近年，北京的城乡结合部治理、改造与建设经历了一些理念、思路与措施上的变化。一方面，城乡结合部前期过度、粗放开发及其带来的危害已得到了广泛的认识，决策者及相关人员不断反思并探讨科学的途径加以调整与改进，如制定城乡结合部专项规划、三年行动计划等，并且在重点城中村的拆迁与改造过程中探索出了多种差异性的模式，加强城乡结合部绿化空间建设等。这些努力已取得一定的效果，并为今后城乡结合部的改造与开发积累了宝贵的经验。另一方面，城乡结合部治理、改造与开发的过程中，促进其完全城市化仍然是主导方向，对城乡结合部地域功能的深入探讨，并围绕其展开城乡结合部开发、治理模式的研究与实践操作均还不够。城乡结合部地区面临的经济、社会、文化与生态等方面的问题仍未能得到有效解决，城乡结合部长期积累的困难与矛盾一定时期内还将存在。

城乡结合部具有独特的区位优势与重要的区域功能，在北京乃至京津冀区域发展中具有重要的地位。现阶段，北京城乡结合部中部分地区已建设成为产业高端、环境优美、交通便利的区域，在全市经济与社会发展中承担着重要的作用，但也有许多地区低端、混乱、肮脏、落后，成为全市发展的短板。城乡结合部不仅联系着城区与乡村，还在中心城市与外围腹地联系建设中发挥着重要的作用，在城市与区域经济、社会与环境健康发展过程中具有重要的影响。在如今京津冀全面协同发展的背景下，城乡结合部的发展也成为至为关键的一环，有必要探讨其经济社会空间特征与演化机制，寻找健康、持续发展之路。

北京，作为首都和特大型城市，其城市发展走在全国的前列，城乡结合部的发展也具有典型性与示范性。本书以北京为例的探讨与分析，对全国其他城市的城乡结合部，尤其是大型城市的城乡结合部具有较重要的借鉴价值。

城乡结合部具有独特的经济特征与发展机制，城乡要素共生，经济形态混和，人口构成多元，土地利用与景观变化剧烈。

第 4 章　城乡结合部经济空间特征：宏观视角分析

FOUR

4.1　城乡结合部人口构成与分布特征

北京城乡结合部面积超过 1538km^2，约占全市面积的 9.6%。而在这不足 1/10 的区域内，分布着全市 76.1% 的人口和 86.3% 的外来人口，在城市经济社会发展中承担着非常重要的作用。

4.1.1　人口构成特征

城乡结合部地区人员构成复杂，包括城镇人口、农转居人口、农业人口、流动人口等多种类型。为了更具体、准确地反映城乡结合部人口构成情况，此处以位于城乡结合部核心区的海淀城乡结合部人口构成为例加以分析。

城乡结合部户籍人口中以非农业人口为主。海淀城乡结合部此类人口为 60.4 万人，占户籍人口总数的 90.8%，农业人口仅占 9% 左右，且集中分布在 4 个乡镇（图 4–1）。在非农业人口中，除了城镇人口为主体外，还有一个较为特殊的群体——农转居人口。自 1992 年以来，海淀城乡结合部 9 个街道共产生农转居人口超过 1.21 万人。另外，一个城乡结合部特有的现象是非户籍人口（外来人口）比重很大，海淀城乡结合部外来人口总体规模已接近户籍人口，为 63.4 万人。而在外来人口尤为集中的乡镇地区，外来人口规模已经达到户籍人口规模的十几倍甚至几十倍。如东升乡外来人口数量是户籍人口的 12.1 倍，其中双泉堡村更是达到了 38.2 倍。外来人口中偏低文化层次者居多，但存在一定的区内差异，例如海淀城乡结合部上地街道具有高中（中专）及以上文化程度的外来人口占外来人口总数的 55.8%，而同在城乡结合部的东升乡此项比例仅为 29.2%。

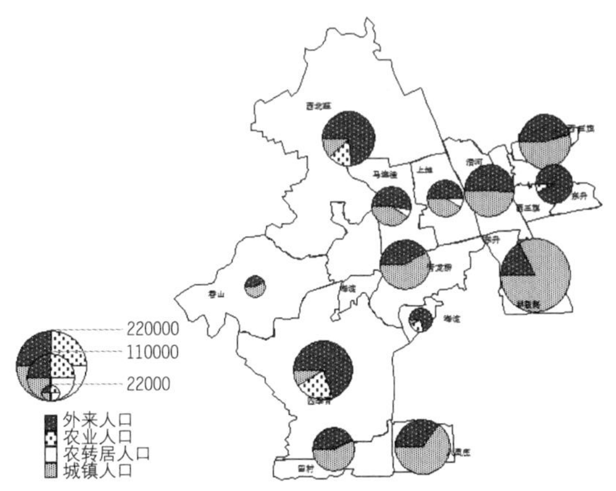

图 4–1　海淀区城乡结合部人口构成

（资料来源：据海淀区城乡结合部各乡镇、街道劳动部门和流管办提供数据绘制）

前已述及，外来人口是城乡结合部地区重要的人口组成部分之一，而且增长趋势明显。从全市角度看，近十年来，北京城乡结合部外来人口占该区域总人口的比重总体呈不断上升趋势，2015 年与 2005 年相比，这一数据增加了近16个百分点，目前为43.04%，即这城乡结合部近一半的人口为外来人口（图4–2）。

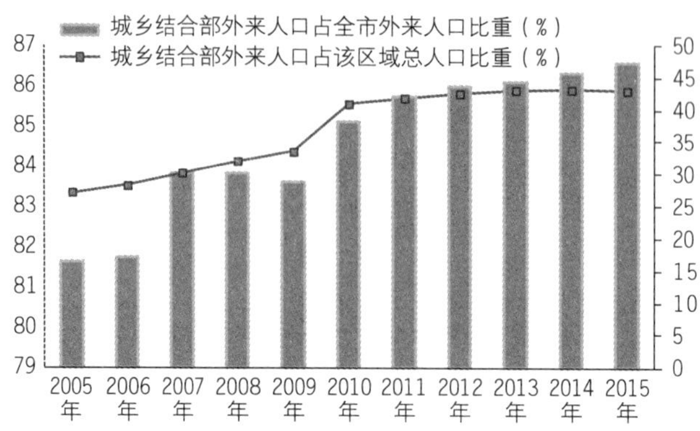

图4–2　北京城乡结合部外来人口占比及变化趋势

（资料来源：《北京统计年鉴》2006 ~ 2016年）

另外，表4–1反映，地处城乡结合部核心区中2/3的街道、乡镇外来人口区域熵都大于1，其中朝阳区十八里店地区办事处、崔各庄地区办事处、王四营地区办事处，丰台区南苑地区办事处，海淀区万柳地区办事处，昌平北七家镇和大兴西红门地区办事处外来人口区位熵更是超过2。

北京城乡结合部地区外来人口区位熵大于1的街乡分布　　表4–1

区	街乡	区	街乡	区	街乡
朝阳区	麦子店1.11	丰台区	大红门1.18	通州区	台湖1.41
	南磨房1.16		南苑（街）1.23		北苑街1.05
	高碑店1.4		卢沟桥（街）1.04		永顺1.21
	将台1.62		新村1.03		梨园1.24
	大屯1.08		宛平城1.41		宋庄1.04
	望京1.2		卢沟桥（乡）1.67		马驹桥1.51
	小红门1.45		花乡1.59	顺义区	仁和1.26
	十八里店2.14		南苑（乡）2.0		后沙峪1.65
	平房1.73	海淀区	清河1.35		天竺1.6
	东风1.49		西三旗1.09		南法信1.95
	来广营1.43		马连洼1.38		高丽营1.36
	三间房1.03		田村路1.14	昌平	沙河1.63
	管庄1.36		上地1.81		回龙观1.48
	金盏1.92		万柳2.31		东小口1.52
	孙河1.58		东升1.64		小汤山1.33
	崔各庄2.11		青龙桥街1.42		百善1.12
	东坝1.52		四季青1.79		北七家2.09
	黑庄户1.63		西北旺1.94	大兴	亦庄1.06
	豆各庄1.45		香山街1.59		黄村1.8
	王四营2.05	石景山	古城1.16		旧宫1.74
					西红门2.05

资料来源：据北京各区县第六次人口普查数据计算所得。

在城乡结合部地区，作为经济要素之一的人口具有如此复杂的构成自然对该地区经济发展具有显著的影响。一方面，人口就业能力、就业领域与就业途径的多样性导致经济形态的复杂多样；另一方面，人口消费需求、消费能力与消费习惯的局限性又加剧了经济形式、经济层次与经济效率的分异性。尤其农转居人口与外来人口就业行为与消费行为对促进城乡结合部混合经济形态的形成与发展起到了较为显著的作用。

4.1.2 人口分布特征

首先，北京全市人口分布密度呈现出显著的自中心城区向外以圈层式递减的特点，城乡结合部地区处于中心城区与外围地区之间的过渡地带，人口密度介于两者之间。2014 年，北京城乡结合部地区人口密度为 10 639 人 /km^2，同期全市人口密度为 1340 人 /km^2，中心城区人口密度为 24 015 人 /km^2。但在部分城乡结合部地区，人口密度非常高。

其次，城乡结合部外来人口空间分布不均。城乡结合部地区是全市外来人口空间分布的绝对集中地。2005 年以来，北京城乡结合部外来人口占全市外来人口的比重一直维持在 80% 以上，而且呈不断上升趋势，2015 年这一比重已高达 86.6%（图 4–2）。即便城乡结合部是全市外来人口分布的绝对高度集中区，但外来人口在其内部的空间分布并不均衡。总体而言，城乡结合部内环区域（朝阳、丰台、石景山、海淀）外来人口聚集程度较高，而外环区域（通州、顺义、昌平、大兴）聚集程度较低（表 4–2）。

北京城乡结合部内各区域外来人口分布聚集程度及其变化 **表 4–2**

指标	聚集指数 I_d		密度指数 I_r		聚集区类型	
年份	2005 年	2015 年	2005 年	2015 年	2005 年	2015 年
朝阳	2.02	2.12	1.13	1.11	高度聚集区	高度聚集区
丰台	1.31	1.44	0.88	0.86	中度聚集区	中度聚集区
石景山	1.94	1.30	1.08	0.77	高度聚集区	中度聚集区
海淀	1.88	1.81	1.08	0.96	高度聚集区	中度聚集区
通州	0.24	0.33	0.86	0.97	低度聚集区	低度聚集区
顺义	0.17	0.21	0.83	0.94	低度聚集区	低度聚集区
昌平	0.18	0.40	1.06	1.24	低度聚集区	低度聚集区
大兴	0.27	0.39	1.08	1.16	低度聚集区	低度聚集区

资料来源：《北京区域统计年鉴》（2006、2016 年）。

注：外来人口聚集指数计算公式：$I_{di}=\dfrac{D_{fi}}{Avg\ (D_{fi})\ (i=1\cdots n)}$

即，城乡结合部内某地域单元外来人口密度与各地域单元外来人口密度均值的比值。外来人口密度指数计算公式：$I_{ri}=\dfrac{R_{fi}}{Avg\ (R_{fi})\ (i=1\cdots n)}$

即，城乡结合部某地域单元外来人口占常住人口总量的比重与各地域单元外来人口比重的比值。并且，根据 $I_{di}\geqslant 1$，$I_{ri}\geqslant 1$；$I_{di}\geqslant 1$，$I_{ri}<1$ 且 $I_{di}+I_{ri}\geqslant 2$ 或 $I_{di}<1$，$I_{ri}\geqslant 1$ 且 $I_{di}+I_{ri}\geqslant 2$；$I_{di}<1$，$I_{ri}<1$，依次划分为外来人口高度密集区、中度密集区和低度密集区（罗仁朝、王德，2008）。

另据普查数据计算，城乡结合部各街道乡镇外来人口区位熵差异显著，外来人口绝对规模差异也非常明显（表 4-3）。2010 年，城乡结合部约 23.6% 的街乡外来人口区位熵大于 1，近一半的街乡外来人口绝对规模超过 1 万人，其中超 5 万人的为 38 个，约占城乡结合部街乡数的 13.2%。

北京城乡结合部外来人口分布具备特定特征的街乡数量及变（个） **表 4-3**

	区位熵 LQ				外来人口绝对规模			
	$LQ \geq 3$	$2 \leq LQ < 3$	$1 \leq LQ < 2$	$LQ < 1$	＞5 万人	3 万～5 万人	1 万～3 万人	＜1 万人
2000 年	2	14	51	235	1	11	58	253
2010 年	0	1	69	227	38	31	72	146

资料来源：据北京市各区县第五次和第六次人口普查资料计算。

从时间变化上看，一方面，城乡结合部外来人口空间分布表现出整体外移的趋势。内环区域外来人口聚集程度有所下降，其中石景山区和海淀区已由十年前的外来人口高度聚集区变为中度聚集区，而同时外环区域虽然仍为低度聚集区，但聚集指数和密度指数均有所上升（见表 4-2）。另一方面，城乡结合部外来人口在整体空间分布趋于均衡的同时，更加向局部街乡集聚。空间上整体趋于均衡主要表现为街乡间外来人口区位熵差异更小，外来人口绝对规模间的差距也有所缩小。更加向局部地区集聚则表现在：十年来，城乡结合部核心区外来人口占城乡结合部全部外来人口的比重由 63.2% 上升至 68.2%；外来人口规模居前十位的街乡，其外来人口数量占城乡结合部全部外来人口的数量由 20.1% 增加至 22.7%。而外来人口规模居前十位的街乡，仍然基本都位于城乡结合部核心区。由此可见，在广义的城乡结合部区域内部，空间上位于典型城区与典型乡村之间，城乡兼容特征更为显著的核心区，对外来人口的吸引力有所上升。

城乡结合部人口空间分布，尤其是外来人口空间分布特征及其变化等，对该区域经济社会空间的形成与演化也具有重要的影响。

4.2 城乡结合部产业结构、布局及空间演替

城乡结合部是城市经济扩散的主要空间载体，既会接受城市原有产业外迁（Zhou Y X、Ma L J C，2000），也会成为城市新兴产业或新兴产业区（如各种类型的开发区）的目的地（Wang J C、Wang J X，1998）。另外，在城市要素扩散过程中原有乡村经济会受到一定的冲击与替代，但仍然会有一部分保留下来。因此，城乡结合部最终会成为传统乡村经济、传统城市产业与现代城市产业共生的地区。在这里，不仅农业与非农产业并存，传统经济与现代经济并存，而且正规经济与非正规经济并存。

4.2.1 城乡结合部产业结构与空间分布特征

2014 年，北京城乡结合部三次产业比重为 0.6：23.1：76.3，同期，全市三次产业比重为

0.7：21.4：77.9。与全市相比，城乡结合部第一产业和第三产业比重略低，第二产业比重偏高。具体而言，城乡结合部第一产业比重低于全市，主要是因为位于远郊的乡村地区第一产业比重较高；城乡结合部第三产业比重低于全市，主要是因为城市中心区第三产业比重较高。城乡结合部不仅地域上介于城市与乡村地区之间，产业结构上也表现出两者之间过渡的特征。

从行业从业人员规模角度，目前城乡结合部区位熵大于1的行业部门包括：制造业，建筑业，交通运输、仓储和邮政业，信息传输、计算机服务和软件业，住宿和餐饮业，租赁和商务服务业，科学研究、技术服务和地质勘查业，居民服务和其他服务业，以及教育业。值得提出的是，这些行业部门的区位熵均介于1.0～1.2之间，优势强度并不是很强。分析其原因，主要是城乡结合部是北京大多数行业部门从业人员集中的区域，2013年，除电力、燃气及水的生产与供应业，金融业，公共管理和社会组织外，全市其他行业部门从业人员中61%～89%的分布在城乡结合部地区。

从空间上，朝阳、海淀、丰台和石景山四区属于北京城乡结合部的内环区域，通州、顺义、昌平和大兴四区则属于城乡结合部的外环区域。据2013年第三次经济普查数据，北京城乡结合部内环区域承载着各行业60%～90%左右的从业人员，即城乡结合部行业部门空间分布不平衡，显著集中在内环区域。尤其是住宿和餐饮业，金融业，文化、体育和娱乐业，科学研究、技术服务和地质勘查业等占比达85%以上。

4.2.2 城乡结合部产业与经济分布特征

城乡结合部，作为城市开发与建设的前沿阵地，以及乡村与城市经济结构转换的主要区域，混合经济形态特征显著。

1. 城市经济与乡村经济混合

城乡结合部作为城市与乡村地域的过渡地带，城乡两种经济形态同时存在。随着城镇化进程的推进，城市经济与乡村经济的比例关系不断发生变化，城市经济形态逐渐占据主导。但是由于城乡经济要素的交错分布、交叉共生，以及制度变革的影响，结合部地区乡村经济的彻底消亡与转型不仅仅是个时间问题。

2013年，北京城乡结合部乡镇企业、乡镇个体和私营企业有122 971个，从业人员845 523人，总收入达4 516亿元，实现利润总额265亿元，上缴税金212亿元，乡村经济仍发挥着一定的作用。另以处于城乡结合部核心区的海淀区四个乡镇为例，2010年农村经济总收入达119.4亿元，纯收入为22.5亿元。在经济总收入构成中，四季青镇规模较大，将近占到“半壁江山”（48.9%）；其次为西北旺镇，占1/4之强；东升乡和海淀乡由于地域空间范围较小，分别占到11.9%和13.2%。城乡结合部农村经济虽然在整个经济中所占份额不大，但是近年由于产业结构调整和产业规划建设增长势头较快。现阶段，城乡经济的表现形态、管理模式与分配机制等均存在较大差异，两者的交融衔接尚不够充分深入，一定程度上增加了这一区域经济发展的复杂性。

2. 高低端产业交错分布

城乡结合部兼具城市边缘区和城市开发新区的双重身份，高端经济与低端经济在此混杂分布。

一方面，新兴产业与传统产业交错分布。城乡结合部因其临近中心城区、外部交通便利、空间范围广阔等条件而成为产业园区布局的主要集中地。十几年前开始，为了达到奥运的环境要求，北京四环内基本再无新增工业用地，各类产业园区绝大多数分布于四、五环及以外的地区，其中主要集中在城乡结合部地区，其中通州较大的园区就有十多个（自曾晖，2015）。以中关村科技园区为例，2009 年，国务院批复建设中关村国家自主创新示范区，把中关村建设成为具有全球影响力的科技创新中心，是国家层面的科技园区规划项目，其空间布局呈现“一区多园”，其中大部分科技园区地处城乡结合部内（图 4-3），为城乡结合部的产业发展带来了新的动力。例如，地处城乡结合部核心区的海淀区上地街道，由于现代产业的分布，第二产业从业人员（在岗）人均产值（131 万元 / 人）居海淀区各街道、乡镇之首，第二产业万元 GDP 能耗（0.011t 标准煤）也为海淀区各街道、乡镇最低；港澳台资本和外商资本较高，分别占结合部的 61.1% 和 35.7%，占全区的 33.8% 和 24.3%。

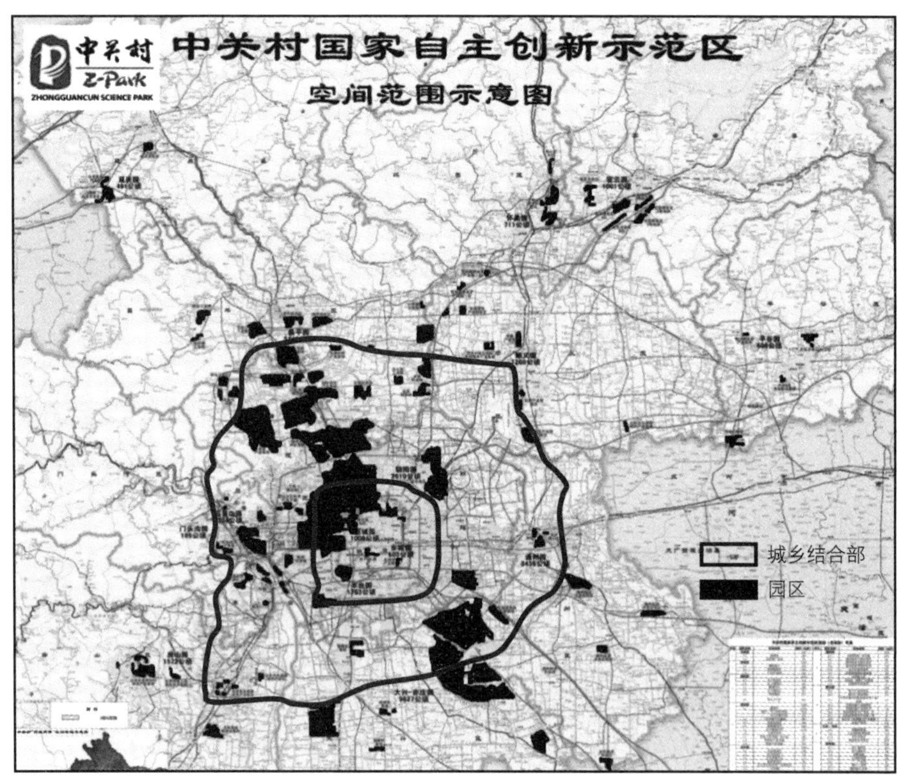

图 4-3　中关村国家自主创新示范区空间范围示意图

（资料来源：中关村国家自主创新示范区网站）

不过，整体上城乡结合部传统产业仍然占有较大比重。尤其在乡村经济要素占优势的乡镇地区低层次的传统产业仍为主导。据海淀区第二次农业普查资料统计，海淀区城乡结合部 4 乡镇中 28.2% 的行政村村集体财产租赁收入占全年村集体收入的比例超过了 50%，西北旺镇的马连洼村更是达到了 100%，东升乡的八家村为 99.9%。

另一方面，正规与非正规经济交错分布。城乡结合部在转型过程中，经济发展逐步走向正轨，正规经济的规模不断壮大，但同时非正规经济甚至包括违法经济、违规经济仍大量存在。以位于城乡结合部核心区的海淀区城乡结合部为例，据 96310 热线、城市管理广播热线、区网格和区群众事务呼叫系统统计，2009 年海淀区城乡结合部共接收举报各种城市管理问题 110 074 件，占全区总数的 43.8%，其中 96310 热线中无照经营和违法建设举报案件占到总案件的 1/3 强。另据有关部门调查统计，海淀城乡结合部田村街道辖区内有无照经营户 256 户，仅半壁店后街地区沿街就有商户 105 家，饭馆 10 余家、麻辣烫点 15 个、理发店、发廊 11 个、其他各类零售商店、菜站和水果摊等约 70 个，其中无照经营 58 户，有的还制假卖假。此外，房屋租赁是城乡结合部地区土著居民收入的重要来源之一，而其中很大一部分是通过违章建筑实现的。一些重点地区违法建设占到出租房屋的 70% 以上，万柳地区六郎庄村未拆迁前 1.5km^2 的面积上就分布着违法建筑千余间。

3. 扩张带动型、就业带动型与消费带动型经济混合

城乡结合部由于区位的特殊性、功能的多重性和构成的复杂性，经济发展的推动力来源于不同方面，具体可分为扩张带动型、就业带动型和消费带动型。

1）扩张带动型经济

城乡结合部是城市空间扩张的主要阵地，在城市经济发展过程中承担着重要的职能。城市新区的开发、新兴产业园区的建设、城市大型基础设施与公共服务设施、新建住宅大多分布在这一区域。同时，在城市产业结构调整和经济空间结构优化的过程中，结合部地区也承载了城区传统产业外迁的功能。由此在城乡结合部地区形成了一些因城市扩张而带动的经济形态与行业发展。例如，位于城乡结合部核心区的海淀上地信息产业基地、西三旗大型城市居住社区，以及西北旺镇新兴园区的规划与建设等都是城市扩张带动下直接发展起来的。另外，城乡结合部在城市经济中承担着城市农副产品供应、物流中转和大型基础设施与市政设施的集中分布地的职能。

2）就业带动型经济

城乡结合部居住人口的就业特征比较显著，就业范围与就业能力存在一定的局限性，他们的就业选择造就了该地区部分特色经济的发展。城乡结合部就业人口构成中本地农业人口、农转居人口和外来人口占有相当大的比重。其中，农业人口和农转居人口的就业渠道较为单一，以低端服务业为主的乡镇或村办集体企业是他们的就业途径之一，除此以外只有大量依靠手中唯一的资本——宅基地和房屋开展房屋租赁获得收入。城乡结合部是外来人口的集中分布地，外来人口分散、无稳定就业现象较为普遍。经商务工是外来人口的主要就业形式，如位于城乡结合部核心区的海淀区东升乡（地区）此项比例达到 70%。在经商者中，小规模、低层次的个体经营户居多。据 2008 年第二次经济普查数据，城乡结合部核心区中海淀东升乡（地区）、万柳乡（地区）和四季青镇共有个体经营户 11 840 户，从业人员 21 973 人，而且批发与零售业无

一例外地成为各乡镇个体经营户从业人员与营业收入占比居首位的行业。四季青镇个体经营户中批发零售业从业人员比重高达 81.9%，营业收入更是高达 97.8%（表 4-4）。

海淀城乡结合部四乡镇个体经营户分布与经营情况　　表 4-4

	个体经营户（个）	从业人员（人）	批发零售业从业人员占比（%）	批发零售业营业收入占比（%）
东升地区	1 249	2 354	35.5	69.7
万柳地区	568	1 450	54.4	47.6
四季青镇	5 113	9 968	81.9	97.8
西北旺镇	4 910	8 201	70.9	50.2

资料来源：海淀区经济普查资料（2008 年）。

3）消费带动型经济

城乡结合部居住人员中低收入者占有较大比重，他们的消费能力与消费习惯带动了结合部地区部分经济活动的发展。如低端住房需求与支付能力助长了房屋租赁业的发展并在该地区形成了独特的“瓦片经济”；低端饮食与日常生活用品需求与支付能力助长了传统、小型批发零售业、餐饮业等的发展并滋生了大量“露天经济”（如露天小吃、露天修理、露天菜摊等）、“流动经济”和违法经济（如无照经营）。这些低端，特别是非正规经济无法彻底治理的根源正是在于他们在城乡结合部拥有庞大而稳定的消费市场。

4.2.3　城乡结合部产业发展演化特征

十年来，北京城乡结合部三次产业比重发生了较显著的变化，其中第一产业产值在地区生产总值的比重下降了 0.68 个百分点，第二产业占比下降了 9.45 个百分点，第三产业则上升了 10.13 个百分点。与同期全市产业结构变化相比，城乡结合部地区第一、二产业下降幅度更大，第三产业上升幅度更大（图 4-4）。

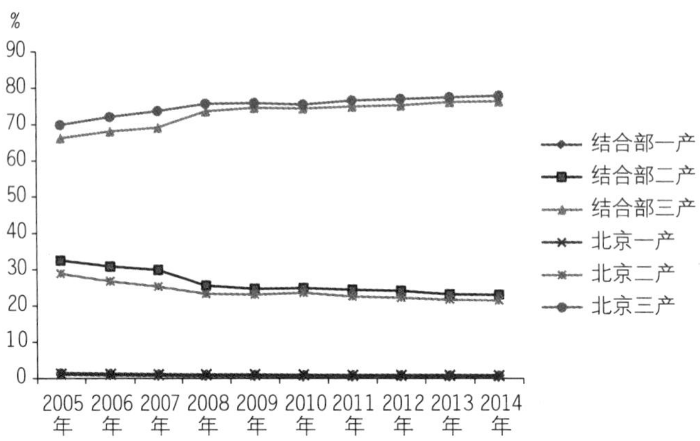

图 4-4　2005 ~ 2014 年北京城乡结合部产业结构变化趋势及与全市比较

（资料来源：据 2006 ~ 2015 年北京市统计年鉴与区域统计年鉴计算所得）

综合考察 2004、2008、2013 年三个时间点，城乡结合部区位熵大于 1 的行业部门包括：信息传输、计算机服务和软件业，科学研究、技术服务和地质勘查业，制造业，交通运输、仓储和邮政业，教育，批发和零售业，建筑业，居民服务和其他服务业等。区位熵大于 1 的行业部门值整体上呈下降趋势，主要原因仍是城乡结合部已成为全市上述产业的主要分布地（图 4-5）。

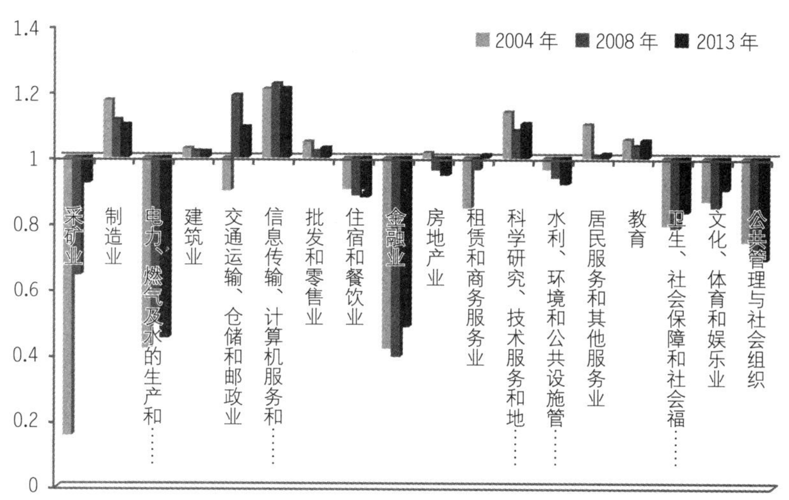

图 4-5　2004、2008、2013 年北京城乡结合部区位熵大于 1 的行业分布变化

（资料来源：北京第一次、第二次和第三次经济普查年鉴）

总体上，2004、2008、2013 年，朝阳、海淀、丰台和石景山等城乡结合部内环区域大部分行业，尤其是制造业，电力、燃气及水的生产与供应业，建筑业，批发和零售业，租赁和商务服务业，科学研究、技术服务和地质勘查业，水利、环境和公共管理业，从业人员占城乡结合部总量的比重大致呈持续下降态势，而位于城乡结合部外环的通州、顺义、昌平和大兴等区域则相应上升（表 4-5）。卫生、社会保障和社会福利业，公共管理与社会组织则呈现出大致相反的格局。这也反映出北京圈层递进式的发展模式，以及城乡结合部产业在空间和时间上的演替趋势。

北京城乡结合部各区域分行业从业人员占结合部比重及变化趋势（%）　　**表 4-5**

行业	年份	朝阳区	丰台区	石景山区	海淀区	通州区	顺义区	昌平区	大兴区
采矿业	2004 年	0.0	6.4	0.2	36.6	2.0	8.2	45.4	1.1
	2008 年	77.1	0.3	0.0	0.3	0.0	0.3	4.4	17.6
	2013 年	52.9	0.0	43.8	0.9	0.0	0.3	1.8	0.3
制造业	2004 年	17.6	10.4	7.1	15.7	11.2	11.4	10.9	15.7
	2008 年	11.9	8.7	5.4	15.5	12.7	14.9	9.7	21.3
	2013 年	8.9	6.9	2.3	14.7	12.7	17.0	11.5	25.9
电力、燃气及水的生产和供应业	2004 年	42.4	6.4	20.9	14.4	2.0	5.5	4.0	4.5
	2008 年	33.9	8.8	19.2	11.6	3.5	10.7	5.2	7.1
	2013 年	31.5	13.7	11.1	11.3	4.5	9.0	10.1	8.8

续表

行业	年份	朝阳区	丰台区	石景山区	海淀区	通州区	顺义区	昌平区	大兴区
建筑业	2004年	24.5	16.7	3.0	26.9	8.5	8.3	6.0	6.1
	2008年	20.3	17.8	4.0	27.6	9.9	7.3	4.1	9.0
	2013年	17.8	17.5	7.4	20.0	9.5	11.3	5.5	11.0
交通运输、仓储和邮政业	2004年	25.2	31.9	3.4	16.7	1.9	14.3	1.9	4.7
	2008年	11.9	28.0	1.6	37.2	1.4	13.8	0.9	5.1
	2013年	18.3	25.4	2.0	19.6	2.4	23.7	2.2	6.4
信息传输、计算机服务和软件业	2004年	17.9	4.2	0.8	71.6	0.3	0.3	2.5	2.4
	2008年	14.1	3.9	1.3	74.3	0.3	0.8	2.4	2.8
	2013年	15.0	3.5	3.8	71.4	0.5	0.3	2.6	2.8
批发和零售业	2004年	36.4	13.7	4.2	32.4	3.1	2.4	3.4	4.5
	2008年	37.0	12.1	3.8	30.6	3.9	2.9	3.7	5.9
	2013年	37.0	12.5	4.5	24.4	5.5	3.6	4.4	8.1
住宿和餐饮业	2004年	36.2	10.5	3.3	35.1	2.5	2.9	6.9	2.5
	2008年	37.9	10.4	2.1	34.1	2.2	4.0	6.1	3.4
	2013年	36.9	9.4	2.5	29.4	2.3	5.9	4.9	8.6
金融业	2004年	47.1	31.3	0.4	16.5	1.5	0.6	1.2	1.3
	2008年	59.1	19.8	0.1	19.4	0.1	0.9	0.2	0.3
	2013年	54.2	2.2	3.6	29.6	0.2	8.9	0.7	0.6
房地产业	2004年	41.8	12.3	2.3	25.0	3.8	3.9	5.7	5.2
	2008年	43.1	10.3	2.5	25.2	4.1	4.5	5.4	4.9
	2013年	46.1	9.2	3.2	20.3	4.3	5.8	5.5	5.5
租赁和商务服务业	2004年	44.2	14.1	2.5	27.5	1.8	2.7	4.7	2.4
	2008年	48.7	20.2	2.6	17.2	1.6	4.2	2.7	2.8
	2013年	44.1	14.7	2.8	22.1	2.7	3.9	4.5	5.2
科学研究、技术服务和地质勘查业	2004年	24.6	16.9	2.2	49.5	0.8	1.2	2.9	1.8
	2008年	22.0	13.1	1.6	54.3	1.2	1.2	3.2	3.4
	2013年	28.6	12.3	2.7	42.4	2.0	1.7	6.0	4.2
水利、环境和公共设施管理业	2004年	22.9	17.0	4.1	34.3	5.8	4.6	6.6	4.7
	2008年	21.8	22.5	4.0	27.8	5.5	4.2	7.6	6.5
	2013年	30.2	13.5	3.0	25.6	5.2	6.0	8.3	8.1
居民服务和其他服务业	2004年	34.8	14.3	4.4	32.3	2.8	2.5	3.5	5.4
	2008年	40.0	14.6	5.6	22.2	3.0	4.3	4.6	5.7
	2013年	34.0	16.1	3.5	23.8	4.3	6.4	5.2	6.8
教育	2004年	20.6	7.8	3.6	43.7	4.6	4.9	7.9	6.9
	2008年	20.1	8.0	3.3	44.8	4.7	4.7	8.0	6.4
	2013年	20.8	7.4	4.3	45.0	4.2	3.9	7.4	6.9
卫生、社会保障和社会福利业	2004年	31.1	13.7	5.6	23.6	5.6	5.4	9.2	5.8
	2008年	31.5	12.7	5.2	22.8	5.4	6.1	9.5	6.7
	2013年	33.9	13.6	5.2	21.1	5.5	4.9	8.7	7.1

续表

行业	年份	朝阳区	丰台区	石景山区	海淀区	通州区	顺义区	昌平区	大兴区
文化、体育和娱乐业	2004 年	35.1	8.0	5.2	40.2	2.8	2.5	3.9	2.2
	2008 年	34.5	8.3	4.5	41.6	1.4	3.0	4.3	2.5
	2013 年	36.8	10.2	4.8	35.7	2.3	2.4	4.4	3.4
公共管理与社会组织	2004 年	28.9	9.3	4.3	21.2	9.0	9.9	6.2	11.2
	2008 年	25.5	9.1	4.4	21.3	9.4	9.2	8.7	12.4
	2013 年	24.8	10.4	5.1	23.3	9.1	8.5	8.4	10.5

注：大兴区数据包括开发区。

资料来源：北京第一次经济普查年鉴、北京第二次经济普查年鉴、北京第三次经济普查年鉴。

4.3　城乡结合部就业结构与空间分布

城乡结合部就业结构与空间分布特征与城市中心区也有一定的区别，而且城乡结合部内外环之间也有所不同。

4.3.1　就业行业分布特征

从三次产业而言，城乡结合部真正从事第一产业的人员已经不多，且主要集中在乡镇地区。据北京市第二次农业普查资料，城乡结合部共有农业从业人员 37.8 万人，占农村常住人口劳动力问题的 13.6%。其中，位于城乡结合部外围的通州、顺义、昌平和大兴等农业从业人员占农村常住劳动力的比重较高，为 21.1%，而位于城乡结合部内环的朝阳、海淀、丰台、石景山等则只有 4.1%。另据海淀区农业普查资料，居住在海淀区城乡结合部 4 个乡镇的住户人口中，只有 2.2% 的从事第一产业生产，而其中超过 80% 的分布在西北旺镇。海淀乡、东升乡和四季青镇第一产业从业人员比例已经很低，分别为 0.3%、0.5% 和 0.3%（表 4-6）。另外，海淀区城乡结合部 4 乡镇家庭户经营性收入和工资收入主要来自于农业的户数为 1578 户，仅占全部户数的 3.3%，同样主要集中在西北旺镇（88.6%）（刘玉、冯健、孙楠，2009）。

海淀城乡结合部 4 乡镇三次产业从业人员比例（%）　　**表 4-6**

	第一产业就业人员比例	第二产业就业人员比例	第三产业就业人员比例
海淀乡	0.3	7.7	92.0
东升乡	0.5	10.5	89.0
四季青镇	0.3	21.5	78.2
西北旺镇	6.9	21.1	72.0
乡镇合计	2.2	18.1	79.7

注：表中数据为所有居住在统计辖区内的人口，包括户籍人口和外来人口。

资料来源：海淀区农业普查资料（2006 年）。

4.3.2 就业空间分布特征

据北京第三次经济普查年鉴统计，2013 年，北京城乡结合部法人单位从业人员主要分布在朝阳、海淀和丰台三个区，三者从业人员占城乡结合部从业人员总数的 69.3%。第二产业从业人员主要分布在大兴区（含北京经济技术开发区）、海淀区和顺义区，三者占城乡结合部第二产业从业人员的 51.5%，第三产业从业人员主要分布在朝阳、海淀和丰台三个区，占比高达 77.2%（表 4-7）。

2013 年北京城乡结合部各区域从业人员占比情况（%） 表 4-7

	法人单位从业人员占比	第二产业从业人员占比	第三产业从业人员占比
朝阳区	28.0	12.0	32.1
丰台区	11.5	10.1	11.8
石景山区	3.8	5.2	3.5
海淀区	29.8	16.1	33.3
通州区	4.9	11.5	3.3
顺义区	7.3	14.6	5.5
昌平区	5.7	9.6	4.7
大兴区（含开发区）	8.9	21.0	5.8

资料来源：2013 年北京第三次经济普查年鉴。

另外，更微观的区域层面上，城乡结合部就业结构与空间分异情况更为复杂，例如新开发区域就业构成中，信息传输、计算机服务和软件业，金融业和现代商贸服务业等比重较高，而传统地区，尤其是城中村及周边地区，批发和零售业、住宿和餐饮业、居民服务和其他服务等传统产业占比较高。鉴于基层地域单元统计数据的可获得性受到限制，与此相关的分析将结合后面的微观调查进行。

4.3.3 就业人员素质特征

2013 年，北京城乡结合部从业人员中男性比例为 60.9%，另据第二次经济普查统计，城乡结合部核心区从业人员中男性比例占 64.1%，高于全市男性从业人员 60.4% 的比例，更高于城区的 59.7%。另外，从从业人员的学历、专业技术职称和技术等级构成看，城乡结合部核心区从业人员中，具有大专及以上学历的比例为 41%，远低于同期全市 48.9% 和城区 58.9% 的水平；具有高级技术职称从业人员的比例和具有高级技术等级从业人员的比例均低于全市和城区水平（表 4-8）。

北京城乡结合部核心区从业人员结构（%） 表 4-8

	男性比例	具有大专及以上学历比例	具有高级技术职称人员比例	高级技工和高级技师比例
城乡结合部核心区	64.1	41.0	3.3	4.0
城区	57.9	58.9	5.4	4.9
北京市	60.4	48.9	4.2	4.3

资料来源：北京第二次经济普查年鉴；北京各区第二次经济普查年鉴。

4.4 城乡结合部土地利用结构与变化

城乡结合部地区由于城市要素与乡村要素交错分布，土地利用结构较为复杂，区别于典型城市中心区与乡村地区；而且作为土地利用 / 土地覆被变化最大的地区之一，城乡结合部土地利用的空间变化更为迅速与显著。

4.4.1 土地利用结构与分布特征

城乡结合部土地利用结构表现出以下主要特征。

1. 非农用地为主，绿化、公用设施、住宅等用地比例较高

伴随着城乡结合部开发建设力度的加大，该区域内农业用地比例整体上已经不高。受功能定位的影响，绿化生态用地、基础设施用地和住宅用地在各种土地利用类型中占比较高。以下以海淀区城乡结合部为例进行土地利用结构的具体分析。

2007 年，海淀区城乡结合部农、林、牧、渔业用地占总用地面积的比重为 36.7%（图 4-6）。在所辖各街道乡镇中，除了八里庄街道、西三旗街道已经完全没有农业用地之外，其余 11 个行政单元均有规模不等的农业用地。尤其是香山街道近 80% 的土地为农业用地，四季青镇、西北旺镇和东升地区农业用地也在 50% 左右（图 4-7）。非农产业用地比重较高的主要分布在八里庄街道、西三旗街道、学院路街道和万柳地区等少数地区。城乡结合部农用地构成中 70% 为林地，香山街道和青龙桥街道农用地几乎全部为林地，四季青镇林地占农用地的比重也高达 70%，西北旺镇这一比重稍低，为 40%。林地的主要功能为绿化。耕地只占 13.7%，主要分布在西北旺镇（占城乡结合部地区耕地面积的 73%）。

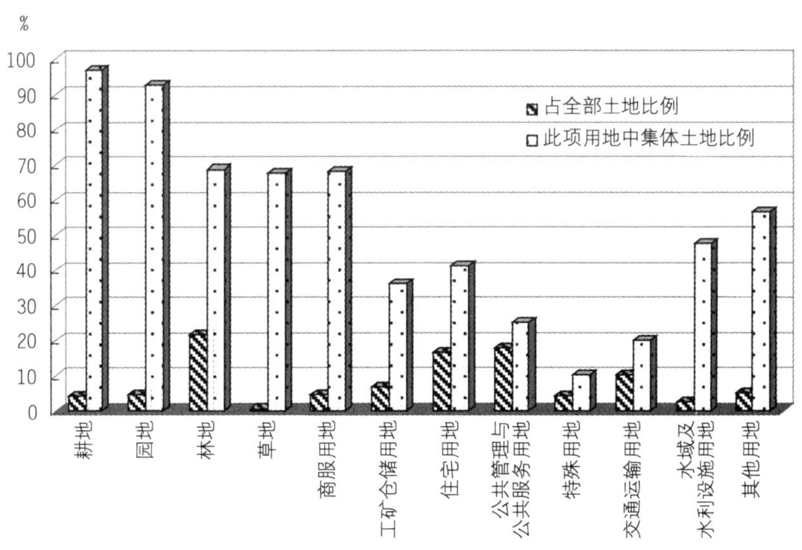

图 4-6 海淀区城乡结合部土地利用类型及权属性质

（资料来源：海淀区土地局调查获取资料）

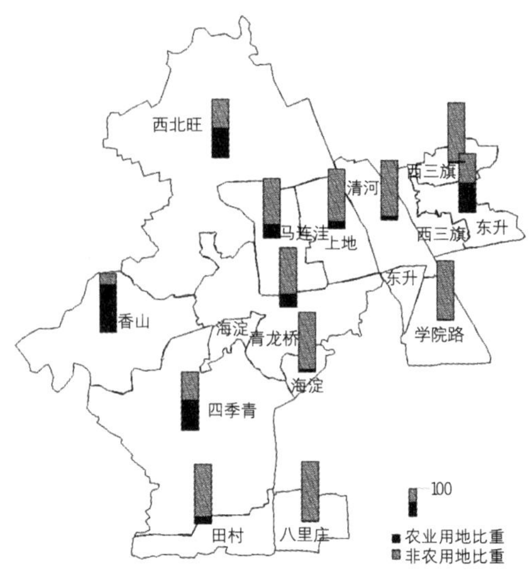

图 4–7　海淀城乡结合部地区及各街道、乡镇农业与非农产业用地比重

（资料来源：海淀区土地局调查资料，2008 年）

此外，公共管理与公共服务用地和住宅用地也在海淀区城乡结合部土地利用中占据较大比重（见图 4–6）。其中，公共管理与公共服务用地面积为 36.4km^2，占总面积的 17.8%。这类用地主要分布在青龙桥街道、西北旺镇、四季青镇和学院路街道，四者合计占此类用地总量的 64%。住宅用地占全部土地面积的 16.8%，相对于其他用地类型，住宅用地的空间分布较为均匀，四季青和西北旺两个面积较大的乡镇住宅用地占城乡结合部住宅用地总量的比重较大，分别为 19.4% 和 13.5%，但在其内部土地利用结构中，住宅用地的比例并不高。相反，在街道和乡镇土地利用结构中住宅用地比例较大的为西三旗、八里庄、马连洼、田村和学院路等街道（图 4–8）。

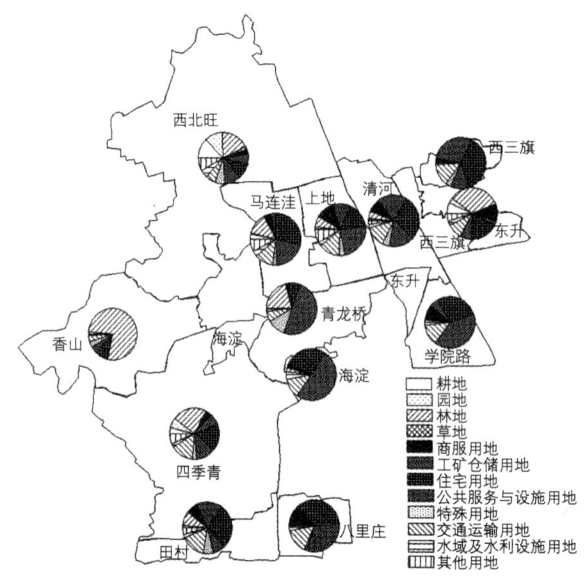

图 4–8　海淀区城乡结合部土地利用类型

（资料来源：海淀区土地局调查资料，2008 年）

2. 集体土地近半，农用地、商服和住宅用地集体土地比例较高

城乡结合部土地权属构成具有一定的特殊性，在广义的城市区域范围内，集体土地比重高是其非常显著的特点。例如，海淀区城乡结合部国有土地占全部土地面积的 52.2%，集体土地占 47.8%，两者在空间上交错分布。街道和乡镇层面上，东升乡、四季青镇、香山街道和西北旺镇集体土地比例较高，为 65% ~ 80% 不等（图 4-9）。

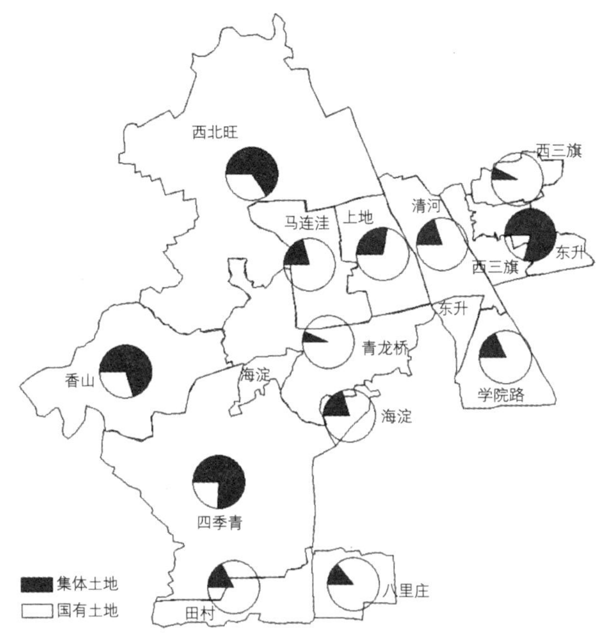

图 4-9　海淀城乡结合部集体土地与国有土地分布

（资料来源：海淀区土地局调查资料，2008 年）

从土地利用结构上看，城乡结合部国有土地和集体土地在不同的用地类型中占比也有明显的差异。例如，在海淀区城乡结合部各种土地利用类型中，集体土地比例超过一半的有：耕地、园地、林地、草地、商服和其他用地等。另外，住宅用地中集体土地的比例也高达 41.2%（见图 4-6）。

3. 土地开发非集中连片，城乡用地交错布局

伴随着土地征用的不断推进，海淀区城乡结合部地区村子的范围越来越小，景观上也逐渐被现代化的城市景观所替代，不过土地开发与建设在空间上并非集中连片分布，表现出显著的城乡土地交错布局特点，大量的行政村与城市公共设施、生活设施和其他设施之间被一定量的农业生产用地分割开来。据 2006 年普查资料，海淀区城乡结合部 17.9% 的行政村与城市公共设施和生活设施完全连接，76.9% 的行政村与城市公共设施和生活设施部分连接，5.1% 的行政村与城市公共设施和生活设施未连接[①]。

① 当城市公共设施、居住设施和其他设施延伸到村级区域的全部地域时，则该村级区域为完全连接的村级区域；当城市公共设施、居住设施和其他设施延伸到村级区域的驻地，尚有部分区域未延伸到，即仍有部分农业生产用地时，则该村级区域的全部为部分连接的村级地域；当城市公共设施、居住设施和其他设施未延伸到村级区域的任何地方，或只延伸到村级区域的一部分，但未延伸到村级区域的驻地时，则该村级区域为未连接的村级地域。

图 4-10 示意了海淀区城乡结合部行政村与城市公共设施、生活设施和其他设施连接状况的空间分布特点。A 类区域，即行政村完全被城市公共设施、生活设施和其他设施所包围的区域，主要分布在结合部的中北部，具体包括海淀乡的所有 4 个行政村和四季青镇的高庄村、常青村，以及西北旺镇的东北旺村。C 类区域，即行政村与城市公共设施、生活设施和其他设施未连接的区域相对较小，主要分布在结合部的西北部，具体包括西北旺镇的唐家岭村和冷泉村。其余的为 B 类区域，这类地区分布范围较广，东升乡的 5 个行政村和四季青镇、西北旺镇的绝大部分行政村均属此类。

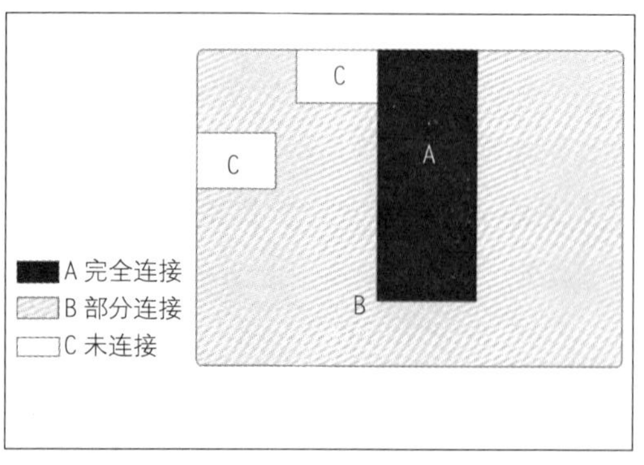

图 4-10　海淀区城乡结合部城乡连接情况示意图

4. 传统制造业与服务业用地比重较高

城乡结合部产业仍然以传统产业，尤其是传统的低端服务业为主。图 4-11 反映的是海淀城乡结合部各行业用地占全区本行业用地的比重，可以看出，建筑业，电力、燃气及水的生产和供应业，采矿业，制造业，房地产业，批发和零售业，租赁和商务服务业占全区用地比重较高（超过 60%）。

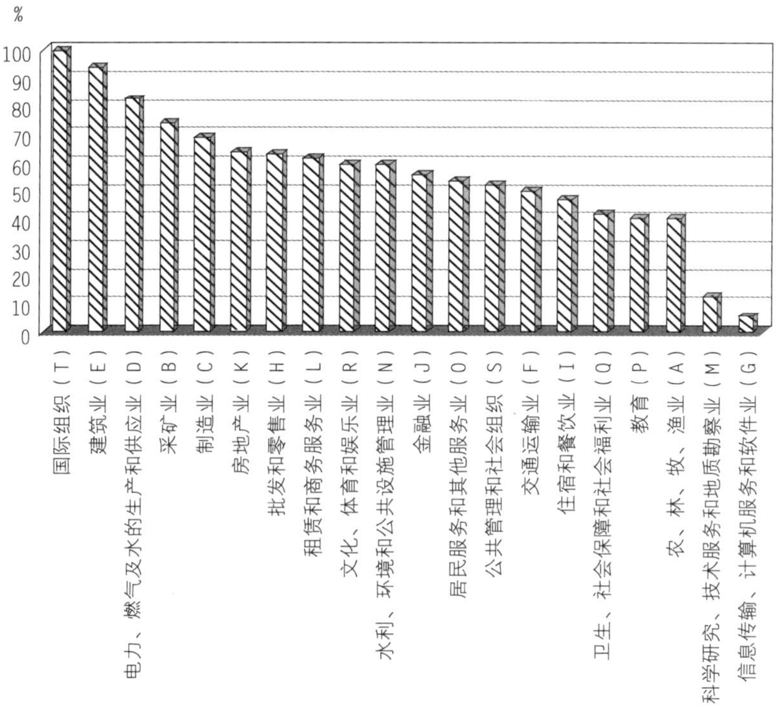

图 4-11　海淀城乡结合部各行业用地占海淀区本行业用地的比重

（资料来源：海淀区土地局调查资料，2008 年）

4.4.2 土地利用结构变化

城乡结合部的空间景观变化非常迅速，而主要的动因来源于土地利用的变化。城乡结合部各种土地利用类型之间相互转化，尤以耕地、林地和建设用地相互转化最为显著。有学者利用TM 卫星影像数据，对 1996 年和 2006 年北京城乡结合部丰台地区展开土地利用变化的研究，发现该区域耕地和大范围水域面积较大幅度地减少，城市居民点及工矿用地和未利用土地面积大幅度地增加，城乡结合部的范围在 10 年间从北向南进行了大范围的移动（王浩、胡吉平、谭衢霖，2012）。另有学者在 RS 和 GIS 技术支持下，对北京城乡结合部顺义地区 1996 ~ 2011 年间的土地利用结构变化进行了研究，指出：该区域耕地、林地和水域的面积分别减少了 15.77%、27.85% 和 75.82%，居民工矿用地增加了 18.49%；耕地资源数量减少，非农业用地大量增加，综合土地利用动态度达到 2.37%，城乡结合部的范围在 12 年间从西向东进行了大范围的移动（杨瑞芳、谭衢霖、秦晓春等，2016）。

在经济利益驱动下，城乡结合部土地利用整体上非农化趋势十分显著，从土地利用角度反映出的城乡结合部空间范围与位置也发生了明显的变化。这也印证了我国城乡结合部普遍存在的自内而外不断被完全城市化，而后持续外推的趋势。

4.5 城乡结合部人口—产业—土地空间耦合关系

城乡结合部的人口、产业与土地利用结构及空间分布均具有一定的区域特性与时代变迁轨迹。此外，三者在空间上的耦合关系也有着独有的特征与作用机制，并且存在两种较为典型的区域类型：一是新城新区；二是城中村地区。接下来将对这两类区域的人口—产业—土地空间耦合关系及联动发展机制进行分析。

4.5.1 新城新区开发背景下的人口—产业—土地空间耦合关系

城乡结合部因区位上邻近中心城区，具有一定的城镇化基础，以及空间资源丰富等而通常成为新城新区建设的首选地。而在新城新区建设过程中，塑造了不同的人口—产业—土地空间耦合关系。

1. 新城新区人口—产业—土地耦合关系类型

此处选取北京城乡结合部地区较为典型的三个新城新区——回龙观、望京和亦庄进行分析。这三个地区在开发发展的过程中有着一些共同的特性，也有不同之处。

1）回龙观模式

回龙观土地开发以居住区建设为主，人口密度大，就业机会少，配套设施滞后。据昌平区 2012 年 11 月 1 日零时人口抽样调查，回龙观地区常住人口规模达 35.5 万人，其中外来常住人口为 19.5 万人。另据 2011 年年底的调查数据，回龙观地区人口密度达每平方千米 10 963 人，相当于当时昌平全区人口密度的8.86倍（王海燕，2015）。如此庞大的居住社区，本地就业岗位严重不足，除了部分从事软件开发等互联网公司就业的居民到西二旗、上地、中关村等上班，通勤距离略短外，大部分从事其他行业的居民就业地都比较远。而且，由于本区现代化商业服务业相对缺少，居民区外休闲娱乐消费比重较高。该区域在土地开发过程中，过分集中于住宅地产而商业地产发育不足，基础设施与公共服务配套设施规划考虑不周，为后续商务建设和就业机会的创造带来较大困难。

2）亦庄模式

北京亦庄经济技术开发区，建于1992年，最初的土地开发属典型的产业园区建设模式，区内有大量企业，尤其是第二产业企业占有相当比重，产业发展非常迅速，就业岗位充足，大量高端就业人群聚集。然而在建设初期，作为功能较单一的产业基地，此区域居住和生活配套等较为短缺，因此表现出较显著的单纯就业地特征，区内就业群体就业地与居住地分离，一方面产生大量长距离通勤，另一方面居住在区内公寓或宿舍的少量人群，闲暇时间无处可去，没地方消费，这种模式曾经一度制约了该地区的综合发展。亦庄地区的房地产开发是由别墅等高端地产带动起来的，正是为了突破这种居住与就业分离，尤其是区内高端收入群体的居住与就业分离而产生的。

亦庄新城以3.8km^2的开发区起步，到后来总规划面积达46.8km^2，再到2010年，北京经济技术开发区同大兴区行政资源整合，形成的新区总面积达到1 052km^2，经历了不同的人口—产业—土地联动发展阶段。近期亦庄新城人口—产业—土地的空间耦合关系得到了一定的改善，定位由科学规划的产业区、高配置的商务区及高品质的生活区构成，为京津城际发展走廊上的高新技术产业和先进制造业基地，并承担“疏解中心城人口的功能、聚集新的产业、带动区域发展”的重任。

3）望京模式

望京地区在乡—城转化的过程中，在土地开发、人员安置、产业配套等方面均进行了较妥善的安排与统筹考虑，打造出了一种典型的“望京模式”。而且，新城新区建设中土地以综合开发为主，在大型居住区建设，吸纳大量人口进入的同时，较为注重产业与服务的配套。望京社区总规划面积16km^2，目前常住人口约30万人，未来总人口将达到60万人，建成一个超大规模社区，相当于一个中等城市。在此区域内，不仅居住地产较为发达，商业地产项目也非常活跃。宜家家居2006年从马甸搬迁至望京，定位为宜家全球第二大店，并且让北京的消费者真正体验“宜家标准”。此外，望京国际商业中心、望京旺角商业步行街、望京华联、新世界、家乐福、沃尔玛等大型商业相继进入，让望京在几年内迅速成长为了一个新兴商业区域。2010年起，远豪置业、合生创展、SOHO中国、远洋地产、保利地产等品牌开发商开始在望京上演地王围城。摩托罗拉中国区总部在2007年8月迁至望京，并和西门子、索尼、爱立信、松下、北电网络、双鹤药业等成为望京财富曾经的象征与核心。阿里、美团、Uber、陌陌、58同城、携程等较大型的互联网公司也跻身望京，加上望京商务区被纳入中关村科技园区优惠政策区域的利好，吸引了许多国内外高新技术企业总部及研发中心落户（刘映花、孙雨，2016），微软等许多高科技企业总部均设在望京。奔驰总部、宝马总部、LG等众多知名跨国企业也陆续进驻。望京社区拥有北京中医药大学、中央美术学院、北京青年政治学院、伊顿慧智双语幼儿园、花家地实验小学、北京80中、陈经伦中学、94中、首师大附中等教育机构，以及中国中医科学院望京医院、望京西园四区社区卫生服务站等医疗服务机构，望京地区已成为集居住、就业、消费、公共服务于一体的综合化社区。

2.新城新区人口—产业—土地耦合关系演进趋势

上述为城乡结合部新城新区建设中人口—产业—土地的三种耦合关系，随着开发进程的推进，以及后期建设的调整与发展，实际上北京上述三个地区现阶段的人口—产业和土地的耦合关系已经发生了一些新的变化，尤其人口—产业—土地的联动发展日益受到重视。比如，回龙观地区由早期单纯的“睡城”已经逐渐发展为产业与服务，尤其商业服务、教育医疗等配套越来越完善的综合性社区；亦庄新城也从早期单纯的产业园区逐渐发展为功能齐全的行政新区。让更多的人口能实现就近就业，让更多的产业能拥有多元化的服务配套，让更多的土地开发能与城市建设和人们的生活更好地匹配起来，已成为城乡结合部地区新城新区建设的方向。但是，尽管后期调整能够某种程度上弥补一些缺陷，由于新城新区建设初期模式选择与定位的限制，有些地区人口—产业—土地的联动发展难以彻底有效地推进，因此，先进的理念与科学、完善的规划是保证新城新区人口—产业—土地实现联动，促进区域健康持续发展的重要前提。

4.5.2 城中村人口—产业—土地的空间耦合关系

城中村是城乡结合部地区另外一种较为典型的社区类型，与前述新城新区拥有截然不同的景观与发展模式。城中村的形成与发展有其独特的经济、社会背景，城中村内人口—产业—土地的空间耦合关系也区别于传统的乡村地区和城市中心地区。

1.城中村人口—产业—土地耦合关系的特征

整体而言，城中村地区人口构成复杂且流动性强，产业低端、经营规模小，土地权属特殊，开发使用混乱，而人口、产业与土地三者的关系与空间叠加后果也不同于典型的城乡地区。

城中村的土地根据撤村建居的进程，权属关系存在一定差异，已完成撤村建居的土地被征为国有土地；正在进行撤村建居的部分土地转化为国有土地，仍有部分土地为集体土地；未实行撤村建居的土地为集体土地。土地权属的不同会直接影响到土地的用途及开发主体。城中村土地流转状态及其流转过程中对相关问题的处理方式都会影响到土地所有者的行为选择，如土地开发与管理规范程度，土地经营方式与项目安排等。城中村大量违规违法建筑存在，以及集体土地上较为粗放与传统的土地利用方式，一方面吸引了大量外来人口来此寻找居住场所，另一方面也使一些低端市场、个人商贩、小规模企业等进驻，并逐渐塑造了城中村特有的居住与产业环境。反过来，大量收入与消费水平偏低的外来人口进入，又进一步带动了低端、非正规经济活动和违规土地利用行为的产生；低端市场和相对混乱的经济环境也吸引了更多在城市夹缝中求生存的人涌进城中村。城中村相对封闭的人口活动与产业运作模式，加之混乱的土地开发与利用，进一步加剧了此区域的发展困境。可以说，城中村的人口—产业—土地之间也存在着一定的耦合关系，但这是一种低层次、低效率的耦合，甚至成为催生该区域经济社会生态系统不断恶化的重要诱因。

2. 城中村人口—产业—土地耦合关系的演进趋势

城中村改造是一个永恒的话题，而改造的核心主题是优化土地开发，提高土地利用效益；提升产业层次，调整产业结构；疏解安置人口，提高城市化水平。现阶段，城中村人口—产业—土地的非良性互动制约了区域发展进程，今后伴随着城中村改造的推进，应建立起一种新型的人口—产业—土地耦合关系，尤其土地开发和利用要以妥善安置人口居住和就业，并保证区域产业的良性发展为前提。针对城中村的特殊情况，对有些距离市中心稍远的城中村而言，完全城市化也许需要较长的一段时间，而且完全变成城市也未必是最好的选择。因此，关于城中村土地的开发利用模式与途径，并能与人口和产业实现联动发展更需要创新突破。

4.6 本章小结

城乡结合部在全市经济社会发展和自己发展方向调整的过程中，逐渐形成了独特的经济空间特征，在这个区域内，既充满了发展活力，又积聚着各种矛盾。

城乡结合部是全市重要的人口分布区，更是外来人口的主要聚集区，尤其在城乡结合部核心区，外来人口比重普遍很高。内外力共同作用下，城乡结合部产业结构与空间分布经历了不同阶段的变化，并形成了一些独特的特征。从三次产业角度看，城乡结合部的产业结构具有城区与乡村地区之间过渡的特征。城乡结合部地区承载了北京全市绝大部分的就业，尤其制造业和部分服务行业从业人员较为集中，而且在空间上六成到九成聚集在城乡结合部内环区域。生活在城乡结合部地区，包括农村地区的劳动力真正从事第一产业生产的人数已经不多，且主要集中在部分乡镇。整体上城乡结合部从业人员的受教育程度和专业技术水平低于全市平均水平。除此之外，城乡结合部具有较为突出的混合经济特征。在这个区域内既有非常现代、高端的产业园区，也有大量传统、低端甚至非正规产业的聚集地；既有城市经济活动类型，也有乡村经济活动类型。在形成动力上，既有城市扩张带动型产业，也有居住人口就业带动型产业，还有消费带动型产业。

城乡结合部土地利用向来以复杂、多变、矛盾突出著称。该区域的土地利用结构中，绿化用地、公用设施用地和住宅用地等占比较高，这也正是与城乡结合部的地域功能相对应的。在快速城市化背景下，城乡结合部农业用地已经不多，主要分布在少数街道和乡镇，而且农用地中也是以林地为主，农业用地的绿化功能显著而生产功能已经非常薄弱。城乡结合部地区还有相当比例的集体土地，集体土地与国有土地在空间上交错分布，某种程度上也制约了该区域整体有序的开发与建设。这种非连片开发，割裂了城乡结合部部分村与城市公共设施、生活设施和其他设施之间的连通性，影响发展效率。另从产业用地结构看，城乡结合部地区传统制造业与服务业用地比重较高。城乡结合部土地利用变化最显著的趋势就是耕地、林地等快速转化为建设用地，而这种绝对非农化趋势是否有利于城乡结合部乃至更广阔地域的健康、持续发展值得深入思考。

城乡结合部人口、产业与土地开发的空间耦合关系有一些共性的特征，也有区域差异，新城新区开发建设中，有的较为注重三者之间的协调与联动发展，如北京望京地区在居住住宅和商业地产开发中加以平衡，使得该区域在建成超大规模居住社区的同时，也成功地成了许多新兴产业的聚集地和现代商贸服务配套较为齐全的区域，区内人口—产业—土地的联动性处理得较好，有利于区域的健康发展。有的区域在从纯产业园区走向综合区域的过程中，不断补足短板，以实现区内人口居住、就业、生活消费的相互匹配。也有的区域建设之初片面以住宅地产开发为主，就业岗位的不足和服务配套的缺陷成为区域发展的重要桎梏，而后续弥补则受到空间资源不足等诸多限制，难以达到预期的效果。因此，城乡结合部作为新城新区最主要的建设地，应制定科学合理的发展规划并建立起强大的法律制度保障体系，保证人口—产业—土地的协调与联动发展。西方发达国家多数制定了法律，对新城新区的建设起到必要的约束与指导作用。例如，1968 年，美国国会通过《新城开发法》，提出了成为新城的一系列指标。如，规定新城必须有指定面积以上的办公和商业设施面积，为边缘新城日后的正常运行奠定基础；就业岗位的数量要超过卧室的数量……英国则提出建设“既能生活又能工作的、平衡和独立自足的新城”的政策目标。而我国城中村的人口—产业—土地空间耦合关系更为特殊，土地的无序开发导致大量中低层次人口涌入，并带来大量低端、非正规经济活动，塑造了这一地区独特的产业发展环境。反过来，大量人口，尤其是外来人口的涌入，又进一步催生了城乡结合部地区土地违规使用和违章建筑急剧增加的势头，从而使人口、产业与土地开发之间建立起非理性的恶性循环。

基于居民经济社会特性的生产消费能力、社会网络结构与行为选择特征等对城乡结合部空间产生重要的影响，而这些空间效应一旦形成，又会反过来影响居民的经济行为选择。

第 5 章　城乡结合部经济空间特征：微观视角分析

FIVE

5.1　城乡结合部居民经济行为特征

5.1.1　案例区域与样本数据

鉴于目前缺少关于城乡结合部居民经济行为方面的统计数据，此处选取案例区域，以问卷调查和入户访谈等形式展开研究①。

选取北京市海淀区为案例研究区域。海淀位于北京城区的西北部，其城乡结合部总地域面积 204.46km²，占海淀区总辖区面积的 47.7%，是北京市城乡结合部的主体组成部分之一。为了更深入、准确地获取城乡结合部居民经济社会活动的一手资料，2014 年 4 ~ 5 月对北京市海淀区城乡结合部的双泉堡、正白旗地区进行了问卷调查与入户访谈。共发放调查问卷 361 份，回收 338 份，有效回收率为 93.63%。被调查者中本地人口占 7.69%，外地人口占 92.31%。由于本地人口数量少，对其调查采用的是滚雪球抽样方法，即采访到某位村民，再让他带到其他村民家，以此类推；对外地人口的调查采用分层抽样，将村子划分为几个地块，每个地块平均分配相同数量的调查问卷；访谈一部分是在作问卷调查时进行，另外一部分是由受访者介绍，一般选取具有典型性的样本。

双泉堡位于海淀区东升镇中部偏东，面积 2.5km²，常住人口 1593 人，暂住人口 41523 人②。正白旗位于海淀区上地地区，邻近北京体育大学，隔清河与圆明园相望（图 5-1）。目前有外来人口 20000 人左右，本地人口几百人，本地居民归上地街道管辖，农民和外来人口则归海淀镇树村村委会管辖（表 5-1）。

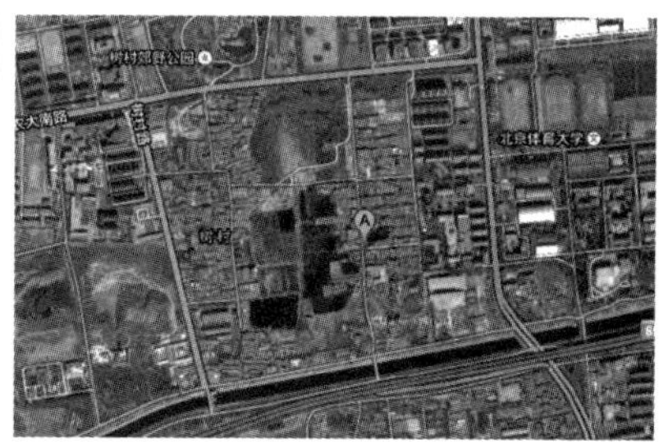

图 5-1　北京市海淀区双泉堡、正白旗地区位置图

（资料来源：Google 地图）

① 本研究所用的调查问卷见书后附录部分。

② 佚名 . 海淀区首座村级消防站落成提升火灾防控水平 [EB/OL]. http://119.china.com.cn/fhjd/txt/2013-06/06/content_6012827.htm.

本地人口仍居住在原地的已经很少，被调查的 338 人中只有 8.75% 为本地居民，而且全部发生了土地流转。城乡结合部原住居民年龄结构偏老，调查对象中 45 岁以下的人口仅占 26.9%，而 60 岁以上的人口所占比例则高达 26.9%，46 ~ 60 岁的人口为主要群体，占 46.2%。与以 18 ~ 45 岁人口为主要群体的外来人口相比，年龄结构差异十分显著。获得征地补偿后，年轻人一般选择到其他条件较好的地方购房居住，并寻求新的就业机会与收入来源，留在原宅基地的多为就业选择余地偏小的大龄人员。城乡结合部外来人口中农村户籍占绝对主体，为 81.4%。外来人口年龄结构以中青年为主，45 岁以下人群占 69.9%，尤以 18 ~ 30 岁人群居多。60 岁以上人口仅占 6.7%（图 5-2）。

城乡结合部居民问卷调查样本经济社会属性分布（%） **表 5-1**

<table>
<tr><td rowspan="5">户籍类型</td><td>本地居民</td><td>7.69</td><td rowspan="5">就业状态*</td><td>正规单位就业</td><td>37.82</td><td rowspan="6">家庭月收入</td><td>2000 元以下</td><td>5.03</td></tr>
<tr><td>外地城镇</td><td>15.98</td><td>非正规单位就业</td><td>29.49</td><td>2000 ~ 5000 元</td><td>29.59</td></tr>
<tr><td>外地农村</td><td>75.15</td><td>无就业</td><td>14.74</td><td>5000 ~ 10000 元</td><td>40.24</td></tr>
<tr><td rowspan="2">缺失</td><td rowspan="2">1.18</td><td rowspan="2">缺失</td><td rowspan="2">17.95</td><td>10000 ~ 20000 元</td><td>16.57</td></tr>
<tr><td>20000 元以上</td><td>6.80</td></tr>
<tr><td rowspan="7">年龄分布</td><td>18 ~ 30 岁</td><td>34.91</td><td rowspan="7">受教育程度</td><td>小学及以下</td><td>22.78</td><td>缺失</td><td>1.78</td></tr>
<tr><td>31 ~ 45 岁</td><td>31.66</td><td>中学、中专</td><td>61.54</td><td rowspan="6">家庭月支出</td><td>1000 元以下</td><td>18.93</td></tr>
<tr><td>46 ~ 60 岁</td><td>23.67</td><td>大专</td><td>7.69</td><td>1000 ~ 1999 元</td><td>23.08</td></tr>
<tr><td>大于 60 岁</td><td>8.28</td><td>本科</td><td>5.33</td><td>2000 ~ 2999 元</td><td>17.16</td></tr>
<tr><td rowspan="3">缺失</td><td rowspan="3">1.48</td><td>硕士及以上</td><td>0.59</td><td>3000 ~ 4999 元</td><td>17.16</td></tr>
<tr><td rowspan="2">缺失</td><td rowspan="2">2.07</td><td>5000 ~ 10000 元</td><td>10.95</td></tr>
<tr><td>缺失</td><td>12.72</td></tr>
</table>

* 城乡结合部本地人口数量少且就业率较低，此项数据为外来人口就业状态统计。

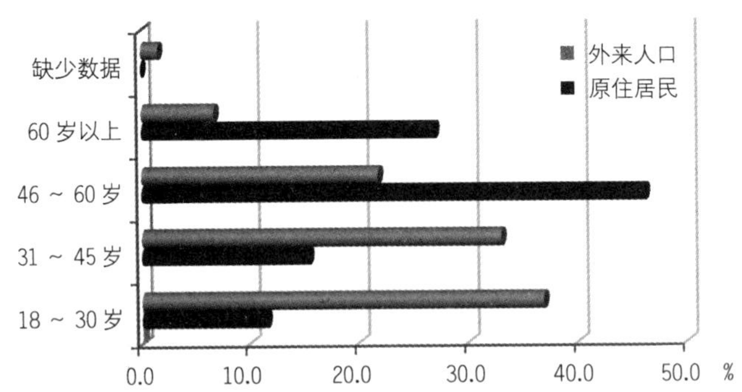

图 5-2 城乡结合部原住居民与外来人口年龄构成及对比

（资料来源：北京双泉堡、正白旗地区城乡结合部居民生活问卷调查数据）

5.1.2 城乡结合部居民经济行为特征

作为受快速城市化进程影响最剧烈的区域之一，城乡结合部居民构成有别于其他地区，而且居民的经济行为特征也存在显著不同。

1. 非正规就业比重高，通勤半径小

社会人类学家 Hart 提出非正规部门是指在官方认可和记录之外的那部分经济（Hart K., 1973），尹晓颖等提出非正规部门是未经登记注册的个体经济活动（尹晓颖、闫小培、薛德升，2009）。城乡结合部居民从事非正规经济活动或在非正规部门就业的比例较高。

对双泉堡和正白旗的样本调查分析显示，本地人口的就业率很低，不足 50%。一半数量的本地人口最主要的收入来源为出租房屋，违章建设非法出租占主体，在行政、事业单位和企业就业的分别占 15.4% 和 7.7%，自主经营的占 11.5%。结合深度访谈与个人月收入调查，城乡结合部本地人口大多依赖租房和小规模自主经营维持生计，这两类也是收入相对最高的，尤其租房月收入平均高达 11750 元。在企事业单位就业的比例较低，其中在行政事业单位就业的主要从事交通协管、保洁等工作，月收入较低，为 1000 ~ 5000 元，依靠退休金与社保收入的居民收入都在 5000 元以下，甚至低于 1000 元（图 5-3）。

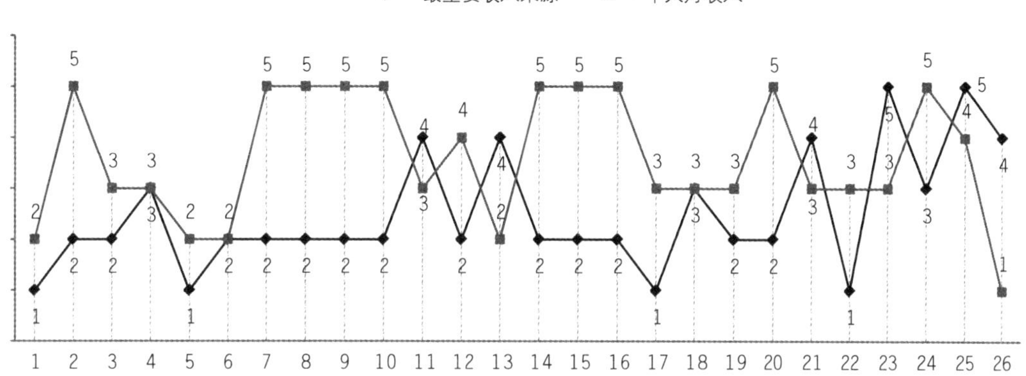

最主要收入来源：1. 行政事业单位工资；2. 租房；3. 自主经营；4. 退休金、社保收入；5.企业工资。
月收入：1. 1000元以下；2. 1000～3000元；3. 3000～5000元；4. 5000～10000元；5. 10000元以上。

图 5-3 城乡结合部本地人口最主要收入来源与收入水平对应分布图

（资料来源：北京市海淀区双泉堡、正白旗居民问卷调查数据，如无特殊说明，下同）

与城乡结合部本地人口相比，外来人口的就业率较高，为 85.6%。就业分布较为集中的行业为：住宿和餐饮业，批发和零售业，以及居民服务和其他服务业，三者占总就业人数的比例达到 57.1%（图 5-4）。对外来人口进行所在就业单位登记情况调查显示，就业人群中，44.4% 的所在就业单位已登记；34.6% 的就业单位未登记；还有 21.1% 未作回答。就业人群中就业单位人数在 3 人及以下的占 29.7%。

城乡结合部人口的通勤半径较小，在本地人口不到 50% 的就业人群中，平均通勤半径为 0.8km，其中主要集中在 0.5km 以内，少数人通勤半径较大，拉高了平均距离。外地人口通勤半径分布趋势与本地人口大致相似，即通勤半径在 0.3km 以内的占主体，但相对通勤半径大于本地人口（图 5-5）。

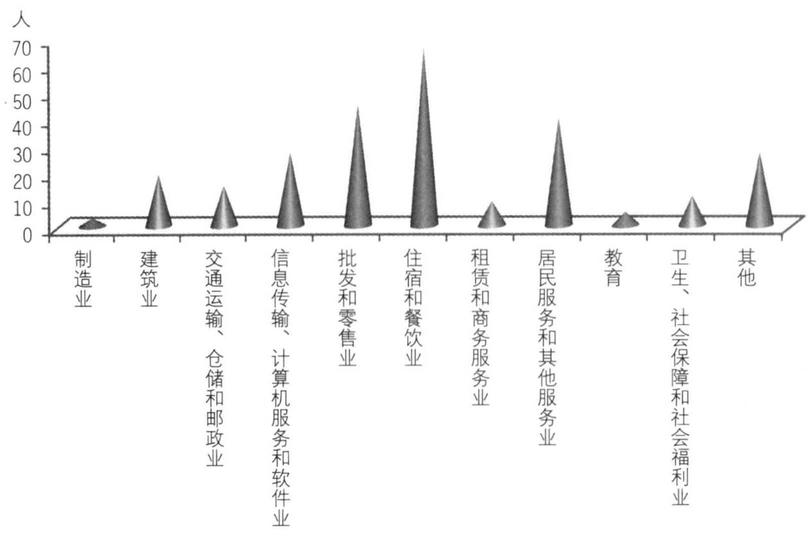

图 5-4　城乡结合部外来人口就业行业分布

（资料来源：北京市海淀区双泉堡、正白旗地区城乡结合部居民生活问卷调查数据）

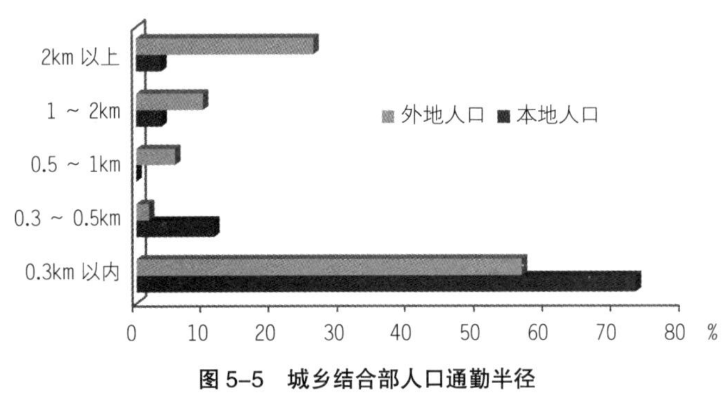

图 5-5　城乡结合部人口通勤半径

另据有关学者调查研究，北京外来农民工具有职住距离近、通勤时间短，以步行、自行车、公交车为主，离心居住，向心工作的特点。这一群体的通勤方式以步行和公交车为主，分别占 41.11% 和 35.99%，两者之和超过总数的 3/4。通勤时间单程耗时平均为 26.37min，远低于城市居民（刘保奎、冯长春，2012）。

2. 消费需求偏低，近距离集聚指向性特征显著

城乡结合部被调查者月消费支出结构比较趋同，大多以维持生活必需的低等级消费为主，集中在购物、通信和教育几个方面，而休闲娱乐、储蓄保险、投资与医疗保健等较高层次的消费比例很低。本地人口中 90% 以上的被调查者上述几项消费占总支出的比重为 0，外地人口中具有休闲娱乐、储蓄保险、投资和医疗保健支出行为的分别仅占 15.4%、4.8%、3.2% 和 15.4%。另外，该类居民日常用品消费环境与体验要求很低，离家近、便宜几乎是消费场所选择唯一考虑的因素，而商品种类、质量，服务质量、信誉，营业时间，购物环境、配套餐饮娱乐设施等方面的情况则不受关注。

城乡结合部居民日常消费空间表现出显著的近距离集聚指向性。本地人口食品、日用品消费地点在所居住村内的占 76.9%，外地人口村内购置食品、日用品的比例也达到 60.9%。从距离上看，消费半径主要集中在 0.5km 以内，尤其是 0.3km 以内（图 5-6）。购置场所高度集中在城乡结合部中小型连锁超市、村内小超市或早市、集市，个别人为了追求价格便宜会到 8km 外的批发市场购置。不过，超过 80% 的本地人口和超过 40% 的外地人口大件、贵重物品会选择到城区大型购物中心和专卖店购置。本地人口因拥有居民医疗保险，超过 50% 的人口选择城区大型、高等级医院就医，而外来人口选择在城乡结合部私人诊所就医的比例最高，为 35.3%，其次是到城区大型、高等级医院，占 32.1%，15.7% 选择在城乡结合部社区医院就医，还有部分回家乡就医。

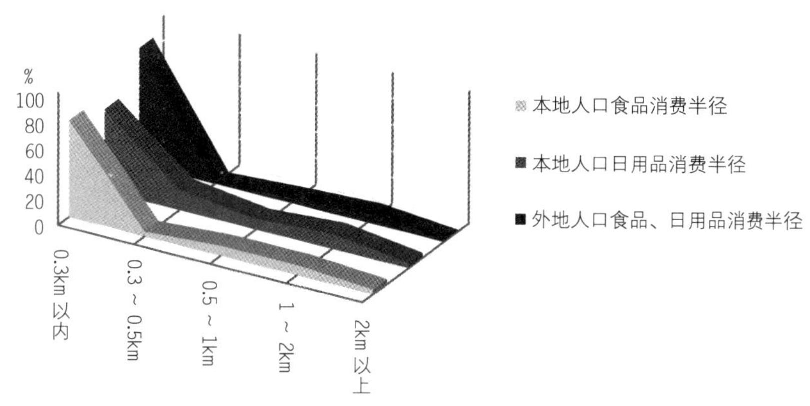

图 5-6　城乡结合部居民日常消费半径

3. 社会网络简单，闲暇娱乐活动较少

城乡结合部居民日常交往的圈子较窄，本地人口接触最多的三类人中，排在首位的是邻居，其次是朋友，然后是本村其他村民。作为房主的本地居民与外来租客的接触并不多，尽管许多人（约占被调查对象的 46.1%）认为与外来租客的沟通不困难，也愿意主动与他们沟通。少数本地人口（约占被调查对象的 23%）认为外来租客来源复杂、素质偏低，持提防与排斥态度。外地人口接触最多的三类人依次是邻居、同乡和朋友，87.5% 的外地人口没有或拥有不多的本地人口朋友。45.8% 的外来人口认为与本地人沟通没困难，25% 的认为有一定困难，其余近 30% 几乎没有沟通过。由此可见，城乡结合部居民的社会网络非常简单，以居住地为主要社交活动空间。

据调查，城乡结合部居民的闲暇娱乐活动较少且花费很低。本地人口的健身锻炼活动主要为每天一次耗时约 2h 的免费散步等，场所一般为离家较近的公园或村内公共场所。只有一位被调查者选择每周一次的平均消费为 50 元的有偿体育活动。外地人口中只有 34.6% 的人每月有娱乐活动，而且其中一半的人娱乐频率小于每 3 天 1 次，娱乐场所仅 2 人是在村外，仅 2 人存在低于 100 元的娱乐消费支出，其他人均选择的是免费娱乐项目。

4. 迁移意愿不强，对现居住地高度依赖

居住满意度是国外学者研究居住流动性的重要视角之一（湛东升、孟斌、张文忠，2014），不少学者研究表明居住满意度和居住流动性之间存在负相关，即居住满意度越高，居住流动性发生次数越低（Speare、Alden J R，1974；Clark W、Ledwith V，2006）。也有学者研究却认为居住满意度和居住流动性具有正相关（Kearns A、Parkes A，2003）。

城乡结合部人口尽管居住满意度不高，但他们的迁移意愿并不强。本地人口中 92.3% 的人不希望离开现住地，但绝大多数希望居住环境能得到改善；78.2% 的外地人口希望现住地不要拆迁，同样多数人希望居住环境得到改善。如果现住地拆迁，57.7% 的本地人口选择原地改建后的房子居住，而只有不到 9% 的外地人口会选择回到原地改建后条件好的房子，更多的人（占被调查者的 43.6%）选择到更远一些、租金便宜的地方或周边其他村庄居住（图 5-7）。可见，两类人群离开现住地的意愿都不强，但拆迁会较显著地影响到外地人口回到此地，其主要原因应是房租的大幅上涨，外来人口中 92.3% 的人靠租房居住。

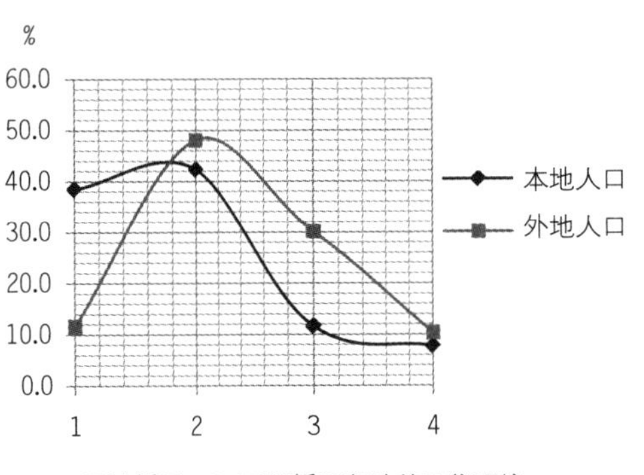

1. 尽快拆迁；2. 不要拆迁但改善居住环境；
3. 保留原样；4. 无所谓

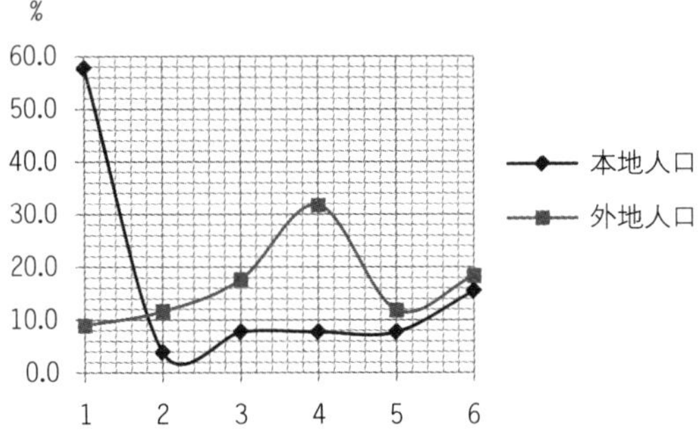

1. 原地改建房子；2. 附近设施完善小区；
3. 交通便利房子；4. 较远、租金便宜房子；
5. 其他村子；6. 其他

图 5-7　城乡结合部人口拆迁意愿与拆迁后迁居选择

5.2　城乡结合部居民经济行为的空间效应

城市和区域演化的内在机制变得更为错综复杂，包含了不同范畴中和不同层面上的各种因果过程（唐子来，1997）。城乡结合部独特的居民经济行为特征对该区域空间结构特征与演化趋势具有重要的影响。

5.2.1　低端生产与消费促进特定经济要素空间集聚

城乡结合部本地人口大多原来是郊区农民，土地流转使他们从农业生产中转移出来，但在其他领域的生产能力非常有限，收入只能高度依赖房租，就业与其他收入保障不足，进而影响了其消费能力。外来人口以农村剩余劳动力为主，我国现阶段农村剩余劳动力在进入城市时普遍存在无就业规划、无技能储备、无资金支撑等问题，生产能力低下导致他们进城后只能从事低端、低薪的工作，甚至是非正规就业，进而也影响到其消费能力十分有限。

人口的低端生产与消费直接导致特定的经济要素在城乡结合部空间内集聚。以通勤距离观察就业中非正规部门就业（就业单位未登记）所占比例变化情况，发现通勤时间在 15min 内，非正规部门就业比重最高，占该范围内就业总数的 52.6%，之后显著下降，并基本保持在 30% 左右。城乡结合部人口所在就业单位的规模普遍较小，尤其距离居住地较近、通勤时间在 15min 以内的，就业单位规模 3 人及以下的占该范围内就业总数的比例最高（图 5-8）。另据对双泉堡和正白旗商铺的现场调查统计，3 人及以下的商铺占到了 72%，15m^2 以下的商铺占了近 80%。而这正是城乡结合部路边摊、小型商店、杂货铺、露天烧烤、发廊、水果蔬菜摊点、黑诊所、非正规学校等遍布，整治难度大的根本原因。无论从生产还是消费角度，低端经营活动在城乡结合部都有着巨大的需求，打击治理不能从根本上解决问题。

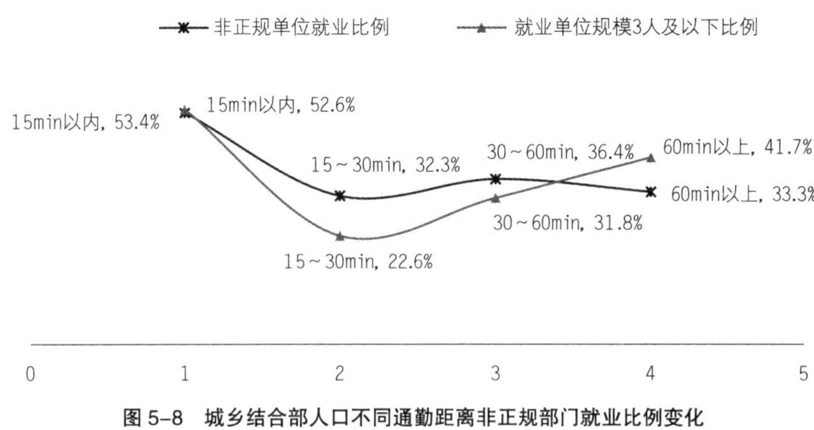

图 5-8　城乡结合部人口不同通勤距离非正规部门就业比例变化

5.2.2　以居住地为中心的多功能重叠空间团块割裂区域空间体系

以住所为中心的居住区成为贫困群体日常活动主要的空间载体（刘玉亭、何深静、李志刚，2005）。城乡结合部人口具有同样的空间活动特点，不仅日常活动空间狭小，且表现出以居住空间为中心，生产空间、消费空间、休闲娱乐空间与社交往来空间高度重叠的特征，从而在城乡结合部区域空间体系中形成了一个个以居住区（通常是城中村）为核心的相对封闭的空间团块。

城市化与郊区化共同作用下，城市边缘地区不断接受城市要素的外迁与新兴现代要素的落户。各类开发区（产业园区）、教育基地、新建住宅社区及现代商业区等在城乡结合部陆续出现。而以居住地为中心的多功能重叠空间团块多为低端、落后要素聚集区，与周边新兴现代要素聚集区融合度非常低，严重割裂了城乡结合部区域空间体系。

据北京规划部门统计，至2010年北京中心城内的城乡结合部，含朝阳、海淀、丰台、石景山四区中心城边缘地带以及与大兴、昌平相接壤地区，包括十个边缘集团，全部第一道绿隔地区及部分第二道绿隔地区，面积约753km^2。此区域内有自然村落形态的行政村约227个（涉及自然村落约450处）（图5–9）。这些村落不仅内部环境脏乱差，而且已经成为制约城乡结合部地区空间结构优化的重要障碍。现实中许多道路、环境、卫生等基础设施的建设与连通，现代要素聚集区外部环境的改善等均受到此种空间割裂影响而迟迟得不到解决。

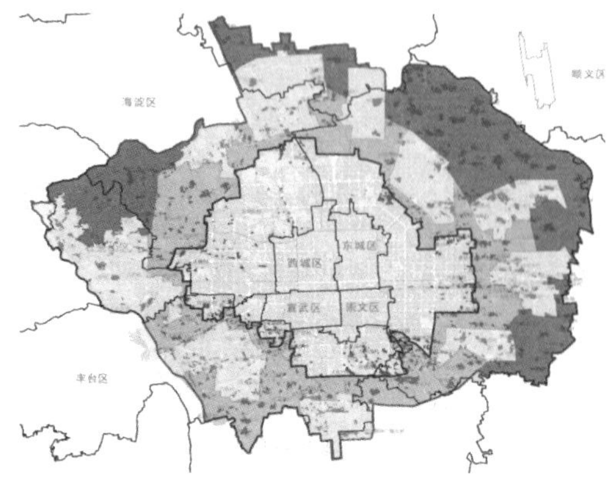

图5–9 北京城乡结合部地区自然村落分布示意图

图中分散的小片阴影区为城乡结合部范围内的村落。

（资料来源：北京市规划委员会相关资料）

5.2.3 自服务体系制约区域空间等级

城乡结合部地区具有显著的自服务特征，从食品、蔬菜、日用品等的购置，到餐饮、娱乐、洗浴等生活服务类的消费，甚至是教育、医疗等都有相对较发达的自服务体系。一方面，此区域内居民的消费较少融入更高级的服务业体系，对更大区域的贡献较小；另一方面，区域内经营单位规模偏小、经营商品大多以满足当地居民的日常消费活动需要为主（图5–10），基本经济部门发育滞缓，对外功能几乎全部丧失。这种自服务体系使城乡结合部地区只能停留在城市的低级中心地层面，区域空间等级无法得到进一步提升。

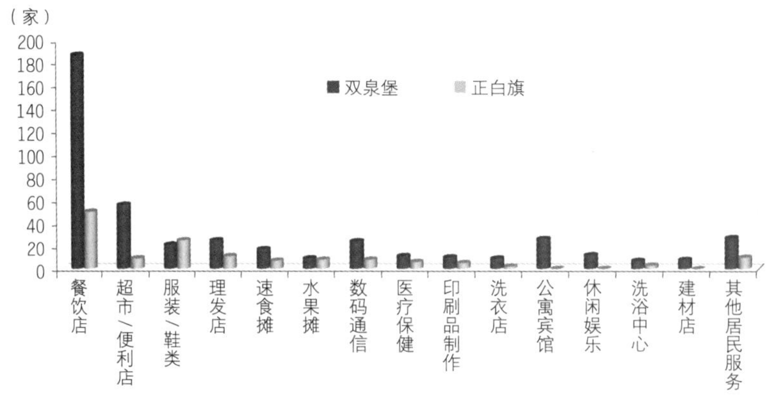

图5–10 城乡结合部商业店铺类型分布

（资料来源：北京市海淀区双泉堡、正白旗地区现场调查统计）

注：其他居民服务业中，双泉堡为配钥匙/眼镜店、水站、车行、鲜花店和家电买卖与维修各3家，茶叶店1家，摄像馆和粮油蔬菜店4家，彩票站2家，废品收购站1家；正白旗为配钥匙/眼镜店、果蔬店、彩票站和衣物修补店各1家，厨具用品店4家，水站2家。

在城市与区域空间体系中，城乡结合部地区不仅是其中的一个重要组成部分，更是联系城市中心区与周边乡村地区的一个重要纽带，还在现阶段中国城市化过程中具有吸纳农村剩余劳动力，促进城乡一体化、区域一体化的重要功能。城乡结合部现有的低等级、自服务、封闭发展态势非但难以实现上述作用，反而成为区域发展中的“洼地”，制约整体发展水平。

5.2.4 生存需求影响区域空间拓展形态

尽管城乡结合部，尤其城中村地区居住条件十分恶劣，但调查显示居民的迁移意愿并不强烈。由上述分析可见，城乡结合部本地人口高度依赖租房获得收入，而外地人口中租房居住率高达 92.3%，住房成本支出成为影响其居住地选择并进而影响经济社会活动空间的重要因素。现有住房虽然未必给他们带来温暖、舒适的感觉，但确实解决了他们在城市中生存的一系列问题。城乡结合部人口居住空间的选择与拆迁后的再次选择，一定程度上影响并引导着区域空间拓展的形态。

北京城乡结合部的范围经历了从二环、三环、四环、五环不断向外推进的过程。城乡结合部违章建筑、非正规经营、环境恶劣、治安不好等共性问题却一直没有得到有效的解决与缓解，只是随着时间的推移，城市拆迁建设一轮轮进行，这些问题在空间上不断发生位移。而这正是城乡结合部人口的经济行为特征所决定的，现有条件下为了生存，他们会不断地寻找适合自己的空间。尤其外来人口，近一半的选择现有居住地拆迁后到更远、更便宜的地方或附近其他村子居住。所以，只要这些居民的住房、就业、收入等一系列问题得不到彻底的改善，拆迁并不能使城乡结合部的负面问题得到根本解决，只会将这些矛盾与问题不断地向外推进。

5.3 城乡结合部居民经济活动空间重构

上述分析表明，城乡结合部居民经济行为特征与选择对该区域经济社会空间的形成与发展具有显著影响，因此在土地利用、产业调整等宏观背景下，需要从微观角度考虑，如何优化城乡结合部居民个体的活动空间，从而推动城乡结合部的良性改造与发展。

5.3.1 城乡结合部居住空间重构

城乡结合部居民居住空间面临的核心问题，一是以外来人口为主体，以城中村为主要载体的居住形式，主要问题包括违章建筑多、稳定住所缺乏、环境脏乱、基础设施配套不足、管理不规范等；二是以城市中低收入群体为主体，以城乡结合部居住社区为主要的居住形式，主要问题包括周边环境杂乱、基础设施配套不足，以及居住地与就业地和消费地的空间分离等问题。在此，以位于城乡结合部核心区的海淀城乡结合部为例。2010 年，海淀城乡结合部 52.3% 的住户居住在出租房内，而且住房条件明显劣于城区，甚至乡村地区。中国小康社会城镇居民人均住房面积标准为 30m²，城乡结合部 65.2% 的住户尚未达到这一标准，更糟糕的是，城乡结合部 21% 的住户人均居住面积低于 8m²（表 5-2）。

海淀区城乡结合部人均住房面积及与其他区域比较（m²） **表 5-2**

	≤ 8	9 ~ 12	13 ~ 16	17 ~ 19	20 ~ 29	30 ~ 39	40 ~ 49	50 ~ 59	60 ~ 69	≥ 70
城乡结合部	21.0	15.3	8.2	4.9	15.8	11.1	7.6	4.9	3.4	7.8
城区	8.3	5.8	8.2	8.5	23.5	15.0	9.6	7.4	4.5	9.1
乡村	14.0	10.4	7.3	2.5	13.8	10.4	9.3	6.9	6.8	18.7
海淀区	15.0	10.8	8.2	6.4	19.2	12.9	8.6	6.1	4.1	8.9

资料来源：海淀区 2010 年人口普查统计年鉴。

尽管城乡结合部一直处于拆迁改造过程之中，但仍有大量平房存在，而且旺盛的需求背景下产生了大量的违章建筑，这些住处的设施条件普遍很差。据第六次人口普查数据，海淀区城乡结合部 29.5% 的住户居住在平房，同期城区该数据为 5.9%。此外，城乡结合部 35.9% 的住户住房内没有独立厨房，13.3% 的住户住房内没有管道自来水，33.5% 的住户住房内没有洗浴设施，27.2% 的住户住房内没有厕所（表 5-3）。

海淀区城乡结合部住房条件及与其他区域比较（%） **表 5-3**

	住房内厨房			主要炊事燃料					住房内管道自来水	
	独立	共用	无	燃气	电	煤炭	柴草	其他	有	无
城乡结合部	64.1	11.4	24.5	84.8	11.8	2.7	—	0.8	86.7	13.3
城区	87.2	3.5	9.3	92.6	5.0	0.7	—	1.7	92.9	7.1
乡村	78.2	5.1	16.7	79.7	12.4	7.3	0.2	0.3	87.4	12.6

	住房内洗浴设施				住房内厕所				
	统一供热水	自装热水器	其他	无	独立，抽水式	共用，抽水式	独立，其他样式	共用，其他样式	无
城乡结合部	4.9	60.9	0.7	33.5	59.8	5.0	0.8	7.3	27.2
城区	14.2	75.0	0.2	10.7	86.4	3.4	0.3	1.4	8.5
乡村	1.3	68.9	1.1	28.7	55.3	2.3	11.7	7.5	23.2

资料来源：海淀区 2010 年人口普查统计年鉴。

有研究指出，城中村在安置外来人口方面具有不可替代的重要作用，但从综合角度看，城中村现有居住形态不可持续下去。城中村房屋建设具有极强的临时性和投机性，景观效果、安全和舒适度均很差。这些廉价、拥挤、破败的住所虽然为一些特定的群体提供了在城市中的落脚之地，但是所带来的生态、经济与社会后果是恶劣和深远的。而且以城中村为聚集区的外来人口居住特征加剧了城市内部居住空间的进一步分化，不利于区域一体化发展和社会阶层的融合与交流。城乡结合部大居住环境的不佳也会加剧城市内部的人户分离现象，并进而影响区域基础设施与公共服务水平的提升。

城乡结合部居民居住空间重构，一方面应拓宽外来人口居住安置渠道。城乡结合部外来人口以租房为主，价格与房源是影响其居住选择的两个重要因素，而目前城市房屋租赁市场难以为他们提供相应的服务，加大政策保障与扶持力度非常必要。国家新型城镇化规划（2014 ~ 2020年）指出：采取廉租住房、公共租赁住房、租赁补贴等多种方式改善农民工居住条件。完善商品房配建保障性住房政策，鼓励社会资本参与建设。农民工集中的开发区和产业园区可以建设单元型或宿舍型公共租赁住房，农民工数量较多的企业可以在符合规定标准的用地范围内建设农民工集体宿舍。审慎探索由集体经济组织利用农村集体建设用地建设公共租赁住房。因此，把城镇外来人口有效纳入城镇住房保障体系，充分利用社会资源，为其提供充足、廉价和安全的住所，是当前亟待解决的重要任务。

另一方面，应加强城乡结合部居住区配套设施与外部环境建设，为城乡结合部居民创造良好的居住与生活空间。城乡结合部在开发过程中空间被分割，加之城市与乡村投资、建设与管理主体的二元体系，导致该区域基础设施配套不足。城乡结合部房地产开发势头迅猛，兴建了许多现代化居住小区，但外部环境欠缺成为明显的短板。城乡结合部居住空间的规划建设应该与区域配套设施建设有机结合起来。

5.3.2 城乡结合部就业空间重构

在目前城乡结合部地区的发展过程中，土地开发收益被视为重要的判断标准，而拉动就业与经济社会持续健康发展的问题却遭受忽视。城乡结合部居民中，原本地农民和外来人口的就业问题尤为突出，主要表现为原本地农民的低就业率和外来人口的高非正规就业与低端就业率，以及居住在城乡结合部城镇居民的就业与居住空间分离等方面，形势不容乐观。

城乡结合部应该成为居民就业的重要空间之一。重构城乡结合部就业空间，第一，应该在拆迁改造的过程中重视本地农民的安置与长期生活保障。目前，“征地不征村”的做法和对农业用地的过度侵占都不利于本地人口转型后的持续发展。适度保留城乡结合部农业用地，不仅可以有效解决部分城乡结合部本地人口的就业与生活问题，还具有很好的城市食品供给、景观生态、休闲娱乐、防止城市过度蔓延等功能。城乡结合部农业高端、精细、产品多元化、产业链长，与非农产业的融合更深入、更广泛，能创造的就业岗位自然也比大宗农业生产更多。城乡结合部地区由于处于城镇化的前沿，不可避免地会产生大量失地农民，外部涌入的乡村农业转移人口也主要分布在城乡结合部地区。而无论是被征地的城郊农民还是乡村农业转移人口都具有丰富的农业生产经验，对农业相关部门的就业适应性更强。但现在的城乡结合部的居民中却有很多人因缺乏就业竞争力，存在着非常严重的隐形失业和非正规就业等问题，并由此引发了一系列经济、社会与环境问题。城乡结合部农业及其衍生的相关产业部门对于我国现阶段安置无资金、无技能、无就业出路的传统农业转移人口具有重要的意义。不过城乡结合部居民在农业领域的就业可以是兼职的，即农业并非其唯一的工作领域。

第二，应有效改变目前城中村外来人口以“自我服务”为重要特征的就业形态，做好区域就业岗位与人口之间的平衡，加强对城乡结合部居民的就业引导与培训。现阶段，我国人口乡城迁移过程中仍然表现出较为显著的向大城市、东部发达地区集中的趋势，而在向大城市涌入的乡村转移人口中，有些并不具备足够的生存与发展能力，盲目涌入大城市，在城市中靠从事非正规就业维持最基本的生活水平，不仅不利于他们的长期生存与发展，也对城乡结合部乃至整个城市带来诸多方面的负面影响。因此，完善中小城市、小城镇落户、吸纳条件，有效疏解乡村转移人口非常必要。而且应做好乡村转移人口的就业引导与培训工作，从乡村农业从业人员到城镇非农产业就业者之间的转换，不仅仅是空间上的变化，岗位上的变化，更要以技能和知识的变化为前提。同时，针对城乡结合部中低收入人群的就业与消费能力和需求，应该创造、提供一些合适的就业岗位，如建设发展一批便民商贸、服务设施，既能满足城乡结合部居民的消费需求，也可以为部分城乡结合部居民提供正规的就业渠道。否则，如果一味地将城乡结合部配套设施，尤其关系民生的消费服务机构建成“高、大、上”，不符合居民的就业与消费特点，非正规经济活动就会在夹缝与投机中求生存。

第三，应重视城乡结合部的职住平衡问题。据调查，北京上班族平均上班路程为 19.2km，居全国之首。北京居民上班单程用时平均为 52min，比世界上一些最拥堵城市的居民所花时间还要长，例如纽约。2013 年的一项调查显示，纽约人平均单程通勤时间为 48min（尹力、曾鼐，2015）。在朝阳、昌平、通州、大兴等城乡结合部地区都有若干大型居住社区，但由于居住与就业的空间不匹配，造成居民通勤距离与成本较高。西方许多国家，在边缘新城建设过程中特别强调职住平衡问题，美国新城建设指标中有一条规定：就业岗位数量超过卧室数量，表明要成为边缘城市必须是就业中心，打破传统的“城市就业，郊区居住”模式（张高攀，2015）。随着人口居住空间的外移，城乡结合部就业空间的匹配与重构变得越来越重要。合理制定城乡结合部产业发展规划，把产业发展与居住区建设有机结合起来，把居住安置与就业安置有机结合起来。

5.3.3 城乡结合部居民日常活动与消费空间重构

城乡结合部，尤其城中村的居民日常活动与消费空间单一、狭窄，主要受制于居民社会活动网络的单一和消费支出水平的偏低。尤其外来人口在城市的融入程度低，社会交往局限在周边特定的人群，日常消费基本上在居住区内的小型门店或市场完成，收入水平限制他们很少花钱进行休闲、娱乐或健身活动，长期以来，形成了以居住区为中心的、相对封闭的活动空间。这种格局不利于城乡结合部与区外的沟通与交流，更加固化了这一区域的发展等级与经济空间特征。

城乡结合部居民日常活动与消费空间重构，需要从供给和需求两个角度去完善。

一方面，针对城乡结合部居民的消费能力，重视便民生活配套服务的建设。规范城乡结合部服务业管理，打造完善的便民商业设施与服务体系，同时加强对城市中低收入群体的生活援助。加强公共服务与便民机构建设，如社区医院、学校、技能培训、就业咨询与指导等。

另一方面，协调城乡结合部居民聚集区与其他空间单元的关系，打通相互融合的硬件与软件通道。例如，拓展城乡结合部居民的活动空间，与周边新兴产业区、教育区等实现更广泛的就业、服务与消费交流。

5.4 本章小结

随着城市化进程的不断加快，城乡结合部种种负面效应越来越困扰着我国众多大城市，甚至是一些中小城市的发展。研究者们一直在认真揭示这个区域的种种问题，城市管理者们一直在努力寻找治理良方，却始终不见明显成效。城乡结合部是城市与区域空间中的一个重要组成部分，也是一类有着独特形成与演化机制的特殊区域。大的时代背景、制度环境和具体的城市更新与改造等都会对此区域产生影响，但不管怎样，人的经济活动与行为选择，是最终影响区域空间生产、形成与演化的根本因素与直接体现。

城乡结合部居民主要由本地人口、外来人口和城市居住外迁人口组成，其中前两类人口的经济行为特征对区域空间的影响更为显著，后一类人口则存在较为普遍的人户分离现象，并且就业、就学、就医、休闲娱乐、购物等对城区依赖更强。本地人口与外来人口生产与消费能力低下，导致城乡结合部地区小规模商铺、露天摊点，乃至各种非法非正规经营活动密布。居民的日常消费半径很小，经营单位的服务半径也很小，自服务特征显著，且自服务体系相对完备，涵盖了食品、日用品消费、生活服务类消费，以及教育、医疗等消费范畴。城乡结合部居民社会网络简单，高等级经济社会活动较少，活动空间狭小，形成了以居住地为中心，就业空间、消费空间、娱乐空间等多功能高度重叠，相对封闭的空间团块，与周边地域空间融合度很低。获得与其所掌握的资源及技能相匹配的生活空间是其核心需求，现有条件被打破，还会寻找类似的空间，并延续原来的经济行为。

城乡结合部居民的上述经济行为特征对区域空间具有重要影响，主要表现在促进低端、非正规经济要素的空间集聚；阻碍区域空间结构一体化；降低区域经济空间等级，以及影响区域空间拓展形态等方面。反映在现实层面，则正是导致城乡结合部违章建筑、违法经营屡禁不止，道路、环卫等基础设施与公共服务难以协调，区域经济环境难以改善提升，“结合部现象”不断向外推进的根本原因。

中国正处于城市化加速发展时期，城市蔓延仍会继续，城郊农民伴随着土地流转而发生的生产与收入变化还会发生，大量农村剩余劳动力进入城市并在城乡结合部等边缘地区聚集的趋势短期内也不会停止。因此，城乡结合部本地人口和外来人口仍将会成为此区域的重要居民主体，其经济行为特征仍会产生显著的区域空间效应。与此同时，城乡结合部已经成为城市发展中的“短板”，严重影响着城市整体竞争力，如何从根本上有效解决此类区域的矛盾与问题已刻不容缓。

与西方发达国家居民主动外迁不同的是，我国现阶段城乡结合部居民选择在边缘区居住更多是一种无奈的选择。谋取营生的能力和负担生活成本的水平使特定人群向此区域集聚，从而固化了城乡结合部的发展层次与空间要素布局形态。过去人们倾向于把城乡结合部的种种矛盾与问题归结于土地制度和城乡二元管理制度等，其实人的需求也应该被充分考虑。相对于普遍意义上的贫困群体，城乡结合部居民有共性也有特性，其经济行为特征的形成有着深刻、复杂的时代背景与制度因素，对区域空间的影响也显著而深远。从居民的经济行为特征与需求角度去思考如何有效解决城乡结合部的空间问题十分必要。

20 世纪 80 年代以来，中国城乡结合部的空间结构的主要特征可以概括为：空间范围急剧扩大，整体结构混乱，局部更新改造，发展层次偏低。从居民经济行为角度去思考其空间特征，其实不难发现其必然性。由于掌握的资源与竞争力非常有限，城乡结合部大部分居民被排斥在城市生产生活体系之外，为了生存只能从事低层次、非正规的经济活动，维持低水平、近距离的消费习惯，将生活空间限定在非常狭小、单一的层面。较差的生活环境、短缺的设施供给、狭小封闭的生活空间，限制了居民的休闲、娱乐、锻炼、求知与文化社会交往等，从而影响了居民素质与整体竞争力。因此，只要城乡结合部居民的生存境况不发生改变，其经济行为选择特征不会有根本的改变，对空间的影响也仍将持续。而这些空间效应一旦形成，又会反过来影响居民的经济行为选择。

城市管理与决策者在城乡结合部空间开发、治理与改造的过程中应引导居民摆脱现有的不良生产生活状态，融入正常的城市生产生活体系。当然，鉴于城乡结合部居民的经济行为特征的形成有着深刻、复杂的社会与时代背景，还需要从更高的层面和更广阔的视角去思考、解决问题。例如，从根本上改变大量农村剩余劳动力在无技能储备、无就业规划、无资金保障的前提下进入城市，并在城市夹缝中求生存的状态。从根源上解决城乡结合部农民失地即失业，失去生活保障，只能不断地通过“寻租、投机”等谋求生存的问题。

快速城镇化进程中，城乡结合部是受冲击最大、变化最剧烈的地区之一。内生与外生因素共同影响，在经济、社会、制度、历史等多重动力作用下，该区域既生机勃勃，又充满矛盾和困惑。

诊所
打针输液
内科儿科
皮肤癣痒
泌尿性病
外科包扎
妇科杂症

第 6 章　城乡结合部经济空间形成与演化机理

SIX

6.1　城乡结合部经济空间形成的宏观背景

一直以来，城乡结合部“脏、乱、差”的形象深入人心，甚至人们认为城乡结合部本该如此。我国城乡结合部经济空间的形成与发展既有宏观背景的影响，也有微观要素的制约。其中，宏观背景影响表现在以下方面。

6.1.1　经济地理区位奠定了其动态性和复杂性

城市与乡村是两大不同的经济地域类型，经济要素构成、经济活动主体、经济组织与空间布局形态等均具有显著差异，城乡结合部处于这两大系统的边缘过渡地带，发展的特殊性不言而喻。

城乡结合部作为老郊区，一方面随时可能从郊区转变为市区，成为真正意义上的城市社区组成部分；另一方面又会有部分村镇转变为新的城乡结合部地区，成为“边缘社区”新主体（安红莹等，2004）。这种状况在城市空间扩张较为剧烈的时期尤为普遍。另外，城乡结合部的经济地理位置决定了其土地利用的基本特征：过渡性、动态性、多样性、复杂性和价格递增性（李世峰、白人朴，2003）。特殊的经济地理区位奠定了城乡结合部的动态性与复杂性，也是导致诸多矛盾与问题的基础背景。目前，我国处于城镇化快速推进时期，经济社会发展所处的阶段也使得城乡结合部这一处于特殊区位的区域表现出更为显著的动态变化特征。

6.1.2　传统城镇化模式加剧了其发展困境

有学者指出：大城市城乡结合部存在的一些问题，实际上反映出中国城市化进程中“不完全”、非正规的特征（王振宏、李舒，2010）。换言之，传统的城镇化模式加剧了我国城乡结合部的发展困境。

概括而言，我国传统的城镇化模式是以城市扩张为核心的城镇化，城市经济的扩张又过度依赖于空间的扩张，导致城市病日益蔓延与加剧的同时，乡村地区却逐渐萧条。而且大量乡村人口虽然实现了生产领域的非农化转移和生活场所的城市化转移，但其社会保障、公共服务公平权利与长期稳定的生存问题等未能有效解决。据国家发展和改革委员会组织编写的《国家新型城镇化报告》(2015 年)，2015 年我国常住人口城镇化率达到 56.1%，但是户籍人口城镇化率仅为 39.9%，两者之间存在着 16.2 个百分点的差距。此外，管理和服务的城乡一体化滞后于经济要素与经济活动的城乡一体化。城乡之间的人口与其他经济要素的交流日益活跃，但是公共服务、社会管理等的一体化程度却依然很低，突出表现在乡村地区在这些方面远远落后于城镇地区。

传统城镇化对城乡结合部的影响主要表现为：首先，城市空间扩张直接导致城乡结合部空间范围急剧扩大，开发程度迅速升高，农业用地被大量占用，景观与功能发生突变；其次，城乡结合部征地拆迁产生了许多失地农民，城乡非均衡发展导致大量缺少就业与发展机会的乡村人口涌入城市，城市中心区高昂的生存成本和激烈的竞争把他们逼向城乡结合部地区，社会保障与享受公共服务的城乡差距使他们具有流动与弱势的显著特性，反过来，这些人群的生产、消费能力与经济、社会需求对城乡结合部地区的经济活动、产业结构、景观特征与社会网络等又产生着重要的影响，加剧了该区域的低端与混乱；再次，城乡结合部地区交叉共生的城乡活动与区域空间在规划与管理层面被分割成很多斑块，城乡二元管理体制的根深蒂固与快速城镇化进程不相适应，流动人口被排除在城市管理体系与福利制度之外，城乡地域建设、公共服务和居民管理等被分割，均加剧着城乡结合部经济与社会网络的破碎化程度。

6.1.3 低价值判断与机会主义固化了其发展劣势

城乡二元经济体制和规划管理的欠缺普遍被认为是导致城乡结合部诸多矛盾与问题的重要根源。实际上，除此之外，对城乡结合部地区的低价值判断和机会主义对导致城乡结合部陷入恶性循环具有非常重要的影响。

城乡结合部位于城市的边缘地带，空间范围不确定，可开发空间充裕，在持续的动态变化过程中又表现出显著的复杂、混乱态势，因此人们尤其是决策者对其做出了低价值判断。认为城乡结合部就是一个过渡性的、附属于城市发展需要的边缘区域，从而忽视了对其功能定位、开发时序与开发模式的认真考虑。另外，城乡结合部混乱的发展过程中，不同的利益主体寻求着各自攫取利益的途径。政府部门获得了宝贵的发展空间与巨额土地财政收入，集体组织从土地出让与集体资产处置中获益，开发商和进驻企业拿到了土地资源，原住居民获得征地拆迁补偿与房租，流动人口找到在城市周边的栖身之所……只是这些利益大都属于短期利益和局部利益。在这些利益的诱惑与支撑下，城乡结合部地区仓促地从农业走向工业，从农村走向城市，从单纯走向复杂，从宁静走向喧杂，逐渐陷入发展的泥潭，沦为城市的“毒瘤”。

6.2 城乡结合部经济空间影响因素与作用机理

城乡结合部兼具城市与农村发展特点，又区别于城市和农村发展模式，在此基础上形成了一种特殊的结合部发展机制。

6.2.1 经济因素

经济基础薄弱，加之快速城镇化过程中存在盲目、急功近利等问题，是导致城乡结合部地区混乱无序的重要经济原因。

1. 传统农村经济发展模式约束

长期以来，城乡结合部地区农村经济发展模式占主导，形成了传统部门为主，企业规模小、布局分散，经营管理层次偏低，就业人员素质不高的特点。而且，由于镇域经济与产业在企业规模、技术实力等方面与现代化高新技术产业悬殊显著，致使一些高新技术园区虽然处于乡镇地域范围内，但与镇域经济与产业的联系却非常薄弱。例如，中关村科技园区在西北旺镇，但西北旺镇的乡镇企业很难找到与其合作的切入点，既限制了高新技术产业对城乡结合部地区经济发展的带动，也滞缓了城乡结合部产业升级与转型的进度。

“高新园区把地占了，但就业、税收与镇上都没关系，反而把建设指标都占了，把原来的企业也挤走了……与高新企业配套也接不上，他们不要。”（对北京城乡结合部某镇工作人员的访谈）

2. 低端经济要素与经济活动集聚

城乡结合部原有乡村经济多为规模偏小的传统制造业与服务业，尤以物业、租赁、商贸物流、批发市场、住宿和餐饮等多见。这些经济活动本身固化与加剧了城乡结合部产业的低层次发展，而且这些经济活动又会吸引更多的低技能、低收入人员涌入。城市扩张、旧城改造推动城区低收入人群和低端产业不断向城乡结合部地区迁移，同时快速城镇化又将大量外来人口也落户城乡结合部地区，并带来了低层次的经济活动与生产生活方式。总体而言，农民、农转居居民、低收入人群、外来人口均属于弱势群体，他们在城乡结合部地区的不断集聚，使这一地区消费水平低、产业组织能力差、经营水平低等特点被进一步强化。内外因共同作用下，低端经济要素与经济活动的集聚进一步加剧了城乡结合部面貌破旧和管理混乱的发展状态。

3. 土地流转诱发不稳定因素

集体土地流转引发的系列经济行为带来新的不稳定发展因素。快速城市化进程中城市空间扩张必然产生大量、持续的集体土地流转，而土地流转的过程中又必然涉及征地转居人员的就业与社会保障安排、村庄搬迁与改造、征地补偿与分配、集体资产处置、用地结构变化、产业结构调整等多方面问题，对城乡结合部传统发展模式与利益分配格局产生强烈冲击。另外，集体土地在流转的过程中还存在很多的不规范行为，包括不按规划流转、不合程序流转等，这些都会诱发城乡结合部土地利用结构的变化及其后续经济活动的布局。

“有的拆迁补偿给的单价不低，但是（原来）平房面积较小，拿到的钱买不了新房。要房需求大于现金。”（对北京城乡结合部某街道工作人员的访谈）

6.2.2 制度因素

体制不顺、制度基础薄弱是造成城乡结合部地区发展混乱、治理困难和矛盾多发的重要因素之一。

1. 城乡交叉管理体制

城乡结合部管理交叉矛盾表现在三个方面：一是街道与乡镇管理交叉，街道与乡镇（地区办事处）呈现“你中有我，我中有你”的格局，有些行政村同时分属两个或两个以上乡镇和街道行政辖区内（图 6-1）；二是人员管理交叉矛盾，城乡结合部不同的人群归属不同的机构管理，农民为村委会，居民为居委会，流动人口为流管办，但他们又居住、生活在一起，甚至一个家庭中既有居民，也有农民，还有租住其房屋的流动人口，政府部门间缺少沟通与合作，更是加重了管理的难度与矛盾的复杂程度；三是人员管理与事务管理分离，如乡镇的农转居人员归街道管理，但是房屋产权认证、基础设施建设占地审批等问题仍由乡镇负责，致使责任认定与管理沟通十分困难。在上述交叉管理模式下，“城中村”和边缘地带很容易成为管理的死角，成为低端经济与非正规经济的庇护所，同时它们的存在也严重割裂了城乡结合部经济空间改造与转型的统一性和整体性，进一步推进了混合经济形态的发展。另外，人员管理的交叉分割也助长了对城乡结合部个体经济行为与经济活动管理的不便，表现形式各异、发展水平参差不齐的经济形态也长期存在。

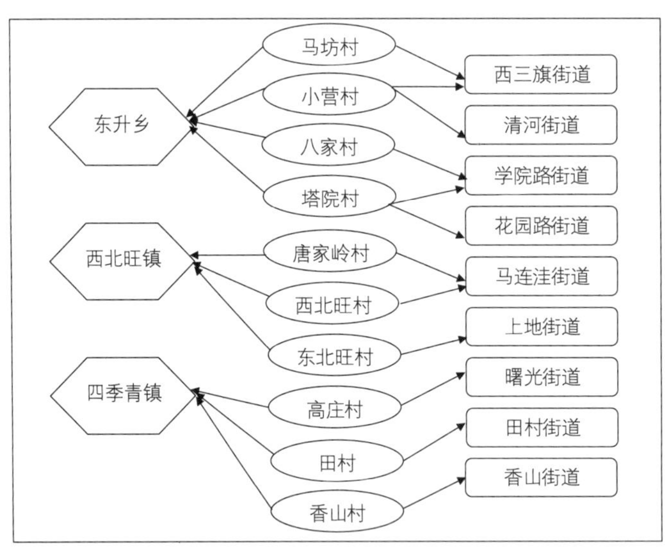

图 6-1　海淀区城乡结合部 10 行政村分属乡镇与街道行政辖区

（资料来源：海淀区市政管委会）

目前，城乡结合部城市和农村基层管理部门都担负着提供公共服务和实施公共管理的职责，而农村政府还具有经济管理的职能。两者在公共服务与管理方面的资金来源有所不同，城市基层管理部门的经费主要来自财政预算，而农村地区则来自于集体经济收入等。由此导致两者在提供公共服务与管理方面的积极性、实施标准乃至实施能力方面都具有很大差异。

理论上，城市和乡村两套管理体制有着明确的分工界定，但事实上由于城乡元素交叉分布，城市基层组织和农村基础组织在工作中很难准确界定各自的管辖范围。例如，不少家庭中既有农业人口，也有非农业人口，甚至还有租住其房屋的外来人口。如何界定这种家庭的管理责权归属，如何处理此类家庭中诸如违章建筑、计划生育等实际问题，成为一个难题。那些位于街道之中村子的农业人口和集体土地，产权和管理权均属于其所在的乡镇，但由于它们在街道的管辖范围内，根据属地管理的原则，街道与居委会要对辖区内的居民提供公共服务，但要进行相关的设施建设，如厕所、垃圾站等，涉及占用集体土地，街道、居委会和乡镇、村委会协调难度非常大，导致基础设施的建设与环境改善等措施无法得到切实实施，滞后现象越来越严重，环境“脏、乱、差”现象也越来越突出。

“环境问题，街道也投了不少钱，但没从根本上解决问题……街道与村委会得协调。”（对北京城乡结合部某典型村居民代表的访谈）

“小区为城镇，由居委会负责管理，但周边土地为农村集体土地，街道建设、治理根本无法展开。”（对北京城乡结合部某街道工作人员的访谈）

“平时的环卫、维护管理都由街道做，但一涉及用地，如建垃圾楼、保洁人员住房等，乡里就会干预。”（对北京城乡结合部某街道工作人员的访谈）

“一家中既有农业人口，也有非农业人口，碰到去处理违章建筑等问题时，对街道说他是农村户口、不归你管，对乡镇说他是非农业户口、不归你管。”（对北京城乡结合部某街道工作人员的访谈）

2. 城市扩张占地、补偿制度缺失

城乡结合部土地征用、补偿、开发，以及管理等方面较为混乱，不仅直接造成土地开发与利用问题，还诱发其他诸多经济、社会与环境问题。城市扩张占地补偿机制不完善，区域内群众的利益创造、分享机制不健全导致部分失地农民不能获得持续、稳定收益。目前，缺少权威的土地价值评估机构对城乡结合部被征用土地进行准确、合理的价值评估，造成土地征用补偿价格与再开发后的出售价格相差甚远，百姓不满情绪强烈，矛盾不断升级。另外，征地拆迁补偿标准不统一和执行不规范，也是诱发矛盾与问题的根源。由于集体土地在征用时间、开发主体、开发项目类型等方面有很大不同，使得相邻土地上的人们获得的拆迁补偿和安置政策也有很大差异，同一地块、不同时间搬迁的居民获得的补偿标准不一样。有些人在得到居住安置一段时间后，因看到原迁出地新建房价格的持续走高或后搬迁居民获得更多的拆迁补偿等，出现反悔，回来追讨利益补偿。另外，违章建筑一般也能获得相应的拆迁补偿，更助长了违法建设的势头。

“目前土地补偿价格是按地段划分的，有几个专家说你五环之外的地就值这么多钱，就按这个价征，可开发商建成楼之后再卖出去，卖了多少钱，是征地的多少倍？凭什么拿我们的地他们去赚钱？”（对某典型村工作人员的访谈）

“早几年这一带人拆迁搬出去了，现在这个地方盖起了别墅，卖得非常贵，老百姓一看不愿意了，当年给那么点钱打发我们走了，现在他们赚这么多，又有人回来闹。”（对某街道工作人员的访谈）

“相邻的几个村地是由不同的单位征用的，有的是部队征的，有的是园区征的，也有开发商征的，补的价格差别很大。”（对某镇工作人员的访谈）

3. 居民生活保障制度有待完善

虽然近年城乡结合部农村居民社会保障水平得到了显著提高，农转居居民的社会保障政策也逐渐完善，但农民、农转居居民的社会保障水平仍然低于城镇居民，流动人口的社会保障更是几乎处于空白状态。前已论述，城乡结合部居民中无稳定就业现象非常普遍，他们收入较少，却又生活在城市之中，各项成本与开支较高，生活状况更加困窘。为了维持生活，许多人利用手中的资源和城市管理的漏洞，通过违章搭建出租房屋或不法经营获得收入。例如，据不完全统计，2007 年海淀区共有侵占街道和宅基地加盖楼层的违法、违章建筑 50244 间，比 2005 年增加了 263%，主要分布在城乡结合部地区。

“国家不停地上调退休费，结果导致居民与转居农民之间退休金的差距越来越大……农龄不算工龄，转居人员的退休金很低……今年城镇居民退休工资平均每月 1580 元，本区农转居退休人员平均每月 800 多元。”（对城乡结合部某街道工作人员的访谈）

“1993 年每人给了 2 万元，就什么都不管了……我们这么大年龄了，上哪儿去就业，就靠出租房子收入点儿。”（对城乡结合部某典型村居民代表的访谈）

“农转居的人生活保障少，只有靠盖房，大家还在抱怨环境差，也希望彻底拆迁、改造。”（对城乡结合部某街道居民代表的访谈）

6.2.3 规划因素

整体与专项规划缺失，政策制定与实施不力导致并加剧了城乡结合部发展的无序。

1. 形势预见与预防不足

城乡结合部地区具有多元性、动态性、复杂性、矛盾性等特征，对促进城市持续健康发展和顺利推进城乡一体化进程意义重大，是一个需要重点关注、超前规划的地域。政府应该充分预见到其在发展、转型过程中遇到的问题，明确各方主体的利益需求，提前制定各种规划以及解决各种问题的政策措施，根据城市总体发展的需要重塑城乡结合部社会、经济、文化、生态系统，为城乡结合部和谐地融入城市整体发展框架提供科学、有力的指导。事实上，这些方面做得还远远不够，城乡结合部人口规模、产业定位、土地开发、基础设施建设等方面均缺少整体部署。城乡结合部各基层管理组织与部门在处理具体问题时缺少权威依据，有些政策因部门之间沟通协调不足，以及公众参与程度不够等实施效果不尽理想。

另外，长期以来，我国城乡基础设施和公共服务供给主要是依据户籍人口的规模与结构需求设定的，而城乡结合部地区规模庞大的外来人口大量占用本地基础设施与公共服务资源，供需矛盾日益突出。

2. 整体与专项规划缺失

由于缺少整体与专项规划，城乡结合部的改造与开发过程既没有顺序，也没有重点，无序建设现象普遍。土地流转是城乡结合部的重点，也是诱发各种矛盾与问题的根源，但目前土地征用和开发基本上采取以项目为主导的方式，项目从自身需要出发征用土地，致使土地征用、拆迁和开发在空间上分布不连贯，城乡结合部不同土地性质、权属和景观交错分布，给后续建设与管理带来极大麻烦。另外，开发商遇到拆迁、建设等困难的时候经常出现甩边开发现象，造成一些新建小区和项目周边遗留下一小片的农村或少数拒绝拆迁户，形成城中村等问题，进一步加剧城乡结合部的矛盾。另外，由于缺少产业、基础设施和环境整治等专项规划，使原本就混乱、低级的城乡结合部产业、基础设施和环境卫生等更加恶化。

“修地铁拆几户、修路拆几户、南水北调工程拆几户，不统一。”（对城乡结合部某街道工作人员的访谈）

“政府在城市环境改造方面应有投入,该花的钱必须得花,交给开发商会引发太多问题。”（对城乡结合部某街道工作人员的访谈）

“土地归村里，土地变性比较严重，有的原定商业用地，后变为高档别墅。”（对城乡结合部某街道工作人员的访谈）

6.2.4 历史因素

城乡结合部相对复杂和混乱的发展态势除了上述各种因素的影响外，历史背景也是不容忽视的一个重要因素，需要在未来发展决策中予以考虑。

1. 居民素质、技能偏低

城乡结合部是由原来的农村地区逐渐演变而来，现在的大量转居人员都是村里的农民，虽然通过征地等途径，这些农民的身份发生了变化，但是受教育水平、成长环境等因素的影响，在农业之外的城市现代产业领域就业技能与竞争力非常薄弱，无论是政府、征地单位安置就业还是自谋职业，转居人员的就业选择余地均非常有限，因此安置面临较大困难。转居人员就业形势的不利又成为诱发利益分配纠纷、乱建违章建筑等问题的重要因素之一。

2. 集体资产与集体经济形成背景复杂

在城乡结合部转型的过程中，集体资产处置和集体经济改造面临着较大困难。城乡结合部集体资产和集体经济的形成经过了较长的历史过程，一般需要追溯到五六十年前。因此，在集体资产处置中涉及诸如资产增值、老股金退赔、参与分配人员资格等问题时存在许多争议与矛盾，导致有些村子集体资产处置及后续工作长期被搁置。集体经济运营、管理的模式也由于受历史发展过程的影响，与现代经济之间存在一定差距，改造升级的难度很大。另外，城乡结合部地区还有少数的农业人口，为了落实对他们的管理，解决与保障其生存与生活问题，即便有些地区撤销了村委会等乡村行政组织，但其集体经济组织仍然需要承担相应的行政职能，反而加剧了政企不分的形势，同时也阻碍了集体经济发展与改革的步伐。

“有的村撤了，但职能还在;有的建了居委会，但干不了事……集体经济组织（农工商公司）承担着各种职能。”（对城乡结合部某镇工作人员的访谈）

“我们有五星级酒店，但没有能力经营管理，就租出去。”（对城乡结合部某村撤村后所建农工商公司领导的访谈）

3. 土地权属界定难

城乡结合部土地权属的形成也经历了漫长的历史过程，尤其是农民宅基地的面积，不同时期不同机关对农民宅基地审批的标准与手续有所差异，有些证据因历时太久而难以收集，因此土地，尤其是宅基地的权属界定非常困难，给土地拆迁补偿和清理违章建筑等带来了直接的麻烦。

“有些房屋有乡里的批示，没房产证，不规范，很难界定。”（对城乡结合部某街道工作人员的访谈）

6.2.5 影响因素相互关系与作用机理

经济因素、制度因素、规划因素和历史因素等共同造就了城乡结合部居住人口混杂、弱势群体集聚，城乡土地交错、开发建设无序，经济产业多元、低层违规居多，街乡管理交叉、基础设施滞后的发展状态（图 6-2）。

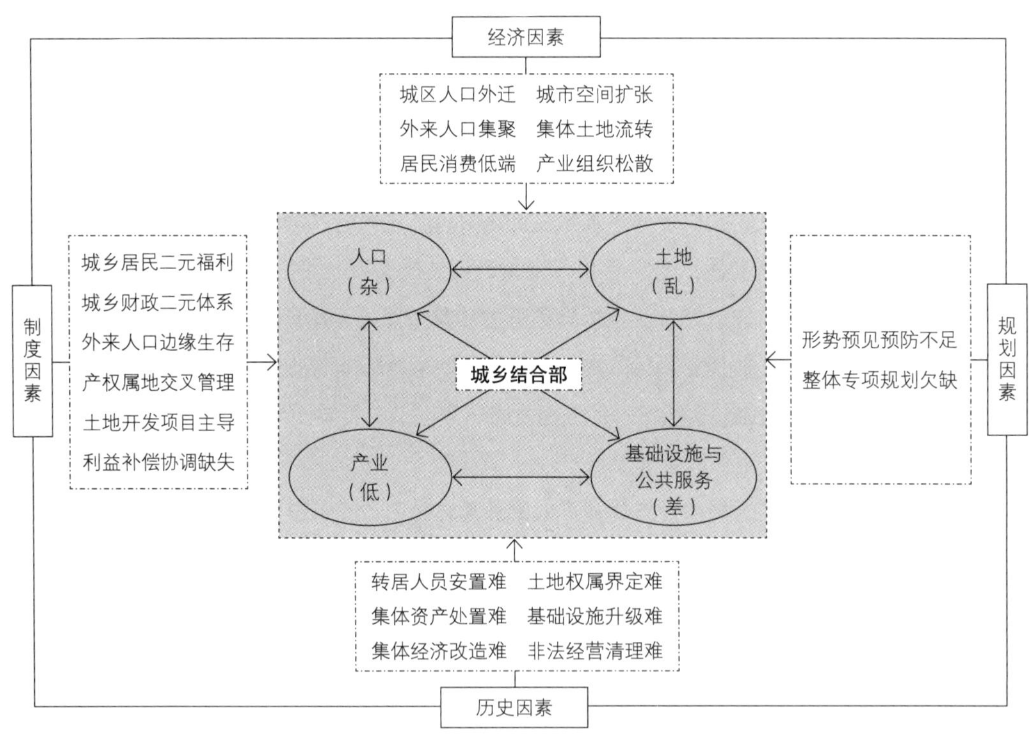

图 6-2 城乡结合部发展影响因素及相互关系

城乡结合部本来是城市中心区和乡村地区之间的一个过渡区，在城乡之间起着阻隔和联系的作用，并保持着适度的开发和独特的经济空间特征。但当其受到快速城镇化的冲击后，土地迅速被改变性质与用途，由此引发原有居民的生产生活轨迹与方式完全被打乱，原有经济活动与产业结构也发生了巨大的改变。在转型的过程中由于缺少科学、明确的规划和完善的制度配套，导致大开发的背景下出现各种混乱与不协调，不同利益主体也趁机进行着各种投机行为。

例如，部分本地居民违章建房出租，外来人口在城市管理的漏洞中求生存，集体组织违规使用与流转土地……而且在转型过程中，转居人员的安置，外来人口的接纳，集体资产的处置与集体经济改造的升级，新兴产业与传统项目的对接，城乡二元管理体制的衔接以及基础设施的建设与升级等都给这个区域的发展带来很大的困难。包括非正规就业在内的多元化就业渠道，加之大量廉价出租房屋的供应，吸引了特定的人群在城乡结合部地区集聚，尤其收入低、就业竞争力较差的乡村转移外来人口和转居后缺少正规就业途径的本地人口。他们的就业能力与消费水平又进一步催生了更多小规模、低层次、非正规经济活动的产生，更加固化了该地区的经济、社会与环境特征。政府或企业主导的拆迁改造又通常因缺乏整体考虑与长远发展，导致城乡结合部地区呈现"插花式"发展，局部地区改造后情况有所好转但整体外部环境不佳。更重要的是，由于人员安置与产业升级等未能从根本上得到解决，使得改造原有的经济要素与经济活动等又转移到其他未被改造的区域，导致一片城乡结合部改造了，也许更大面积的具有"脏、乱、差"特征的城乡结合部又形成了。如此循环往复中，城乡结合部人口构成杂、土地开发乱、产业层次低、基础设施与公共服务水平差的弊端一直得不到根本、有效的改善。

6.3　城乡结合部经济空间演化趋势

尽管我国城乡结合部普遍经历了较为混乱的开发过程，并仍然积聚着多种经济社会矛盾，但随着社会发展的整体进步和对此区域传统发展模式的反思，已经开始出现一些新的发展趋势，今后应立足于此，塑造一个良性的城乡结合部经济社会空间。

6.3.1　从被动、盲目发展到主动、改造提升

被动、盲目发展使城乡结合部在发展之初就深陷困境。据崔功豪、武进的研究，1990 年代前，城乡结合部尚未形成一个独立的区域，而是表现为自城市中心区向外，城市化与工业化水平逐渐下降；绝大多数的城市边缘区还未能真正独立于城区，但已出现混乱的被动局面，城乡矛盾十分突出（崔功豪、武进，1990）。持续的拆建是城乡结合部最显著的景观特征之一，不仅表现为拆建行为在空间上的普遍性，还表现为在同一区域上的重复性。城乡结合部集体经济用地逐渐被征用。1984 ~ 1991 年，北京朝阳区由于征占土地关闭搬迁企业 583 家，平均每年关闭搬迁 73 家（张桂兴，1993）。1990 年代，杭州市城乡结合部许多农户已不止一次地经历征地拆迁，搬了建，建了搬，拆迁成本越来越高，政府、开发商和农户的投入也越来越高（土地利用管理司调研组，2001）。被动、盲目发展是导致城乡结合部"脏、乱、差"的根源。只有将城乡结合部纳入整个城市与区域的经济、空间发展系统之中，主动寻求合理发展定位，进行改造提升，才能从根本上扭转这种局面。

始于 2010 年的北京城乡结合部 50 个"重点村"改造是一项巨大的系统工程，至 2013 年年底已经获得阶段性进展。通过土地储备、产业园区带动、重点工程带动、宅基地腾退换房、"一

村一策”建设、新农村自主建设等模式，多主体推进，形成了不同的城乡结合部建设发展路径（齐岳峰，2014）。由于充分考虑了城乡结合部每个重点村所处的区位、承担的功能，对处于“绿隔”内外的村以及处于第一道“绿隔”和第二道“绿隔”的村采取了差异化的处理办法，形成了宅基地腾退换房，旧村原址实施绿化的“北坞模式”；土地一级开发，所有搬迁户回迁安置，剩余土地实现收益，达到自身资金平衡的“旧宫村模式”；规划统筹多个村庄的城镇化搬迁改造，统一实施全镇土地一级开发及剩余村庄搬迁改造的“东三旗村模式”等。

6.3.2 从土地开发到功能带动、产业支撑

土地开发是城乡结合部经济、社会、景观、功能等变化的基础与主要实现途径，土地开发的盲目与过度也是导致城乡结合部诸多问题与矛盾的根源。以第二产业为主的开发区和房地产开发在城乡结合部土地开发中占据重要地位。一方面，开发区是城乡结合部的主要功能区之一（刘君德、宋迎昌、方晓，1999）。开发区建设一定程度上带动了结合部地区的经济社会发展，但乡镇、街道、村等当地单位与开发区等用地单位的矛盾较为突出，用地指标竞争严重；当地低端产业与开发区产业配套衔接存在障碍，低端产业收益甚微并受到挤压；城乡结合部基层行政区在开发过程中被分割，造成经济发展与社会管理的诸多不便。另一方面，依托城市边缘区相对低廉的地价、相对宽松的用地限制、接近自然的地理优势，城乡结合部成为城市住宅发展的最佳空间。但是由于社区配套水平低、服务功能差，伴随城市边缘区社区基础设施、交通状况、空巢社区等问题的出现，这一地区的社区居民缺乏安定性和归属感（徐坚，2005），人户分离现象普遍。1990 年代末，在上海浦东新开发的居住小区中约 1/3 的居民存在人户分离现象（方晓，1999）。另外，处于城乡结合部以大规模农民动迁安置小区为空间载体的“过渡型社区”中，社区规划建设的各种问题和矛盾不断凸显，造成财政损失、资源浪费的同时，还影响了居民的生产生活（何华玲、韩舒立、张晨，2013）。

显然，单纯土地开发带来的是城乡结合部地区表面的繁荣和循环往复的混乱。事实上，城乡结合部具有紧临城市中心区的区位优势，城市消费需求、城区产业配套、城市功能分工、城乡统筹发展等都使此地区拥有巨大的发展空间。近日，有学者指出，对城乡结合部的“低价值判断”及其“被动整治”策略是该区域产生并遗留诸多问题的根源。应重新审视城乡结合部的综合价值，“以功能带动价值，以价值带动整治”，在“发展”中解决问题（孙心亮，2012）。另外，缺少产业支撑是以往城镇化过程中城市扩张的一个普遍与主要弊端，城乡结合部也不例外。城乡结合部的产业发展也应与其功能紧密对应。尤其应加强农副产品供应与服务、居民休闲、健康与娱乐、教育、居住、基础设施和公共服务等相关产业的发展。

6.3.3 从边缘、割据到新区、融合

城乡结合部长期处于边缘、割据状态，发展未被有效纳入整个城市与区域体系。一方面，

城市各圈层间缺少协调发展机制，城乡结合部发展多停留在初级、低端层面，发展面很窄，主要赚些征地费和房租，失去大量宝贵的发展机会。另一方面，城乡结合部从乡村到城市转型的过程中过于粗放，短期利益驱动下的经济行为普遍存在。经济形式与结构转型不但快于基础设施和公共服务转型，也快于社会转型与管理转型。

城乡结合部彻底城市化似乎是一个不可阻挡的趋势，但边缘、割据的发展状态，加上户籍、土地制度的滞后与约束，又使其无法完全实现，因此在城市边缘造就了一个“夹生层”，不仅影响着这一区域的发展，也桎梏着城市空间结构体系的优化与调整。在解决城乡结合部面临问题的过程中，城乡结合部区域与城市融合发展的思想开始形成。有学者提出：空间发展方面，城市边缘区开发建设应与所在城市的长远发展方向相协调，充分考虑城市总体规划方向，服务城市整体发展的要求；经济发展方面，城市边缘区与城市中心区应优势互补，共同发展。城市边缘区自身的特点决定了其具有很多独特的发展优势和边际增长功能，应发挥其各种经济成分的增长优势，充分利用其优越区位，确定产业发展战略方向（隆少秋，2003）。另外有研究认为，我国城市边缘区已由开发区导向转向新城导向（Hsing You-Tien，2010），城乡结合部的系统功能逐渐得到重视。

6.4 本章小结

21 世纪是中国城市化快速发展的时期，也是中国城市内部空间转型剧烈的时期，而城乡结合部则是在快速城市化背景下受到冲击最大的城市内部空间类型。

通过实地调查，发现城乡结合部居民构成复杂、就业不稳定而且弱势群体集中，外来人口的乡镇集聚指向特征显著，土地产权复杂交错，土地流转存在较多矛盾，经济活动表现形式和公共服务供给主体都具有多元化特征，而且问题较多。城乡结合部的快速扩张与转变，一方面来自于城市力量的外延，一方面来自于乡村自身的转型。城市力量作用下，城乡结合部处于明显的被动地位，甚至成为城市拓空间、甩包袱、增收益的重要阵地；乡村转型的过程中带有很强的盲目性，使城乡结合部在获得一些短期经济收益的同时却牺牲了长期发展的根基与生存空间的安全保障。城乡边界的特殊经济地理位置是导致城乡结合部经济社会空间复杂多变的基础因素，而传统城镇化模式下多重因素影响的积淀，对城乡结合部区域价值的偏低化认识，对其混乱发展态势的预警与干预不足，以及重经济功能，轻生态、社会和公共服务功能的做法等，则固化与加剧了该区域严峻的发展形势。整体而言，目前国内城乡结合部的治理与改造问题已引起一定重视，城市化建设仍是普遍的改造方向。这种改造成本高昂，对消除与缓解城乡结合部现有问题能起到一定作用，但仍有许多方面值得思考。如人口的生存与发展问题：城市化改造之后原流动人口或失地农民如果选择在更远一点的地区落脚，相当于将城乡结合部向外推出了一段距离；将城乡结合部变为城市，必然会有新的城乡结合部产生，再将其变为城市……结果城市的增长边界必然处于失控状态——无限地摊大饼，各种“城市病”越来越严重。外围的农业用地也难逃被不断侵占的命运；城乡结合部区域长期发展所需要的产业支撑、空间支撑、劳动力支撑、经济支撑等问题无法得到彻底、有效的解决等。

制度、规划与政策层面的缺位是目前我国城乡结合部转型与发展过程中普遍存在的障碍。城乡“二元”、交叉管理体制是导致与加剧城乡结合部诸多问题与矛盾的根源，体制改革与机制创新任务十分紧迫。集体土地流转是城乡结合部转型与发展的必要基础，关系到征地、拆迁、补偿、人员安置、集体资产处置、基础设施改造等一系列问题，必须尽快完善土地流转及相应的利益分配制度。城乡结合部居民中弱势群体偏多，就业、社保、改善居住环境等利益需求强烈，应加强政府在这些领域的政策与公共服务供给。外来人口的规模、结构、分布与生存状况对城乡结合部地区发展产生非常重要的影响，应有效地将外来人口纳入城市管理和城乡结合部发展规划。

转型期中国大城市演化的异质化和破碎化等特点在城乡结合部的表现尤其突出。作为受快速城市化冲击最剧烈的地区，中国大城市城乡结合部的发展特征反映了中国城市内部空间转型在面对体制转型背景下所表现出的复杂性。实际上，城乡二元的交叉管理体制、土地资产权属的模糊、规划的缺失以及经济发展模式的约束可以视作城乡结合部应对当前尚不健全的体制的一种“权宜之计”。从这个角度上讲，通过城乡结合部的研究，可以在一定程度上透射出中国大城市体制转型过程中存在的问题。

城乡结合部经济空间、社会空间和绿色空间等是一个有机整体，通过科学的规划，选择合理的模式，将经济开发维持在正常的速度，是促进城乡结合部各种空间和谐共生的重要前提。

第 7 章　城乡结合部经济空间与其他空间的关系

SEVEN

7.1　城乡结合部社会空间

社会空间（social space）：地理学家约翰斯顿将社会空间定义为“社会群体感知和利用的空间”，在该空间中能够反映出社会群体的价值观、偏好和追求等（Johnston R J、Derek G，2000）。另外，地理学家将社会空间看作与物质空间和经济空间相对应的概念，社会空间是社会活动和社会组织所占据的空间，按照活动对象将城市的社会空间划分为居住空间、行为空间和感应空间等[①]。

7.1.1　城乡结合部社会空间特征

1. 居住空间多元分异

居住空间，可分为高端社区、中端社区、普通社区、贫困社区和移民社区等不同类型。对城乡结合部来说，这几种社区类型同时存在，其中高端社区是以环境优美的别墅区、花园洋房和其他高端住宅为主的居住区，其居民主体以收入水平高、工作时间相对自由、追求卓越居住和生活品质的人群为主。城乡结合部与城市中心区有一定距离但又联系方便，空间较充裕且小区域环境改善相对容易，正是这些特点催生了城乡结合部高端社区的不断兴起。中端和普通社区是以新建城市住宅、城市社会保障房和城市更新、改造拆迁安置房为主的居住区，其居民主体是以城市中产阶层，尤其年轻的、新就业群体为主的中产阶层，社会保障房安置对象，以及老城、旧城拆迁外搬居民。城乡结合部作为城市新增住宅的主要分布区，成为具有新居住需求城镇居民的首选地。贫困社区和移民社区是以低端住宅（尤其平房、违章建筑）为主的居住区，其居民主体以原城郊农民和外来人口为主。城乡结合部在从原来郊区农村到城镇化程度不断提高的过程中，保留下来的本地居民原住房逐渐成为无稳定就业或收入偏低、消费水平不高的转居人员及外来人口的栖息地。

这些不同的居住空间在城乡结合部地区相嵌分布，给此区域的社会空间带来丰富多元的要素，但同时也给社会空间的交流与融合、社会空间的优化与升级，以及社会空间的组织与管理带来一定的困难。

---

① 引自百度百科——社会空间。

2. 弱势群体分布集中

现阶段，我国城乡结合部社会群体构成日趋多元，但总体上外来人口、本地村民和村落治理者仍为较重要的三类行动主体（张霁雪，2014）。这三类社会群体在就业、生活、居住、收入、管理、社会认同等方面存在一定差异性，但又有着共性的特征，即基本属于城市中的弱势群体。

外来人口在社会特性与社会活动方面的弱势主要体现在：在城市中的社会身份认同与归属感很弱，目前外来人口社会保障水平和管理体系上尚未与所生活城市实现有机对接，比如子女就学、高考，就医，享受住房保障，社会保障额度等尚不能与迁入城镇居民同享等。整体上，对我国不同规模、不同地区城市的调查显示，外来人口在迁入城市的社会认同感和归属感均不高。外来人口的日常活动空间与社会交往空间范围比较狭窄，一般以居住地为圆心，局限在周围较近的距离内。以城中村为主要聚集地的无照经营、非法经营，以及各种违法犯罪行为有时候便是这个群体在城市社会空间中一种抗争的表现，如果不好好梳理与引导，社会危害将会很大。统计显示，北京城乡结合部是全市外来人口分布的绝对集中区。

城乡结合部本地村民大致可分为两类，一类是随着本区域城镇化进程的推进，实现了农转居的人员；另一类是仍然保留或部分保留农业用地的农民。尽管随着我国及各城市征地、拆迁、安置制度与政策的不断完善，城乡结合部村民在居住、就业、社保、后续生活保障等方面有了较大改观，但是仍然存在着诸多问题，导致部分本地村民在城乡结合部推进城镇化的过程中经济与社会利益等受到损害，还有部分村民虽然经济上得到了较好的补偿，但社会与心理等层面与城镇居民还存在较明显的差距，这些均使城乡结合部农转居人员面临新的发展困惑。另外，仍拥有农业用地的村民则随着城乡结合部农业发展的整体萎缩而发展不力。城乡结合部大量违章建筑层出不穷，各种社会矛盾不断激化，有些不文明风气与行为迅速蔓延等便是快速城镇化背景下城乡结合部本地村民社会空间转化过程中的衍生物，也需要寻求合理的渠道与途径加以疏通解决。

城乡结合部村落治理者相对于城市中心区和乡村的基层管理者，面对的经济、社会、环境问题更复杂。处于剧烈动态变化中的城乡结合部存在问题多、问题新、变化快、配套制度与政策又跟不上等特点，加之城市与乡村二元结构交叉共存，管理的难度非常大。村落管理者因此面临权力小、任务重、管理依据不明确等难题，有些还要面对复杂、敏感的集体资产处置等问题。权限利用不合理、问题处置不当、办事效率不高等则成为城乡结合部村落治理者们经常出现的问题，也因此加剧了此区域发展的困境。

实际上，除了上述三类主体人群外，生活在城乡结合部的普通社会阶层，包括有一定收入水平的白领一族，他们也面临着巨大的生活压力。较长的通勤距离与时间，以及城乡结合部整体发展环境的限制和基础设施的短缺等都给他们的生产、生活与社会活动等带来不便。

3. 社会空间动态多变

本书中多次述及，快速城镇化背景下，我国城乡结合部处于剧烈的动态变化过程之中，毫无疑问其社会空间也是如此。社会空间是基于社会群体居住、活动与感知等之上的，社会群体的动态变化是社会空间动态变化的前提。城乡结合部主体社会群体中，外来人口是个动态变化极强的组群，甚至他们中的很多人居无定所，没有稳定就业，缺乏与目前所生活区域几乎一切利益纠葛。他们今日的居住选择与行为活动塑造了一种独特的社会空间特征，但明日也许就会远离此地，而且他们塑造的社会空间与周围其他要素之间的联系是薄弱的、松散的。本地人口居住地与社会活动场所和社会活动内容等也都发生了显著变化。这些都催生了城乡结合部社会空间的动态变化。

城乡结合部某个局部区域的社会空间也会随着其开发、改造的方案与推进程度而发生巨大的变化，比如几年前著名的“蚁族”聚集地——北京唐家岭地区，昔日房屋密集、道路狭窄、环境肮脏、居住条件差、黑摩的遍地的场景已经被现代化的新城和森林公园所替代，社会空间也随之发生了根本变化。

7.1.2 城乡结合部社会空间形成机制

从根本上讲，城乡结合部社会空间的形成取决于该区域内社会群体的行为选择、活动特征及其社会关系等。有研究指出：与城市社区和农村村落相比，城乡结合部的居民构成非常复杂，导致其实体社会存在着复杂的关系样态，具有典型的“社群区隔”特征。社群区隔主要是指本村居民和外来的非定居移民之间所存在的区隔现象。其中，对外来的非定居移民而言，主要表现为：身体在场，关系不在场；身体在场，利益不在场，身体在场；参与权不在场，以及身体在场，保障权不在场等方面。而本村居民的关系形态却是：“身体不在场，关系在场”、“身体不在场，利益在场”、“身体不在场，权益在场”、“身体不在场，参与权在场”，表现出完全相反的特征（田毅鹏、齐苗苗，2015）。

总体而言，城乡结合部社会空间的形成既有国家城镇化、城乡发展等大背景的因素，也有城乡结合部自身特殊地域特征的因素，同时还受制度建设、经济改革、管理体系健全等多方面影响。表现在具体层面就是该区域内生活的社会群体自身、社会群体与所在区域之间，不同社会群体之间都存在较集中、突出的问题。如，外来人口暂时居住在城乡结合部，其他的社会利益与关系均和此区域不太相关，因此他们更倾向于从自身利益角度出发去开展社会活动。而本地村民虽然在城乡结合部还有房屋、土地、集体收益分红等利益瓜葛，但多数人不住在这儿，也难免采取一些寻租、投机的行为。再者，城乡结合部不同收入群体、不同社会阶层，以及本地人和外地人之间目前在社会交往、资源共享共建等方面非常薄弱，很难建立起稳定、和谐、健康的社会空间网络。

现阶段城乡结合部的社会空间具有一些弱势特征，但同时也是丰富多元和充满活力的，未来会随着外部环境和自身发展的不断完善与优化而得到提升。

7.1.3 城乡结合部社会空间演化趋势

从过去的发展历程上，城乡结合部社会空间的演化经历了较显著的变革。比如早期在城市外围辐射与服务地区的背景下，该区的社会空间主要围绕着居民从事服务于城市消费为主的农业生产形成与发展。尤其相对于传统农业区域而言，这里的居民多从事满足城镇居民消费的农产品生产、加工、销售、运输等工作，社会群体的活动与交往具有一定特色并逐渐形成较稳定的网络。之后，伴随着我国城镇化、工业化进程的推进，城乡结合部逐渐成为第二、三产业的分布地，在此居住与就业的社会群体越来越多元，人口数量急剧增加，带来社会空间特征也发生了一定的变化。城乡结合部由此开始日渐成为城镇化乃至工业化的主要阵地，社会空间的城市化倾向日趋明显，但又因保留着部分传统农业和乡村社会的要素与特征，而形成了一种混合的、独特的社会空间形态。

未来，城乡结合部的地域功能与发展定位会越来越明晰，土地开发、产业分布、生态修护、社区管理与居住区建设等将逐步走上正轨，此区域内各种社会群体的生产、生活、就业、日常活动、社交网络等也会越来越规范与健全，社会空间将得到进一步优化。

7.2 城乡结合部绿色空间

绿色空间是指一个区域环境建设、保护与可持续发展的格局。不仅反映了植被、绿化等的自然生态的发展态势与布局，还反映了经济、社会可持续发展的空间格局。

7.2.1 城乡结合部绿色空间特征

总体而言，现阶段我国城乡结合部的绿色空间格局形势不容乐观。一方面，自然生态角度的绿色空间在城乡结合部地区流失速度很快。经济发展驱动下，城乡结合部绿色空间迅速被侵蚀，同时绿化建设的压力越来越大，成效甚微。另一方面，城乡结合部作为中心城区产业调整与转移的主要承接地，聚集了越来越多的占地面积大、高污染、高耗能的产业与企业，加之当地传统的小规模、低层次集体经济、个体经济等，可持续发展能力低下。

北京，作为首都和著名的文化古都，生态建设与可持续发展走在了全国前列，生态文明与新型城镇化理念下，包括城乡结合部在内的绿色建设与产业升级等均取得了一定成效，但也还存在不少问题。

1. 绿色空间地位显著但不断减少

近年，北京对城乡结合部，尤其中心城城乡结合部绿色空间的建设问题较为重视，2012 年，北京城市规划设计研究院开展了“北京市中心城城乡结合部绿色空间规划与实施评估研究”，对北京中心城城乡结合部绿色空间进行了较全面的摸底与分析。主要结论如下：截至 2011 年年底，自然生态意义上的绿色空间面积约 284km^2，其中，绿地、农地、林地和水域面积的比例依次为 54%、21%、18% 和 7%。中心城范围内，87% 的绿地空间分布在城乡结合部地区，现状人均绿地每 18m^2 的 16m^2 是由城乡结合部贡献的（吕海虹、徐勤政、程海青等，2013）。由此可见，城乡结合部绿色空间的地位非常重要，对保护城区生态环境意义重大。北京中心城城乡结合部绿色空间分布现状见图 7-1。

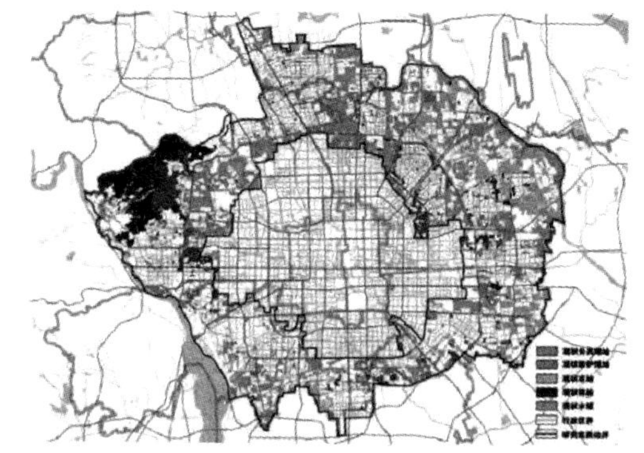

图 7-1　北京中心城城乡结合部绿色空间分布现状

（资料来源：吕海虹，徐勤政，程海青，李钢．北京市中心城城乡结合部绿色空间调研与思考 [J]. 北京规划建设，2013（3）：63-66）

不过，总体上城乡结合部绿色空间面积呈现下降态势。2003 ~ 2012 年的十年间，约减少 98km^2。在这个过程中，绿地和水域面积有所增加，但农田大幅减少，约减少 112.6km^2（吕海虹、徐勤政、程海青等，2013）。这也表明了城乡结合部农业生产功能受到的破坏与影响非常严重，绿地的增加使生态功能得到一定恢复，但生产功能丧失明显。另据调查，城乡结合部绿色空间减少的主要原因为村镇建设占用和公用设施占用。其中，减少的绿色空间中超过一半被违法建设所代替。另外，由于近年来随着道路交通的快速发展以及市政基础设施的不断完善，对于建设用地的需求较为强烈，而由于绿色空间需要的拆迁较少，土地获取成本较低，也成为政府为公益性事业选址的优先区域（吕海虹、徐勤政、程海青等，2013）。

城乡结合部生态价值显著，但现有状态下，绿色空间生态恢复动力不足、代价高昂，实施效果有限。城乡结合部自然绿色空间萎缩趋势明显，生态环境不断恶化，许多区位好、交通便利的热点区域甚至成为开发密度非常高的典范。由于我国现有城乡结合部自然绿色空间的构成以农用地、林地、郊野公园等为主，这些用地类型通常经济效益较低，对于免费公园和纯绿化用途的林地、草地而言，不仅几乎没有任何经济收益，反而要投入大量的资金、人力等进行维护与保养工作。而与此同时，房地产开发、产业园区建设等带来的收益回报却十分丰厚，相比之下，绿色空间生态保护与恢复困难重重。

近年，北京在致力于城乡结合部治理与改造的过程中，较为注重自然生态环境的修复与改善，许多城乡结合部地块，包括“城中村”，在拆迁后恢复为绿地，例如著名的“蚁族”聚集地——海淀区唐家岭，改造后绝大部分土地都被用来建设中关村森林公园——北京“绿隔”的一部分。另外，为了加快绿化隔离带建设，2015 年朝阳区 19 个乡也继续通过“一乡一市场”的方式，清退 200 万 m^2 低级层次市场和出租大院。在推动绿化隔离带建设的过程中，包括植树造林、绿化隔离地区的农民搬迁、土地征用、旧村改造、新村建设等工作均需要大量的投入。不过，在实施过程中存在这样一种现象不容忽视：一方面，有些城乡结合部地区付出高昂的代价进行绿色空间的打造与维护工作；另一方面，有些城乡结合部地区却以数倍于恢复和建设绿色空间的速度在进行违建与生态破坏。例如，京昌路楔形绿地，在 2004 ~ 2012 年间，旧村人口从 2000 多人增至 5000 多人，外来人口从 5 万人增至 9 万人，违法占地、违章建房现象越来越严重，楔形绿地只实施了约 20%（吕海虹、徐勤政、程海青等，2013）。

2. 绿色空间功能有所拓展但仍受限

经过近年的开发建设，北京城乡结合部绿色空间不仅为城市生态改善贡献了力量，也成为了居民锻炼、休闲、游憩的重要场所。据报道，2012 年北京城乡结合部有郊野公园 70 个，2013 年，启动首条市级绿道建设，这条绿道环绕五环，借助第二道绿化隔离带建设中已经形成的绿带，串起沿途公园、景点、名胜，市民可以无障碍地步行、骑行游览其中（闫雪静，2012）。《北京城乡结合部建设三年行动计划（2015 ~ 2017 年）》还将进一步增加城乡结合部的生态容量。预计到 2017 年年底，北京城乡结合部地区新增林地约 3.58 万亩，建设生态休闲公园 15 个，改造提升现有绿地、林地面积约 0.74 万亩。

绿色空间的建设与维护来之不易，绿色空间的功能应得到最大限度的发挥。现实中，城乡结合部绿色空间功能仍较为单一，以绿化和生态为主。尽管叠加了部分休闲、娱乐等功能，但整体上仍比较有限。绿色空间的营建不应仅停留在植树造林层面，而是要与农林生产与服务、教育、文化、科研、新兴业态的催生与发展等紧密结合起来。目前，北京城乡结合部绿色空间的生产功能，尤其是农产品生产和农业相关服务产品生产功能已出现明显下降。随着人口的急剧增加，农产品自给能力下降显著。无论是人均肉蛋奶水产品产量还是人均蔬菜瓜果产量均持续减少，耕地面积在农业用地中的比重也不断下降。北京本地蔬菜供给率 3 成左右，根据农业部工作部署，力争到 2020 年，北方大中城市冬春季节蔬菜自给率达到 50% 以上，显然现有的递减趋势是与之不符的。偏低的自给率不仅容易出现农副产品价格波动大，运输、销售等环节成本高，也不利于满足城镇居民对食品安全、营养、健康等日益增长的需求。而在典型世界城市巴黎，11963km^2 的都市近郊和远郊土地，农业用地依然占 50%，而且在农业用地中，各类农作物用地占 97%，这里是法国农业最先进的地区之一，生产高品质的农产品，如甜菜、小麦、燕麦、蔬菜和葡萄，是法国第三大玉米产区和水果、蔬菜、鲜花的主要产区（刘娟、张一帆，2011）。同样，在世界城市伦敦，城市农业活动还起到对低收入者提供新鲜水果、蔬菜的作用，使家庭的粮食安全和营业水平得到保障。伦敦东北部“成长社区计划”，每周发送 180 箱有机农产品给居民，其中 20% 是低收入家庭（刘娟、张一帆，2011）。北京城乡结合部农产品生产与供给能力不断下降的情况下，对城市低收入人群的食物营养保障根本难以实现。另外，北京在城乡结合部绿色空间的教育、文化、科研、新兴业态的开发与利用方面也还存在非常大的提升空间。

3. 产业绿色发展与绿色生活方式推广任重道远

自然层面的建设与拓展是打造城乡结合部绿色空间的基础，除此之外，还应通过绿色产业发展与绿色生活方式推广来巩固与深化绿色空间的建设成果。

2016 年 6 月，工业和信息化部印发了《工业绿色发展规划（2016 ~ 2020 年）》，围绕工业领域转型升级、节能减排等问题作出了重要部署，为工业绿色发展指明了方向。我国城乡结合部是城市与区域工业生产的重要阵地，而且由于多数工业企业来自于城区转移出的淘汰部门或由原来城郊农村工业演化而来，技术含量低、资源消耗大、污染排放高等特征显著，工业绿色发展程度普遍偏低。另外，城乡结合部的商业、服务业水平虽然高于乡村地区，但与城区相比还较落后。以商业为例，尽管在该区域新建了一些现代、大型商业服务机构，但商业业态中还保留着许多农村集市的特点（郭慧馨、葛健，2016）。因此，通常存在商业交易中心建筑密度低、环境脏乱、车流人流量大、交通混乱、治安问题突出等问题，绿色发展程度也不高。

城乡结合部产业绿色发展改造与提升近年也成为北京市的重点任务之一。例如，近几年，位于城乡结合部的大兴区腾退低效闲置用地 2.8 万亩，减少各类污染企业 4000 余家。“十三五”期间，西红门镇、旧宫镇和黄村镇等十余个村落内的工业大院、物流大院、小散乱市场等落后产能都将完成拆除腾退工作。其中，旧宫镇将拆除约 40 万 m^2 的建筑面积，完成旧宫三村工业区拆除腾退工作。黄村镇将重点抓狼垡组团和西片区 8 个村城乡结合部的改造拆除腾退工作。西红门镇则将继续推进现有 4 个地块的拆除腾退工作。在西红门镇工业大院原址上，正在建设一座建筑规模 26 万 m^2 的创新金融基地——金融谷。大兴区城乡结合部产业升级改造后，将重点发展现代服务业①。

绿色生活，指通过倡导居民使用绿色产品，倡导民众参与绿色志愿服务，引导民众树立绿色增长、共建共享的理念，使绿色消费、绿色出行、绿色居住成为人们的自觉行动，让人们在充分享受绿色发展所带来的便利和舒适的同时，履行好应尽的可持续发展责任的方法，实现广大人民按自然、环保、节俭、健康的方式生活②。总体而言，城乡结合部绿色生活程度还相当低。随着北京大气治理、环境优化工作的逐步推进，城乡结合部作为问题比较集中、严重的区域，日益成为关注的焦点。2015 年 9 月，北京市召开了“农村地区减煤换煤清洁空气行动”紧急会议，启动城乡结合部地区“减煤换煤”攻坚战。会议明确将 2015 年农村地区减煤换煤任务量从 120 万 t 提高到 140 万 t，占 430 万 t 任务总量的 90%，实现全市农村地区“减煤换煤”全覆盖；同时对六环路外延 1km 以内城乡结合部地区所有村庄，新增 130 万 t 减煤换煤任务量，按照每年完成 30%、40%、30% 的比例分三年进行分解，提出 2015 年度城乡结合部地区完成 40 万 t、全市完成 180 万 t 的任务目标；要求涉及城乡结合部地区的相关区县要高度重视，严格按照《京津冀协同发展规划纲要》的要求，大力推进城乡结合部地区的“拆、关、停、疏”工作，同时，扩大“减煤换煤”政策补贴覆盖范围③。至 2015 年年底，北京市煤炭消费总量大约 1200 万 t，比 2012 年削减 1100 万 t 左右。2016 年，燃煤将减到 1100 万 t 以内，以加快完成“2017 年本市燃煤总量要在 2012 年的基础上削减 1300 万 t”的目标。农村和城乡结合部则通过“煤改电”、“煤改气”削减民用散煤 7.8 万 t（殷呈悦，2015）。

4. 绿色空间分布格局与质量发生一定程度的变化

整体上，北京城乡结合部地区朝阳、大兴、通州、顺义林木绿化率较低，约集中在 24% ~ 30% 之间，昌平、石景山、海淀和丰台林木绿化率较高，主要集中在 40% ~ 67% 之间（表 7-1）。从时间变化趋势上看，2008 年以来，朝阳、石景山和大兴在 2009 年均出现比较明显的下降态势，海淀、石景山和大兴在 2013 年出现比较明显的下降态势，昌平、通州和顺义则一直保持较稳定的上升趋势。位于城乡结合部内环，更临近中心城区的区域，如朝阳、丰台、石景山和海淀林木绿化率增长乏力，多数维持在 2008 年水平或出现波动下降，位于外环的区域，如通州、顺义

---

① 张利涛．扬帆十三五之北京大兴：工业大院涅槃为现代园区 [EB/OL]，2016-03-24. 千龙网 http://beijing.qianlong.com/2016/0324/490642.shtml.

② 引自：百度百科——绿色生活方式。

③ 国际煤炭网，2015-09-15. http://coal.in-en.com/html/coal-2286592.shtml

和昌平林木绿化率增加明显，其中通州 6 年来上升了约 10 个百分点。总体而言，北京城乡结合部内环区域林木绿化率较高而外环区域近年增长较快。

北京城乡结合部林木绿化率分布格局（%） **表 7-1**

年份 区县	2008 年	2009 年	2010 年	2011 年	2012 年	2013 年	2014 年
朝阳	23.6	22.4	23	23.3	23.3	23.7	24.0
丰台	38.1	38.8	39	39	39.7	40.7	39.5
石景山	42.6	40.1	40.1	40.2	40.4	40.4	40.6
海淀	38.3	42.2	42.3	42.3	42.6	43.1	38.6
通州	22.2	23.4	23.4	23.9	27.2	31.0	31.3
顺义	28.5	26.6	26.6	26.7	28.3	30.9	34.5
昌平	60.1	60.6	61.2	61.8	64.1	65.9	66.4
大兴	28. 8	25.5	25.8	26.0	26.7	29.7	27.3

资料来源：2008 ~ 2014 年北京分区县统计数据。

不过，林木绿化率并不能全面代表绿色空间建设的质量。有学者对地处北京城乡结合部的昌平三镇近年自然与农业景观的影响研究表明：1999 ~ 2010 年间，东小口、北七家和小汤山镇城镇建设用地急剧增加，农业用地和水域明显减少，而林业用地和草地面积均显著增加。不过，尽管城市绿化建设使林地总面积有所增加，但原有天然次生林或成熟人工林的大幅减少所导致的负面影响不容忽视（黄宝荣、张慧智、王学志，2014）。另外，目前城市绿化建设中大量使用外来树种、花卉和草皮等，不仅成活率受到影响，还面临着高昂的后期维护成本。因此，城乡结合部绿色空间的表象、构成与质量等实际上都发生了一定的变化，而变化的主体趋势是绿色空间不断向外围推进，绿化用地和树种的结构从本地、原生逐渐转向外来、次生，绿色空间的质量有所下降。

7.2.2 城乡结合部绿色空间形成机制

城乡结合部绿色空间的保护与维持，与各种经济开发行为之间进行着艰苦的斗争。城乡结合部绿色空间形成过程中，促进其增加的力量、减少的力量和空间格局变化的力量相互交织、相互制衡，最终导致绿色空间格局的形成。

1. 绿色空间增加的动力与影响机制

前已述及，北京城乡结合部升级与改造过程中，对绿色空间建设相对较为重视。深入分析可知，促进北京城乡结合部绿色空间增加的动力与支持因素主要有：对科学发展观与可持续发展理念认识能力的提升与普及推广；日趋严重的拥挤、污染等“城市病”和居民对生活环境需求不断提高倒逼发展方式的改变；所处的经济社会发展阶段；以及较强的财力支持能力与管理加强等。

近年来，科学发展观与可持续发展等先进理念逐步融入我国经济社会发展的各个领域，北京作为首都，对这些理念的认识、领会与落实更为领先，绿色发展在城乡结合部改造与发展过程中得到一定程度的践行。比如，以绿化隔离带规划建设为主导，在城乡结合部地区积极构筑或恢复绿色空间，具体表现为：近年林业增加值占农业增加值的比重增加显著，局部地区绿化面积与林木覆盖率有所回升等。

改革开放以来，北京建成区面积扩大了 6 ~ 7 倍，全市常住人口从 1978 年的 871.5 万人增加到 2014 年的 2151.6 万人，机动车保有量从 1980 年的 10 万辆增加到了 2016 年的 561 万辆，在经济发展的同时，空气污染指数迅速攀升。日趋恶化的城市生活环境给居民生产生活造成许多不良影响，而且随着社会进步与生活水平的提高，人们对清新、便捷、洁净、健康、舒适生活环境的追求却与日俱增。两者之间不断激化的矛盾推动了发展方式的改变。在城市中心区外围营建绿色空间，正是为了更好地保护城市生态环境和阻止城市过度无序蔓延。

北京已进入经济社会发展的相对高级阶段，城市经济的增长不再主要靠土地扩张与低层次积累，而是将重点放在了效率提升与结构优化等方面，因此对城乡结合部土地空间的侵占和绿色空间的破坏力度与速度均有所下降。例如，2015 年北京市土地成交量创 8 年以来最低（图 7-2）。“十二五”时期，全市以年均 1.5% 的能耗增长支撑了年均 7.5% 的经济增长，万元地区生产总值能耗和万元地区生产总值二氧化碳排放分别累计下降 25.08% 和 30%，是全国唯一连续 10 年超额完成年度节能目标的省级地区，2015 年万元地区生产总值能耗降至 0.30t 标准煤（现价），能源利用效率位居省级地区首位，节能减碳工作取得明显成效。

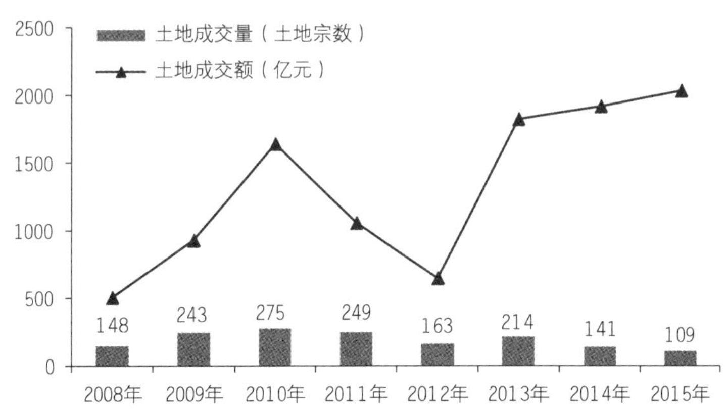

图 7-2　2008 ~ 2015 年北京市土地交易量与交易额

（资料来源：方王洋 . 2015 年北京土地成交量创 8 年最低 [N]. 新京报，2015-12-19）

近年，北京在绿色建设方面的投入显著增强，2014 年北京节能环保支出达到 213 亿元，比 2013 年增长了 54.4%。另外，近年加强了对城乡结合部地区的环境治理与管理力度。2015 年市十四届人大三次会议审议北京市人民政府关于《北京市大气污染防治条例》实施情况的报告，共有 98 位代表提出了 165 条审议意见、建议。下一步，城乡结合部地区将成为大气污染防治的重点区域。针对：环境管理仍存在薄弱环节，农村和城乡结合部地区原煤散烧低空直排、工地扬尘、露天烧烤、垃圾、秸秆和树叶等露天焚烧，中小工业企业无组织排放，大型柴油车运行超标排放等问题，在大气污染防治的工作上，将重点关注城乡结合部的环境问题，坚持标本兼治，加大执法监管力度，依法严厉打击销售、使用劣质煤行为，推广使用优质煤；结合农村城镇化的推进，着力破除城乡二元结构，完善农村和城乡结合部地区基础设施，改善综合环境，加大对煤改气、煤改电的投入和补贴力度，实现农村百姓生产和生活方式的转变（赵语涵，2015）。2016 年提出了包括环境建设在内的多项专项整治措施。

2. 绿色空间减少的动力与影响机制

绿色空间的减少势不可挡，经济利益驱动下的无序开发和过度开发是其主要原因。虽然早在 21 世纪的北京城市总体规划中就提出了构筑“两轴—两带—多中心”的城市空间结构，近十多年来也一直围绕此目标开展了大量工作，但连片外移的“摊大饼”式发展模式并未彻底得到改变。在中心城区土地资源与建设空间受到明显约束的情况下，邻近的城乡结合部地区普遍进入快速开发趋势。实现通过绿化隔离带阻碍城市无序蔓延，并营建多中心发展格局的目标任重道远。

由于我国过去一段时期大型、特大型城市仍处于不断扩张阶段，人口与各种经济要素显著向大型、特大型城市集聚，在促进城市规模持续增长的同时，也进一步加剧了城市空间资源的稀缺性，成为诱发“土地财政”、“造城运动”等愈演愈烈的重要驱动力。城乡结合部自然成了空间开发的重要阵地。巨大的市场需求和丰厚的经济回报，加之规划不足、监管不力、发展方向不明确，使得城乡结合部的开发很快进入失控状态。多主体开发、“插花式”开发、粗放式开发共存，导致许多绿色空间在此过程中逐渐被侵蚀、甚至消失。

一般情况下，绿色空间，尤其自然绿色空间的经济效益很低甚至没有，或者还要付出高昂的维护成本，这也是城乡结合部农业等其他绿化用地无法抵挡房地产、商业、工业等城市用地形式替代的根本原因。当然，片面重视经济效益而忽视了生态效益、社会效益，片面重视短期利益而忽视了长期利益、根本利益，片面重视局部地区和少数人群的利益而忽视了整体利益是形成这一局面的一方面原因。另一方面原因则是对城乡结合部绿色空间经济效益和其他效益开发不足造成的。绿色空间的经济效益和多元效益没有被充分挖掘出来，加剧了自身价值被低估，从而大大增加了保留与建设的难度。

3. 绿色空间分布格局变化的动力与影响机制

绿色空间分布格局的变化取决于经济开发的方向与密度。城乡结合部中临近中心城区的区域，开发空间稀缺，发展欲望更加强烈，破坏的势头并未得到根本上的遏制，而新建自然绿色空间又存在难度大、成本高、质量低的问题，因此，绿色空间增加非常困难。不过，这些区域随着产业结构调整与优化升级，区域改造等措施的实施，经济活动的资源消耗和污染物排放量等将不断缩减，反过来又增加了一定的绿色发展空间，居民绿色生活方式的推行也有利于绿色空间的多元化、深层次拓展。

城乡结合部的外环区域近年绿化面积增长趋势显著，主要是得益于绿化隔离带建设政策的不断推进。随着开发进程的变化，城乡结合部的内环区域城市化程度越来越高，甚至有些地方已经与建成区连为一体。这种背景下，城乡结合部的外环区域逐渐成为开发的热点与重点，尤其大型居住区、产业园区和商业区等开始在此布局。该区域原有的绿色空间格局被打破，农田、水域迅速消失，取而代之的绿色空间多为现代城市人工绿化景观。在破坏、改变与新建的过程中，绿色空间不仅分布上发生了一定的变化，结构与质量也发生了一定的改变。

7.2.3 城乡结合部绿色空间演化趋势

在传统城镇化阶段和城市发展的相对较低阶段，城市扩张成为经济发展的主要动力，而城乡结合部，尤其城乡结合部的自然绿色空间最容易受到侵蚀与破坏，随着城镇化模式的改变和城市进入发展的高级阶段，这种现象与趋势会逐渐消退。城乡结合部自然绿色空间受到的干扰与入侵也会慢慢变弱。另外，在科学发展观的指导下，绿色发展的理念逐渐深入城市、城乡结合部和乡村发展的每个领域，这些都将有利于城乡结合部绿色空间的恢复与发展。但是，相对而言，绿色空间的恢复与增长远比破坏缓慢得多，并且需要大量的经济投入、科学严谨的规划，以及全社会良好的经济、社会发展结构。

北京于近年开始关注城乡结合部地区的良性发展与专项规划治理，生态环境问题首当其冲，大量的努力会对该区域绿色空间的恢复与发展提供有利的条件。今后的工作重点主要是：有效遏制城市空间无序蔓延及其对城乡结合部地区的过度、盲目开发，适当保留农业用地；加快城乡结合部地区产业与经济发展治理与升级，有效实现节能、降耗、减排目标；有效增加绿化用地并充分挖掘绿化用地的多元化功能，促进绿色空间的保护。

7.3 城乡结合部文化空间

文化空间包括一个区域的文化氛围、文化资源布局与文化活动空间安排等。

7.3.1 城乡结合部文化空间特征

城乡结合部是兼具城市与乡村地域特点的过渡区域，在文化上也具有两者兼容的一些特点，以及在城乡交融基础上形成的区域特色文化特征。作为快速城镇化的前沿阵地，我国城乡结合部经历着世界上最强烈的动态变化，该区域的文化空间也经历着剧烈的动态变化。

1. 文化底蕴消失较快

快速城镇化过程中，城乡结合部成为我国发展速度最快、动态变化最显著的区域之一。随之而来的是这一区域的文化要素、文化氛围、文化组织在动态变化过程中遭到破坏，并且丧失了恢复的机会，从而使其文化底蕴快速地消失。

城乡结合部既是城市瓜果、蔬菜、小商品批发的货源地，又是农村销售农业产品的重要通道，也是工业加工的优选地段。这里交通方便、快捷，房屋租金合理，货源种类繁多、可供挑选。

它供应城市需求的商品，同时带动农村经济，又为工业加工省去了运输费用，是三者兼得的社会产物（齐一聪、陈宙颖、燕宁娜，2012）。因此，城乡结合部是一个具有一定城市繁荣特征但又依赖于乡村经济的特殊区域，长期以来形成了独特的聚落形式与街道关系，深厚的文化底蕴留下了许多历史的记忆。快速城镇化背景下，便捷的交通使得城乡结合部更快、更深入地融入城市发展轨道，但同时也逐渐失去了原有的宁静与相对独立。尤其过去所依赖的乡村经济发展根基日趋薄弱，原有以农民为主体的生活环境、生活方式都发生了根本性的变化，加速了该区域文化底蕴的消失。21世纪初，在北京海淀区海淀镇还能在古镇起源地看到具有500年历史的"观音阁"和以京西稻著称的"六郎庄稻田"等见证历史印记的景观，可现在这些景观已不复存在。在曾经具有浓郁文化底蕴的城乡结合部地区，人们只能靠泉宗路、圣化寺路、巴沟路等路牌和路名来缅怀或猜想这里过往的辉煌与历史。

2. 一种混杂的文化新形态逐渐形成

城乡结合部在转型、发展的过程中，既接受了城镇现代文明的辐射与影响，又保留了少量原有的城郊文化，同时还新增了外来人口带入的乡土文化和外来文化，在此基础上形成了一种混杂的文化新形态。

在北京城乡结合部既有最现代的、极具城市文明特点、非常优美与高端的区域，如海淀区西山别墅区、大兴区旧宫旺兴湖郊野公园和朝阳区蓝色港湾，也有非常拥挤、肮脏和破败的区域，如朝阳区十里河村、丰台区夏家胡同和改造前的海淀区唐家岭村。生活在上述不同环境中的居民创造与享受着截然不同的文化空间，文化碰撞异常激烈，文化矛盾也极为突出。

城乡结合部作为城市今后最主要的居住安置空间、新增产业发展空间和新增城镇化人口的落脚空间，还会长时间成为城市中产阶层、低收入者、外来人口和少数富裕阶层聚集的场所。因此，不同文化层次和不同文化背景的人群还会在这一区域共同创造新的文明，新的文化形态也将在这种重组中逐渐形成，只是现阶段这种新的文化形态还未发育成熟，更多地表现为一种混杂态势。

3. 文化建设与发展滞后

城乡结合部存在城乡二元管理体制，二者在文化管理、文化组织和建设方面存在显著差异，而且衔接上也存在许多问题，导致这一区域的文化建设与发展受到一定影响。例如，丰台区146km^{2}的城乡结合部区域，居住着 79 万人口（其中有 49 万人为流动人口），但该区域只有 6 个小型文化馆和 180 处群众文化场所，没有公共图书馆、剧场，也没有标准体育场馆，文化设施总面积仅有 3 万 m^2。从文化的角度看，这里既有城市的文化元素，又缺乏城市文化的繁华；既以农村文化为基础，又失去了农村文化的醇厚。这些都说明，在城乡结合部区域，明显地存在着文化短板的现象（李明圣，2012）。

2014 年，对北京城乡结合部的区域教育机构在校生与专任教师的比例以及图书馆人均藏书量、人均文物藏品数量等的分析表明，幼儿园和小学在校学生数量与专任教师的比例普遍显著低于中心城区，尤其位于城乡结合部外环的区域差距更大，中学在校学生数量与专任教师数量之比，城乡结合部和中心城区差距不明显，甚至前者低于后者。图书馆人均藏书量，除了资源分布较为集中的朝阳和海淀之外，其余区域大多较低，尤其城乡结合部外环区域更低，博物馆人均文物藏品量也呈现出大致相同的特征（表 7-2）。

2014 年北京城乡结合部文化教育设施情况及与中心城区对比 **表 7-2**

项目 区县	幼儿园生师比	小学生师比	中学生师比	图书馆人均藏书（册、件）	人均文物藏品（件）
朝阳	9.9	16.7	6.2	2.4	0.02185
丰台	12.1	17.0	7.6	0.4	0.00067
石景山	11.4	17.0	7.5	1.5	0.00017
海淀	12.4	21.1	10.5	9.4	0.02919
通州	11.8	17.1	7.9	0.4	0.00122
顺义	14.6	17.1	8.2	0.7	0.00003
昌平	10.6	17.9	6.2	0.3	0.00252
大兴	16.2	16.5	7.0	0.6	—
中心城区	10.0	14.3	8.3	1.4	0.47076

资料来源：2014 年北京分区县统计数据。

由于上述城乡结合部中已有一些区域基本完全实现了城市化，因此一定程度上拉高了文化设施的平均水平，而位于城乡结合部城中村或城市化水平较低的地区，文化设施建设与发展水平更低。以下是作者 2008 年对海淀区城乡结合部调研时访谈的部分内容，较确切地反映了有些城乡结合部微观区域的文化发展状况。

“文化设施、交通设施比较落后……借奥运的东风，市政设施有所提高，但仍比较落后……公共文化产业在我们地区属于一个空白……”（对城乡结合部某街道工作人员的访谈）

“本地区 10 万人，没有中学，只有 1 所小学，正规幼儿园只有 2 个，文化体育设施少。”（对城乡结合部某街道工作人员的访谈）

7.3.2 城乡结合部文化空间形成机制

1. 强烈的动态变化冲击了文化空间的稳定性

长期以来，在城乡结合部地区形成了独特的郊区文化，这种文化具有较强的乡村文化根基，并在与城市交融和提供服务的过程中，逐渐增加了一些新的色彩。例如，较长一段时期内，城乡结合部主要作为城市农副产品供应地和大型基础设施布局区而存在，因此其文化空间也带有较强的乡土气息和特殊功能。快速城镇化背景下，这一区域被迅速开发，原有文化赖以生存的土壤，如城市农副产品生产与流通，以非大宗作物生产为主的农民及其生存空间，都逐渐消失了，农民的生产生活领域和居住地发生了巨大变化，郊区农耕文化也随着农耕地的消失而所剩无几。快速开发过程中，现代化城市要素大量涌入，外来人口也大量涌入，原有要素被割裂成分散的团块。剧烈的动态变化使原有文化根基和文化空间被破坏，而新的文化氛围与文化空间短期内尚未形成，城乡结合部文化空间的稳定性变得很差。

2. 多元的文化交融造就混杂的文化新形态

快速城镇化背景下，城乡结合部不仅成了动态变化最显著的地区，而且是要素构成最复杂、多元化发展最突出的地区。原有的郊区文化、新建的现代城市文化，加之外来的乡村文化和外来文化，交叉共生，互相抵触与渗透，一方面极大地冲击了原有文化，另一方面又造就了一种新的文化形态，这种文化形态在现阶段还未发育成为一种稳定的文化，只是处于非常混杂的状态，既不同于城镇文化，又不同于乡村文化，也不同于原有的城郊文化。

近年，北京在城乡结合部改造与开发的过程中有意识地保留一些原有文化，如海淀区北坞村原为贡稻种植的重要地区之一，有着悠久的稻米文化耕种传统。该村搬迁后的原址被建设为绿地和公园，在公园建设过程中，设计者们保留了几块稻田，并建造了配套的耕作场景雕塑、农耕用具展示和相关文字资料说明等，试图使该区域的文化传统得以适当保留与传播。城乡结合部原有文化存在的宏观环境发生了重大改变，在现有混杂多元的文化空间新背景下，还能得到多大程度的保留与发展，是一个非常严峻的话题。

3. 松散的文化组织管理导致文化发展滞后

相对而言，文化是一种积淀深邃的事物，不仅需要物化的设施承载与支撑，更需要无形资源的积累与酝酿，长期、稳定、和谐的环境有利于文化空间的形成与发展，而积极、有效的组织与管理也是必不可少的条件之一。处于剧烈动态变化中的城乡结合部文化组织与管理较为薄弱，加之本身城市与乡村二元体制的矛盾与交叉，各部门间的协调合作难度更大，使得该区域文化建设与文化发展相对滞后。

另外，城乡结合部发展速度非常快，人口与产业部门增长迅速，导致文化教育等设施的供给与需求之间的差距急剧扩大，而且这种差距不仅表现为数量上的差距，还有结构上的差距。在城乡结合部地区，中低收入人群占主体，而且其中还有相当数量的人口面临着从乡村到城镇的转换，现实中新增城镇化人口虽然生活在城市地区，却并没有有机融入城市社会，其中一个很重要的原因与表现就是尚未完成城乡文化身份的转换。城乡结合部地区在其中担负着比城市其他地区更特殊与艰巨的任务，而松散、多元的文化组织与管理忽视了这种任务与职责，使得新增城镇化人口非但没有及时地接受现代城镇文化的熏陶与教育，相对封闭、狭隘的生活与社交空间反而助长了他们将自身的乡村文化和外来文化带入城乡结合部地区，加剧了这一区域文化的复杂性与混乱性。

7.3.3　城乡结合部文化空间演化趋势

城乡结合部拥有比城市中心区更低的建设密度、更优越的自然环境和更高的建设起点，拥有比乡村地区更多元化的生产要素、更先进的现代城市文明和更高效的空间利用效率，具备优质文化资源产生与发展的有利条件。剧烈的动态变化虽然打破了其原有的文化空间格局，但也有利于形成新的文化形态。因此，只要发挥好上述优势，城乡结合部地区文化空间完全可以实现更快、更好的发展。而且，城乡结合部是城市与区域文化空间的重要组成部分，承担着重要的文化职能，需要强有力的文化支撑。

城乡结合部文化空间的重塑与发展，需要科学、合理的引导。首先，城乡结合部原有的农业文化和郊区文化应得到有效的保护与发扬，城乡结合部的拆迁、拆除与遗弃的是原有的不合理的因素，而不是全部，改造后的城乡结合部应该充分保留该区域原有的宝贵文化资源，并且在新建中特别注意通过文化创新提升区域文化形象与水平。其次，城乡结合部在城市化的过程中也不应完全向城区的方向发展，而应结合该区域的区位特点和功能定位，实现低密度、高起点的发展。再者，不应完全回避新增城镇化人口这一城乡结合部重要群体的作用与需求，充分发挥他们在城乡结合部文化空间营建过程中的创造力和消费拉动力。

7.4 城乡结合部经济空间与社会空间、绿色空间与文化空间的关系

城乡结合部，作为城市与区域中一个重要的空间地域单元，经济活动与社会网络、绿色生态、文化氛围之间有着千丝万缕的关系，相互影响、相互制约，共同促进该区域整体空间特征的形成与发展。

7.4.1 社会空间特征形成的经济背景

快速动态变化中的城乡结合部经济主体多元、经济活动结构复杂、经济利益诱惑多样，这种经济背景催生了特殊的社会网络与结构特征。

作为快速城镇化过程中最具发展活力的区域之一，城乡结合部经济开发与建设吸引了社会各界力量的进入与参与。城乡结合部地区原有的乡镇企业、集体经济等大多集中在低端工业制造和传统服务业领域，被征地改造后的集体经济更是多以物业、租赁、批发市场等形式存在，从而吸引了越来越多的相关经营单位与从业人员进入，为此区域经济形态与层次奠定了基础。进入快速工业化和城镇化进程后，我国劳动密集型产业迅速发展，土地城镇化快速推进，导致人口乡城迁移进入蓬勃发展时期。以乡村转移劳动力为主的外来人口大量进入城市并聚集在城乡结合部地区，文化素质偏低、就业技能较差，以及收入水平低下等特征使得他们大多从事低端二、三产业，并奠定了他们的消费水平与特征。这也正是廉价出租房、路边摊、小门脸，甚至无照经营、非法经营随处可见的重要原因之一。割裂、混乱、低层次的社会空间特征逐渐形成。一些城市新建现代化产业园区等虽然布局在城乡结合部地区，但与周围的经济活动单位及就业群体难以实现有效对接与融合，因此普遍存在孤立发展的问题。

7.4.2 绿色空间建设与保护中的经济问题

绿色空间建设、生态保护和经济发展似乎是永恒的矛盾，现实中两者之间的冲突确实也无

处不在，在北京城乡结合部绿化隔离带建设实施过程中深深困扰着各项工作的顺利开展，而绿色空间建设与保护中的经济问题又难以回避。具体而言，包括自然绿色空间建设中的拆迁安置问题，深层绿色空间挖掘中的产业结构升级与优化问题，绿色空间建设与保护的经济成本问题，以及绿色空间的经济效益开发问题等。

绿化隔离带建设中的拆迁安置问题一直都是城乡结合部绿色空间建设的首要难题。具体又包括绿化隔离带中村庄的拆迁、居民安置居所的建设选址与投资，以及搬迁农民的就业与长期生存发展问题等。这项任务非常艰巨，而且经济投入巨大。以北京朝阳区东坝乡为例，全乡总面积 24.6km^2，常住人口 26275 人，其中农业人口 13007 人，占总人口的 49.5%，农业劳动力 8169 人。东坝乡是北京市绿化隔离带建设重点乡，绿化隔离地区面积 6300 亩，占辖区总面积的 17%。2000 ~ 2004 年，东坝乡农业劳动力主要从事绿化隔离带建设。2004 年绿化隔离带建设任务完成后，全乡 8169 名农业劳动力全部沦为失地农民，面对严峻的就业问题。除组成了一个 1500 人的绿化队负责林地养护、约 100 人的林地防火队伍外，仍有 6569 名农业劳动力需要安置就业（肖志锋、杨宝玲、于良佐，2007）。为了安置这些失业人员，乡与村组织采取了多种措施安排他们的就业，成立保洁公司、物业管理公司吸纳就业，还组织技能培训和劳务输出等。经过几年的努力，约 60% 的失地农民实现了就业安置，但仍有 30% 多的失地农民处于失业状态（肖志锋、杨宝玲、于良佐，2007）。缺少正规就业的失地农民，主要靠出租房屋、集体经济分红和土地股权收益获得收入，尤其出租房屋加剧了该地区违章违法建筑的供给与治理难度。

城乡结合部地区通过产业结构优化升级来增加绿色空间也面临一定的难度。一方面，中心城区转移出来的产业部门大多具有占地面积大、资源能源消耗高、污染排放量大等特点；另一方面，本地原有的乡村产业、集体产业等也大都规模小、层次低，绿色发展程度低。经济活动自身的局限性和对绿色空间发展的要求之间存在显著的差距。

绿色空间建设与保护需要投入大量的经济成本，造成实施中面临巨大的障碍。绿地与公园的维护所需费用较高，而现实中往往投入不足。调研显示，目前北京郊野公园维护费用为 4 元 /m^2，城市公园维护费用约为 20 元 /m^2，而上海郊野公园维护费为 8 元 /m^2，成都为 9.5 元 /m^2，杭州为 9 元 /m^2。公园运营与维护费用相对较低，影响了绿色空间的品质。当前，郊野公园建设配套标准为 0.5% 的配套用房，城市公园建设配套标准为 2% ~ 3% 的配套用房，但在具体实施中，由于公园维护费用不足，配套设施往往用来开展经营活动补充运营费用，如建成会所、餐饮等项目，原本为游客服务的配套功能受到一定的影响，也是绿色空间的有些效果不能充分发挥的原因之一（吕海虹、徐勤政、程海青等，2013）。

绿色空间现有运行模式经济收益偏低，也是造成其建设与保护障碍的主要原因之一。现阶段，城乡结合部绿色空间的建设与维护仍以功能较为单一的绿化为主，绿地与公园能产生一定的生态效益，但经济效益较为低下，导致绿色空间建设的积极性不高。例如，北京通州区仇庄的农民靠种植芹菜每亩收入 1 万 ~ 2 万元，农田征为绿地后每亩补偿 5000 元，收入降低，直接导致农民对绿地建设充满抵触情绪（吕海虹、徐勤政、程海青等，2013）。

在先进的发展理念指导下，通过创新发展模式与政策措施，绿色空间的建设与保护和经济发展之间是可以实现共赢发展的。现有城乡结合部绿色空间建设、保护与经济发展之间的矛盾冲突有其客观发展阶段和背景的制约，更多的则是开发理念与模式的不当造成的。例如，城乡结合部经济开发过于集中、强度太高，使得失地农民数量短期内急剧增加，给绿化隔离带地区的失地农民安置造成不利环境。另外，城乡结合部开发改造过程中忽视了产业的升级与转型，城市淘汰产业的简单外迁和乡村产业不思改变的发展模式都将城乡结合部产业推向不良发展境地，给绿色发展造成障碍。再者，城乡结合部绿色空间建设与保护形式过于单一，缺少绿色空间深层次、多元化开发利用的有效手段，导致成本高、收益低的局面。

7.4.3 文化空间与经济空间的融合与协调

城乡结合部经济空间与文化空间都处于不断发展之中，而且均在剧烈的动态变化中表现出充沛的活力，当然也存在诸多冲突与矛盾。城乡结合部经济空间和文化空间之间相互促进、相互制约，经济活动与经济景观的变化会带来文化氛围与文化资源的重构，不同的文化形态与构成也会对经济发展产生有利或不利的影响。

现阶段，城乡结合部经济空间与文化空间之间有待于深入融合与协调的方面主要体现在以下方面：

一是经济结构与形态的快速变化冲击了原有的文化空间。城乡结合部地区非常快速地被拆迁改造，随着消失的田地与村庄、建筑与景观，该区域原有文化赖以生存的根基也遭到了毁灭性的破坏。另外，受区位和宏观环境的影响，北京有些城乡结合部地区被征地拆迁居民能够获得较好的经济补偿，尤其是房屋补偿，这些补偿的房屋用来出租，给征地搬迁人员带来稳定且丰厚的经济收入。他们中有些人从原有的农业生产或者乡村经济活动单位脱离出来，靠土地与房屋就可以获得较可观的经济收入，坐享其成阶层的形成特别不利于区域文化的正向发展。经济发展与文化发展的不同步也容易引发一些不良行为与社会风气的形成。

二是城乡结合部地区，作为快速城镇化进程中动态变化最剧烈的地区，经济空间重塑过程迅速变化，而文化空间的形成与发展是一个相对漫长的过程，需要时间的积累与稳定的经济社会环境。因此，城乡结合部地区经济空间日新月异的变化与文化空间的形成与发展出现了冲突，使文化空间进入一个失去根基与方向的空白期。

事实上，经济空间与文化空间的和谐共生是一个区域繁荣、持续发展的必要条件之一。随着城乡结合部的开发与改造，文化创意产业已成为北京城乡结合部重要的产业之一，而文化创意产业的发展首先要立足于文化，因此，从这个角度而言，文化空间的保护是开创繁荣经济空间的重要基础。放慢城乡结合部地区经济开发与建设的步伐，认真规划该区域未来发展的方向，并在拆除与新建的过程中充分考虑文化传承与发展，是重塑城乡结合部文化空间，并实现与经济空间、绿色空间和谐的重要途径。新的经济发展机会与活力应该给城乡结合部原有以城郊文化为特色的文化空间注入更现代、更文明、更多元的发展要素与力量，而不应成为破坏其文化空间的源泉。

7.5 本章小结

城乡结合部是城市与区域空间中一个具有特殊功能与发展特征的地域单元。在这个空间中，生活着包括外来人口、转居人口等新增城镇化人口在内的大量中低收入人群，居民主体的就业、收入、消费特征，造就了该区域特定的社会网络结构和活动空间。随着开发程度的不断加强，城乡结合部绿色空间处于动态变化之中，绿色空间不断被侵蚀、破坏的趋势得到延续，并在破坏与新建的过程中塑造了新的绿色空间格局。城乡结合部文化空间在经济开发的热潮下，整体上遭到严重割裂与破坏，不仅原有文化底蕴消失过快，而且杂乱的新文化要素不断涌入，使该区域文化空间建设与发展进入一个相对混乱、不利的时期，并且不利于城市与乡村文化的保护与交融。

城乡结合部经济空间与社会空间、绿色空间与文化空间相辅相成，互相影响，社会空间、绿色空间和文化空间发展中的有利因素有利于推动繁荣、稳定、持续的经济空间的形成与发展，反之社会空间、绿色空间和文化空间发展中形成与积累的各种问题也会阻碍城乡结合部经济空间的良性发展。现阶段，我国城乡结合部社会空间、绿色空间和文化空间发展过程中均存在着诸多问题与困难。例如，社会空间存在四分五裂、矛盾多发等各种问题；绿色空间出现快速萎缩与质量下降，建设与保护面临着日趋严峻的形势与困难；原有文化空间被严重破坏而新文化空间的形成尚不具备有利的条件。影响城乡结合部社会空间、绿色空间和文化空间形成与变化的因素是多方面的，经济利益驱动下的无序开发与过度开发是主要的诱因与共性因素，缺乏科学的规划、完善的制度支撑体系和切实有效的保护与发展措施也起到重要作用。

重经济利益轻社会利益、生态利益，重短期利益忽视城乡结合部乃至整个城市与区域的长远发展利益，重局部区域与群体的既得利益而忽视广大居民与公众需求的利益，都直接导致了城乡结合部经济空间与社会空间、绿色空间与文化空间的非和谐发展。其产生的后果与影响将会是恶劣和深远的，改变这种局势，把城乡结合部经济开发引入一个正常、合理的速度与轨道，并在发展过程中充分考虑社会空间、绿色空间与文化空间的良性发展迫在眉睫，需要系统的规划与科学的布局。

尽管都是矛盾较为集中的区域，中国和西方较发达国家城乡结合部在问题表现、成因与治理等方面均具有一定差异。概括而言，中国城乡结合部发展动因与态势更复杂，问题影响面更广，管理欠账更多，治理难度也更大。

第 8 章　国外城乡结合部规划管理经验借鉴

EIGHT

8.1　城乡结合部区域特征与形成动力

城乡结合部具有独特的区域特征，而且这些特征的形成与郊区化、城市功能外溢及土地利用方式等具有密切的关系。

8.1.1　动态、混杂、松散式结构特征显著而普遍

由于规模、性质以及规划控制等方面存在差异，国外不同国家与地区城乡结合部表现出来的区域特征有所不同，但是较强的动态性、分散的空间布局和松散的组织管理结构等具有普遍共性。

Gollege R G（1960）曾归纳过城乡结合部的特征，包括土地利用模式持续变化；农场规模较小，主要为集约型农业生产；人口密度中等或偏低，变动性较强；居住区扩散迅速；公共设施与服务不够发达以及投机性的建筑较为多见等。Gallent 等学者也认为，城乡结合部有其本身的特征，并不只是城乡之间的一个灰色地带，不是一条单一的、一成不变的地带（Gallent N，Andersson J、Bianconi M，2006）。城乡结合部拥有从城市中心区转移出来的各种服务功能，为城市正常运营提供一些关键设施；存在一些暂时性的、非友好型的经济活动和土地利用形式；退化的农田、荒废的土地以及分散的房地产业较为常见。城乡结合部涉及多方群体的利益，处在不断地转变过程之中，布局分散，结构松散（Gallent N、Andersson J，2007）。另有多位学者总结，城乡结合部广泛围绕着较大的城市，面积很大，密度小，存在较多的依赖汽车的住宅区，同时混杂着农村经济活动，以及较新的与城市相关的土地利用。由于土地利用和预期的混合性，会出现经常性的土地利用冲突（Daniels T，1999；Furuseth O、Lapping M，1999；Friedberger M，2000）。

8.1.2　郊区化和城市功能外溢推动了城乡结合部的形成与发展

西方国家郊区化是影响城乡结合部形成与发展的重要因素，而郊区化的推进与城市发展压力密不可分。Hoggart K（2005）认为，城市压力作用于农村腹地引起其变异和变化新机制而创造了城乡结合部地区。城市压力主要包括交通基础设施（摩托车道、飞机产业、火车及相关发

展）、城市人口增加与城市扩张等。20 世纪 60 年代，英国地理学家科曾从城市开发的有序性与复杂性角度，认为城市边缘区并非总是稳步向外围腹地农村推进的，而是存在加速期、减速期和稳定期三种变化状态。边缘区向外推进的节奏，取决于城市经济的发展和土地利用的制约因素（涂人猛，1991）。

持续扩大的城市不断容纳边缘地区，同时在离城市中心更远的地方创造新的城乡结合部（Gollege R G,1960）。城乡结合部内部的功能和活动也在不断演变，包括居住和农业（Menzies B、Bell M，1981）、集约农业的新形式（Johnson N L、Kelleher F M、Chant J J，1998）以及旅游、商业等（Tonts M、Greive S，2002）。郊区化与城市功能外溢促进了城乡结合部景观、功能、土地利用与空间结构的变化，也不断塑造着城乡结合部新的区域特征。

8.1.3 市场分配机制与所有者行为机制影响城乡结合部土地利用

20 世纪 80 年代，Nelson 和 Pile 等把城乡结合部土地利用变化与土地市场交易结合起来分析市场对用地分配的作用机制，并对此区域土地所有者的行为机制进行了探讨（张建明、许学强，1997）。Broomhall 论述了城市侵蚀、经济增长与城乡结合部土地价值之间的关系，认为拥挤及其他城市生活的不便促进了对城乡结合部地区较低价格土地需求的大幅增长，城市蔓延提高了城乡结合部可开发土地的竞争性。20 世纪 70、80 年代通货膨胀等因素也加速了人们对城乡结合部地区土地的投资，因为城市蔓延趋势仍会继续，注定未来对土地的需求会大幅增加。通货膨胀、区位、人口压力、地区经济条件等因素均影响城乡结合部土地的价格与收益（Broomhall D，1995）。

土地所有者的行为机制也会对城乡结合部的土地利用，乃至空间开发等产生显著的影响。例如，土地所有者年龄、对未来的预期不同等因素会影响他们是否愿意出售自己的土地用于开发等（Lee L，1979）。另有研究表明，城乡结合部地区土地所有者对其拥有小块土地的不知情或不在意是该区域出现一些别处不允许活动的原因之一。还有的土地所有者将小块土地租出去，承租者会有一些不合法或不正规的土地利用行为（Qviström M，2007）。

8.2 城乡结合部功能定位与地域结构

城乡结合部不只是城市与乡村之间的过渡地带，也是城市功能与乡村功能的逐渐过渡地带（Gallent N、Andersson J，2007）。伴随着城市扩张与功能外溢过程的变化，以及城乡结合部发展阶段的变化，城乡结合部地域空间结构进入一个相对稳定的时期。

8.2.1 在城乡及区域发展中承担重要功能

城乡结合部是处在城市与乡村交界的区域，它不仅区位上具有一定的特殊性，在城市、乡村以及整个区域发展中也都具有重要的作用。例如，在英国等国家城乡结合部实施的绿带政策，在控制城市快速扩张的同时，也有利于保护周边乡村及遗产型城镇不受侵蚀。而且，城乡结合部布局的各类商业零售机构，在满足外迁人口消费需求的同时，也为城市附近农场提供直接营销的机会（Gallent N、Andersson J，2007）。对荷兰的案例研究发现，与城市的临近有利于城乡结合部农民识别新市场，并不断创新以适应新需求（Le Grand L、Van Meekeren M，2008）。此外，城乡结合部还是许多国家和地区人口增长的主要区域，联系城乡发展的重要纽带。1996年由澳大利亚移民、多元文化与人口研究管理局出版的《郊区之外》（*Beyond the Suburbs*）开始关注围绕大城市和省会中心的城乡结合部，描绘了城乡结合部成为全国人口增长的主要地区的过程（McKenzie F，1996）。

8.2.2 具有经济、生态、社区、美学与历史等多重功能

西方城乡结合部在发展过程中同样存在各种困境、冲突与挑战，如城乡结合部被各种道路分割，被以前的工业活动损害，并被非法倾倒废物侵害；景观质量被破坏；经济边缘性明显以及土地利用间的种种冲突等。Bryant 等学者总结道：之前的很多研究都探讨过如何应对这些挑战，但很少有学者考虑到城乡结合部的多功能性，很少考虑到构建一种综合的框架融合各种功能，并能使各种利益群体互相协调合作（Bryant C R、Johnston T R R，1992）。

现阶段，城乡结合部的多功能属性日益得到广泛认识。即使农业生产是城乡结合部地区最主要的土地利用方式，它也依然是附近城市的放松空间（Bryant C R、Johnston T R R，1992）。城市地区的参观者会用一种非正式的方式来利用城乡结合部景观，如享受公共空间活动（Agger P，2001），他们很看重城乡结合部农业所具有的休闲娱乐价值（Weber G、Seher W，2006）。英国乡村机构也从原来较注重城乡结合部单一的景观功能转向将城乡结合部视为多功能区加以规划（Gallent N.,2006）。城乡结合部具有巨大的潜力用于发展多功能土地利用（Wood R、Ravetz J，2000）。除了经济功能外，城乡结合部基于农业景观之上的生态、休闲、娱乐与美学等功能越来越受到关注。Brandt 等人识别了多功能战略规划的多种目标，并对多功能性进行了文献综述，认为城乡结合部空间应当实现一些基本功能：经济的、生态的、社区的、美学的和历史的功能（Brandt J、Tress B、Tress G，2000）。

8.2.3 空间结构变化进入相对稳定阶段

总体而言，城乡结合部空间结构动态变化性较强，但在不同的时期，其空间结构变化的动力、形式与程度有所不同。20 世纪 80 年代，Erickson 将城乡结合部空间结构演化划分为三个阶段：① 20 世纪 40 年代以前的外溢专业化阶段，城市各种功能向周围溢出，以“轴扩展”为主，形成多个专业化区；② 20 世纪 40、50 年代的分散多样化阶段，人口、工业、商业、城市基础设施向外延伸，轴向—圈层扩散，边缘区各种城市功能明显增加，结构趋于多样化；③ 20 世纪 60

年代以来的填充多核化阶段，这一时期主要是实现内部填充，即区域功能整合阶段(Erickson R A, 1983)。

目前，西方发达国家城市的空间结构由原来的单中心向多中心甚至向网络化结构转变，区域一体化结构形成，许多地区的城乡结合部已经形成集商业、就业与居住等综合职能于一体的边缘城市（郭思维等，2007）。城乡结合部的地域扩张进入一个相对稳定阶段。

8.3 城乡结合部规划管理理念与政策措施

在西方国家，城乡结合部规划管理被认为是一项极具挑战性的任务。城乡结合部是规划的最后前沿（Griffiths J，1994），地方规划面临着挑战。Hoggart 也指出：城乡结合部是一个变异了的景观，充斥着各种城乡的相互作用，形成了一种非常复杂的管理背景（Hoggart K，2005）。Meligrana 提出城乡结合部规划面临长期挑战（Meligrana J F，2003），包括记录城乡结合部土地利用的变化（Hathout S，2002；Pond B、Yeates M，1994），对城乡结合部环境各组成部分给出可操作性的界定（Bryant C、Russwurm L、McLelian A，1982；Friedland W，2002），控制严重的发展压力（Isakson H、Ecker M，2001；Pacione M，1991），农业土地的消逝（Beauchesne A、Bryant G，1999；Pierce J，1981），以及如何协调各种利益群体有序管理城乡结合部土地的问题（Bryant C，1995；Halseth G，1996）。面对这些挑战，规划专家和政策制定者也相继提出了一系列的政策、管控方法和制度治理框架（Daniels T，1999；Bryant C、Russwurm L、McLelian A，1982；Basley G，1992；Sancton A，1994）。

8.3.1 规划管理理念不断更新、提升

作为主要的新开发阵地，保证城乡结合部空间开发秩序的重要前提是做好规划。在过去的半个世纪，西方国家城乡结合部规划所关注的问题包括景观质量（城乡结合部被蚕食）、开放性（城市边缘的公共空间拒绝对外开放）和经济边缘性（尤其是城市边缘的农业）（Barker，2006）。城乡结合部规划理念与政策措施随着城乡结合部发展阶段、问题矛盾与利益关注重点的变化而不断变化。近年来，人们陆续对 20 世纪中期的一些规划思想与政策提出反思，Bunker 指出：城乡结合部的形式与特征是 50 年前引入的规划思想和政策工具遗留的产物（Bunker R，1992）。Cullingworth 也认为英国战后规划体系基于的理念是 1947 年后人口和经济的增长将是逐步而稳定的，但快速经济增长、婴儿潮以及区域内外移民的复杂模式给城市带来了新的挑战，城市开始蚕食城乡结合部，如房地产迅速发展（Cullingworth B，1996）。地理分区也使得互有冲突的土地利用方式在城乡结合部地区得以共存，不管是密集生产型的还是闲暇和环境导向性的（Daniel F J、Perraud D，2009）。但分区并没有在总体上限制城市化潜力，而是从公共空间区转向其临近地区。限制政策为郊区以及绿带内部废弃地方重建带来了巨大的压力，也使得城市跳过这一地带发展（Robinson G M，2004）。改变增长边界、消除限制的

地方呼声、不协调的实证规划和发展许可都使得大家开始怀疑区划措施维持土地利用的作用（Vejre H，Primdahl J、Brandt J，2007；Koomen E，Dekkers J、van Dijk T，2008；Gant R L、Robinson G M、Fazal S，2011）。

在英国，自 1999 年的城市任务强度报告（Urban Task Force Report）开始，政府出台了一系列推动城市密集发展、城市重建和有利于可持续发展与维持绿带的政策（Gallent N，2006）。近年来，乡村机构（Countryside Agency，现分为 Natural England 和 Commission for Rural Communities）和基础·英国（Groundwork UK）呼吁用一种综合而包容的方法对城乡结合部进行规划，从而探索城镇内外的乡村在社会（娱乐与教育）、环境（景观改善和生物多样性提升）和经济（绿色经济再生）方面的潜力（Countryside Agency，2004；Countryside Agency，2005；Countryside Agency，2006）。乡村机构关注城市及城市边缘公共土地的多功能管理、规划和土地利用，通过综合规划，将地方食物生产与休闲娱乐及闲暇、能源生产与废料管理、城乡结合部工业历史与旅游和地方教育措施联系起来（Gallent N、Andersson J，2007）。将城镇和乡村联系起来，完善景观、开放地区用于孩子教育、推进绿色能源生产、促进重点农业走进城市市场、鼓励可持续生活方式、维持生态足迹并保证城乡结合部的魅力，从而实现可持续发展（Countryside Agency，2006）。

北美地区，虽然市场力量更强（Friedberger M，2000），也有一些人意识到控制城乡结合部发展的必要性（Daniels T，1999；Lehman T，1995）。如俄勒冈州，对都市规划和自然资源管理方面进行了很强的行政干预（Knapp G、Nelson A C，1992）。

8.3.2 从土地利用规划转向更综合的空间规划

规划从严格的土地利用模式转变为更广阔的空间模式，与多功能相符。过去，政策更偏向于控制，不同政策只能用于不同的土地利用，只有单一政府部门在管，与利益群体交流甚少。未来土地管理则应包含某种多功能性的方法，而空间规划的任务就是赋予土地某些功能以及土地功能和利用的某些形式（Brandt J，Tress B、Tress G，2000）。空间规划在本质上比土地利用规划更积极，并更具前瞻性，实施过程中需协调包括教育权威、卫生权威、基金会、商业集团、地方环境组织和水利公司等在内的多方利益关系。规划任务不是控制，而是协调、促进，是以证据为基础、以行动为导向、以对城乡结合部的理解为基础并具有前瞻性的解决方案。地方社区将发挥决定性的作用，政府只是协调多方利益。如英国的 2000 年地方政府法案（The Local Government Act 2000）和 2004 年规划和强制购买法案（The Planning and Compulsory Purchase Act 2004）形成了新规划体系。

新体系中，规划用来实现更大的图景，实现战略性的社会空间过程。旧体系的单一文件也被新体系的多元成分所取代，新体系包括核心战略以及一系列发展规划文件，包括地区行为规划（Area Action Plans，AAP）。2006 年地方政府白皮书（White Paper on Local Government 2006）进一步在地方服务（包括规划服务）的形成和发展方向上赋予当地人民更大的话语权，并建议核心战略直接引入以及融入可持续社区战略。规划不再是单一政府部门的事了，而是涉及不同利益群体的协调、合作，规划也成为地方发展的前沿阵地了，规划的范围也从土地利用和空间利用功能扩展到健康服务、教育、社区融合与参与、环境质量、气候变化、地方治安以及其他一系列事情（Gallent N、Shaw D，2007）。

8.3.3 注重景观管理研究与实践

西方，尤其欧洲，关于城乡结合部地区景观管理的研究很多，而且实践领域也取得了较广泛的应用。例如，欧洲农业环境项目（Agri-Environmental Schemes，AES）鼓励农民采取与《良好农业及环境条件标准》（Good Agricultural and Environmental Condition Standards）一致的景观管理实践和环境友好型农业程序。具体项目留由各成员国设置，而且项目差异巨大（Daniel F J、Perraud D，2009）。比利时布鲁塞尔城乡结合部地区普遍实施了景观管理实践，农民参与率与距离城市远近成正比，大约 23% 的农业涉及一些农业环境措施，超过 60% 的农业采取了景观措施，如种植绿篱和树行（Van Huylenbroeck G，et al.，2005）。直接的经济利益并不是城乡结合部农业采取农业环境项目的主要动机，因为与食物生产所获得的收入相比，补偿支付是很少的。但在荷兰兰斯塔德地区都市圈的绿心地区，19% 的奶牛场采取了自然管理措施，比此郡的其他地方（9%）高出很多（Luttik J、van der Ploeg B，2004）；在瑞士各大都市区，城市聚集区边缘农业采取生态补偿措施的比率都显著较高（Tobias S、Nüesch A、Nebel R、Guilmain A，2005）；哥本哈根城乡结合部 23% 的土地所有者参与了景观管理活动（Busck A G、Pilgaard Kristensen S、Praestholm S，et al.，2006）。

西方许多国家注重城市扩张对周边地区造成的不良影响，对城乡结合部讨论的重点在于某些城市不断扩张的本质以及城市增长管理和潜在蔓延的问题上，并采取一系列强有力的措施加以限制，其中最著名的当属英国的“绿带”（Green Belt）政策。“绿带”政策形成于一个多世纪前，之后经历不断发展与完善，现已成为英国优化城乡结合部土地利用形式，引导空间合理布局的重要保障之一。英国第一条正式的绿带与 19 世纪霍华德的“田园城市”直接相关，建设绿带的最初设想是控制城市扩张，并为城乡边缘带提供农业用地与娱乐设施（张衔春、单卓然、贺欢欢等，2014）。随着内外部环境的变化，绿带的功能也逐步多元与完善，如从控制城区蔓延到保护城乡结合部农业景观和生态多样性，以及保护城乡结合部社区文化与居民归属感等。其中，控制城市蔓延，控制城乡结合部开发强度，是最根本的目的和最核心的思想。在英国，城乡结合部的负面形象是由于英国人对乡村的热爱而形成的一种特有文化，同时也是因为大家认为发展在本质上具有破坏性，会对城市边缘的公共空间构成一种特殊的威胁。因此，才会出现绿带政策，用于控制城市的发展。甚至还有一些主张更为严格地控制城乡结合部开发的观点，该观点认为，如果转变城乡结合部，那么在其他地方会出现新的城乡结合部（Gallent，et al.，2006），城乡结合部应该保持原样（Shoard，2002）。

西方国家比较重视保护城乡结合部的自然环境，这也正是控制其开发强度的根本动力。如澳大利亚悉尼对城乡结合部特征的描述为：人口增长快、具有战略意义的自然环境、受到威胁的自然环境、稀缺的自然环境、具有备受争议的遗产、景观、环境美化价值。同时，关注城乡结合部集水、恶化的空气质量、密集利用农业土地的压力、丛林和残存植被管理、景观和遗产保护、开采产业和固体废弃物处理（Bunker、Holloway，2001）。

8.3.4 多功能农业规划与政策促进城乡结合部优化发展

城乡结合部传统农业功能和价值已经被新型的非生产性农业或后生产性农业取代，以前的生产导向性农业向消费导向性农业转变（Luttik J、van der Ploeg B，2004；Marsden T，1999；Brandt J、Vejre H，2004）。Wilson 指出城乡结合部地区农业功能性显著，具有很强的非生产性趋势，包括地方内嵌性、短供应链、低农场密度、高度多样化和社会开放性（Wilson G，2007）。农业能为城市公众所提供的功能和价值需要社会更多的认可，如地方食物以及有效提供景观等。Ingo Zasada 把对城乡结合部农业商品与服务的需求与偏好概括为：环境质量和文化景观；闲暇与娱乐以及区域食物供给。此外，农业还为附近的城市地区提供了非生物资源和生态系统功能（Ingo Zasada，2011）。由于具有很高的水渗透率，牧场和耕地拥有很高的地下水补给（Haase D、Nuissl H，2007）和防洪能力（Kenyon W、Hill G、Shannon P，2008；Wheater H、Evans E，2009）。

多功能农业包括农地的多种战略和多种农业用途，如农场内外的多样化，生产和加工的专业化，直接营销，自然和景观管理中的其他措施（Wilson G，2007）。其目标在于对土地利用与功能在空间上和时间上进行整合，不只包括传统的食物生产，还包括这些利用，如美学的和休闲娱乐的价值、自然保护或水文平衡等（Brandt J、Vejre H，2004）。Vejre 等人认为将城乡结合部地区农业放入一个共同的政策和规划框架内，有利于城乡结合部农业为城市社会提供最优化的功能和服务组合（Vejre H，et al.，2007）。

城乡结合部多功能农业规划有利于重建城乡关系、促进对土地综合利用的动态转变作出更加灵活的应对，以及有利于对城乡结合部农村制定与实施针对性更强和更有效的农村发展政策（Ingo Zasada，2011）。有必要积极控制和监督城乡结合部地区农业的转型、多样化进程和针对性地提供环境服务，用以满足城市需求。有学者提议建立共享、多目的的土地利用概念，促使多种农业活动在空间和时间上进行整合的多功能发展，同时协调农业土地利用的各种方法（Gallent N、Andersson J、Bianconi M，2006；Rode M、Brink A、von Haaren Ch，et al.，2006）。

欧洲共同农业政策（Common Agricultural Policy）重建协商过程中强调城乡结合部地区农业需要注意针对性。为加强城乡结合部地区农业应对农业结构变化和城市压力，支撑项目应当具体关注农业多样性和积极参与农业环境措施的散户农民，包括最小农业规模和长期合同期限等在内的农业环境项目准入条件应当改变。

8.3.5 重视城乡结合部各群体利益

除了自然景观与天然生态环境外，城乡结合部还生活着部分农民、农业企业，以及从城镇等地方新搬迁来的居民等，他们在城乡结合部地区有着各自的生产生活空间和利益诉求。城乡结合部的不断开发与变化会对这些群体带来影响。西方一些国家在城乡结合部治理过程中较为注重此类问题，例如分析各类群体在城市空间扩张背景下遭受的冲击，1978 年英格兰和威尔士农业和园艺咨询委员会（The Advisory Council for Agriculture and Horticulture）强调了城乡结合部农民所面临的困境：城乡结合部被各种道路分割，被以前的工业活动损害，并被非法倾倒废物侵害。伴随着城镇化的进程的推进，农业用地急剧减少，并且被分割成分散的小片土地，无法再通过与周边的农地分享信息，以及建立正式、非正式的商业联系而获得规模效益（Wu J J、Fisher M、Pascual U，2011），包括投入供给部门、产品加工部门和流通服务部门等在内的各种农业支撑部门的发展都受到显著影响，农业从业人员的生产生活也因此发生巨大变化。城市影响产生了一种独特而动态的景观，并引发了一系列的外部效应，包括当前的土地利用和正在侵犯的土地利用之间的各种冲突（Bryant，et al.，1982）。除此之外，有时在城乡结合部各利益群体之间也会发生冲突与矛盾。例如，农民、农业企业生产行为与农业生产过程中对健康、环境的影响并进而威胁到新迁入居民的利益。西方国家在处理城乡结合部与外部空间关系的同时，也在致力于协调城乡结合部内部利益主体的关系。有研究探索不同城乡结合部农业缓冲区类型对缓解城乡结合部地区不同利益主体间冲突的效果（Sullivan WC、Anderson OM、Lovell S T，2004）。

另外，重要的是，在城乡结合部规划、开发与治理的过程中，各种利益主体逐渐在城乡结合部多功能性被关注的背景下，通过构建一种综合的框架融合各种功能而实现互相的协调合作。即便是在著名的英国绿带建设过程中，城乡结合部多方利益主体的参与与合作也得到充分的体现。近年来，包括私人土地所有者、社会团体和非政府组织等在内的第三方组织在英国城乡结合部绿带政策的制定过程中扮演着越来越突出的角色，多元化的利益诉求和多渠道的沟通方式是该地区及其邻近绿带发展的重要支撑（Gallent N、Andersson J、Bianconi M，2006）。

8.3.6 政策实施到位，法律保障有力

城乡结合部人口增长和重大资源的空间集聚为公共政策提供了极大的挑战（国家人口委员会，1992），西方国家城乡结合部政策范围涉及很广：人口增长、城市发展、环境保护、自然资源管理。过去，政策更偏向于控制，不同政策只能用于不同土地利用，只有单一政府部门在管，与利益群体甚少交流。现在，以证据为基础、以行动为导向、以对城乡结合部的理解为基础的具有未来性的解决方案逐步出台，地方社区将起决定性的作用，政府只是协调多方利益。

城乡结合部是一个动态变化较强的地区，也是多个利益群体共存的区域，保障这一区域有序、合理开发，本身难度就比较大。因此，需要完善的规划与强有力的法律保障。有些西方国

家政策落实比较到位，尤其法律保障较为有力。

仍以英国的“绿带”政策实施为例，促使该项政策得以顺利落实的因素有以下几个方面：①政策目的明确。包括：有效阻止城市大面积建成区的无限制蔓延，阻止地域上邻近的城镇合并、连成一片，阻止城市建设对周边乡村地区的侵蚀与破坏，保护城乡结合部地区城镇的特别文化与属性。②具有充分的理论与法律依据。绿带政策是在霍华德“田园城市”思想下产生的，而且其制定与实施有《城乡规划法》为其提供坚实的法律依据。③实施途径有保障，公众参与程度高。绿带政策在国家有关法律与规章的保障下，通过下放规划决策权力，并依赖广泛的公众参与，使其得以顺利实施。相比而言，我们国家城乡结合部许多相关政策的实施效果不太尽如人意。政策的制定和实施大多是以地方层面的规章、条例为依据，缺少法律保障，导致实施过程中一旦遇到阻碍就因无力解决而功效大减。另外一个影响政策实施效果的因素就是政策决策过程一般自上而下，缺少公众参与，地方政府承担着最主要的职责，导致政策制定难以客观、准确地反映各个利益主体的利益诉求，政策实施过程中遇到的困难自然就更多，最终效果会更差（表 8-1）。

伦敦与北京绿带建设情况对比 **表 8-1**

<table>
<tr><th colspan="2"></th><th>伦敦</th><th>北京</th></tr>
<tr><td rowspan="2">背景条件</td><td>城市化进程</td><td>成熟阶段</td><td>快速发展阶段</td></tr>
<tr><td>理论与依据</td><td>“田园城市”模式
《城乡规划法》(1947 年)：绿带开发权利国有化；
《城乡规划法》(1968 年)：绿带规划成为地方政府结构规划中的一项重要内容</td><td>《北京市人民政府批转首都规划委办公室关于实施市区规划绿化隔离地区绿化请示的通知》(1994 年)；
《关于加快本市绿化隔离地区建设暂行办法》(2000 年)；
《关于实施四、五环路两侧绿化带的规划管理规定》(2001 年)</td></tr>
<tr><td colspan="2">建设目的</td><td>阻止大面积建成区的无限制蔓延（根本目的）；
阻止城镇合并；
阻止对乡村环境的入侵；
保护城镇的环境和历史城镇的特别属性；
推动城市衰退区的更新</td><td>落实《北京市总体规划》中关于北京市“分散集团式”空间格局的设想</td></tr>
<tr><td colspan="2">建设实践及绩效</td><td>成立大伦敦区域规划委员会，经过昂温、阿伯克隆比等几代人的建设，有效地建成了具有法律保障的永久性绿带</td><td>初期绿带建设规模小、速度慢、布局不尽合理；之后绿带建设逐步纳入法制轨道；整体上建设进程较慢，出现很多不相容的建设项目，且绿带内外不同功能集团边界模糊</td></tr>
<tr><td rowspan="2">绩效差异分析</td><td>规划的权力结构安排</td><td>下放规划决策权力；
国家法律和规章约束；
强有力的公共参与</td><td>自上而下的规划控制；
市场化背景下，地方微观决策权力与多元化之间的冲突；
市民参与规划决策权力较小</td></tr>
<tr><td>政策的权威性</td><td>国家法律形式</td><td>地方规章形式</td></tr>
</table>

资料来源：李强，戴俭．规划制度安排与绿带政策的绩效：伦敦与北京的比较 [J]. 城市发展研究，2005，12（6）：30-33.

8.4 中外城乡结合部发展比较

中国与西方国家在城乡结合部的界定产生、发展、特征与功能等方面既有共性的一面，也有显著的差异。

8.4.1 空间范围与变动态势比较

随着城市化进程的发展，城乡结合部空间范围与结构处于不断变化之中。西方国家城市化起步较早，20 世纪中后期城乡结合部空间范围增长显著，以土地利用为主的空间变动较为频繁。二战后，美国田纳西首府纳什维尔城市外部地区人口沿着高速公路扩散，城市中心区人口减少而随着距离市中心越远增长率越高，尤其在一些原来是乡村地区的大地块部分表现为最高。1965 年纳什维尔城乡结合部约占到 Davidson 县的一半面积（Department of Agriculture, 1971）。日本学者 Hashiba H 等人 1998 年对东京城市化过程中土地利用变化的研究发现，1972 ~ 1991 年，距离市中心 30km 半径范围内，大约 50% 的植被覆盖区域变成了人工发展区域（陈银蓉、梅昀等，2008）。

中国大多数城乡结合部是在 20 世纪 80、90 年代以后迅速发展起来的。1984 ~ 1992 年，北京城乡结合部面积年均扩展 36.5km^2；到 1996 年，城乡结合部平均宽度达 14.7km，面积达 1585.8km^2，逐渐从二环路附近转移到三环路附近；1996 ~ 2001 年，逐渐从三环路向四环路过渡；2001 年至今，又从三环路、四环路沿线逐渐延伸到目前的五环路、六环路附近。城乡结合部不仅范畴上有了较大的扩展，而且其城市化程度也有了很大的提高（余钟夫，2010）。与西方国家相比，我国城乡结合部范围在城市地域快速扩张的背景下扩展更快，空间变动更为剧烈。

8.4.2 发展特征比较

1. 景观特征

破碎、混杂、不和谐是中外城乡结合部共同的景观特征。但是具体而言，中国和西方国家城乡结合部的景观还存在许多方面的差异。

西方国家城乡结合部一般会保留较大比例的自然景观，在一些城乡结合部会存在天然牧场、野生植被、沼泽、森林等，而在中国城乡结合部地区会出现一些农业景观，如耕地、温室、绿化用地等，但天然景观已不太常见。开发密度低是西方国家城乡结合部的一个重要特征，例如 1996 年，美国俄亥俄州最大城市克利夫兰的城乡结合部还有 77% 的面积处于未开发状态（Carmen C F、Elena G I，2004）。西方国家城乡结合部主要分布有以下几方面的建筑与相关设施。一是功能性设施，如机场、高速与快速公路、车站等交通设施；污水与固体垃圾处理等场所、管道；以及发电厂、燃气站等。二是工业园区、商业设施、仓库等。三是简易住房（农式）和少量现代住房等（Gallent N，2003；Qviström M，2007）。结合部地区农业用地与景观被城市开发割裂，破碎性特征显著。

中国城乡结合部开发密度虽然低于城市建成区，但是比西方国家的城乡结合部要高得多。例如，2007 年，北京海淀区 204.46km^2 城乡结合部中非农用地比例已达到 69.5%。而且城乡结合部人文景观的混合性更为突出，低矮的平房穿插于现代化高层建筑之间，城市基础设施与乡村基础设施交错分布，新兴产业园区与传统的低端工业、服务业共存，正规经济活动与违法、违章经济活动同生（刘玉，2012）。城市开发密度的不断增大，加之以个体农户为单位对耕地的划分，使得我国城乡结合部景观破碎特征更为显著。

2. 人口构成

与城市中心区和纯乡村地区相比，中外城乡结合部的人口构成均具有一定的独特性，但两者之间又存在一定的差异。

西方国家城乡结合部的人口主要有中产和富裕阶层及兼职农民等。一些较发达国家 20 世纪 20 年代起开始有一些中产和富裕阶层为追求更好的生活环境，在高速公路发展和小汽车普及的推动下，逐渐迁往郊区居住（李新、周春山，2005）。另外，原来在结合部地区的一些农民已经开始在周边地方工作，但仍居住在这里，在这块土地上放牧牛和羊等（Qviström M，2007）。

中国城乡结合部人口构成按户籍所在地类型划分有户籍人口和非户籍人口，其中户籍人口包括城镇人口、农村人口，非户籍人口主要是通常所说的外来人口。城镇人口主要有负担不起城市中心区日益高涨的房价而选择到此居住的，购买政策保障房在此居住的，以及旧城改造等而被拆迁安置到此区域的人口。除此之外，还有一类特殊的农转居人口，主要是伴随着城市化进程的推进，原城市周边农村地区土地逐渐被征用而发生户口转变的人口，他们中许多人因回迁或宅基地保留仍然居住在原来地区。农村人口是结合部地区一些未发生转居及仍保留部分农业用地地区的人口。外来人口则是以农民工为主体，因承受不了城市中心区高昂的消费成本而大量流入城乡结合部的人口。

上述人口构成中，户籍人口以非农业人口为主，农业人口所占比例较低且一般集中分布在少数地区。非户籍人口（外来人口）比重非常大，这也是中国城乡结合部人口构成中的一大特色。以北京市最重要的城乡结合部地区之一海淀区城乡结合部为例，近年户籍人口中非农业人口占 90.8%，农业人口仅 9% 左右，且集中分布在 4 个乡镇；外来人口规模接近户籍人口，在外来人口尤为集中的地区，外来人口规模已经达到户籍人口规模的十几倍甚至几十倍。如东升乡外来人口数量是户籍人口的 12.1 倍，其中双泉堡村更是高达 38.2 倍（图 8-1）（刘玉，2012）。

3. 土地利用

西方国家城乡结合部农业用地仍占有较大比重，非农用地中居住用地为主要土地利用类型。例如，1996 年美国克利夫兰城乡结合部，农业用地占 77%，居住用地占 18%，其他城市建设用地占 5%。在 20 世纪后 30 年间，居住用地占到开发用地的 85% 以上，而且空间分布上较为分散，分割了原有农业用地。工商业用地也有所增长，不过空间分布上表现出较显著的集聚特征（Carmen C F、Elena G I，2004）。

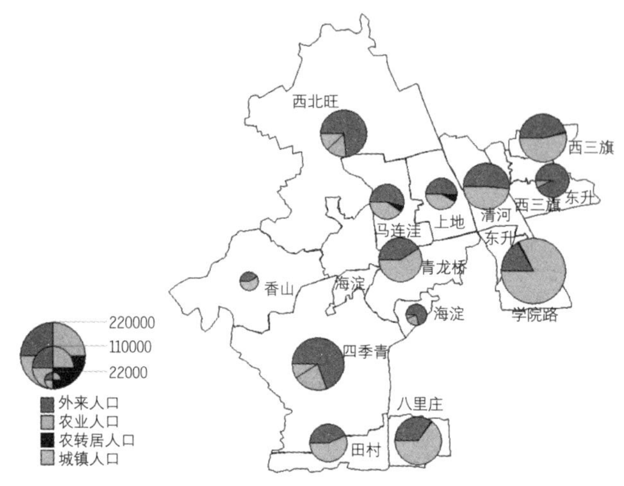

图 8-1 北京市海淀区城乡结合部人口构成

（资料来源：据海淀区城乡结合部各乡镇、街道劳动部门和流管办提供数据绘制）

中国城乡结合部土地利用结构中以非农用地为主，不同土地利用类型的空间分布形态具有一定差异。2007 年北京市海淀区城乡结合部，农业用地占全部土地面积的 31.5%，其中林地占农用地的 70%，耕地仅占 13.7% 且高度集中在西北旺镇等少数地区。公共管理与公共服务用地占城乡结合部全部土地面积的 17.8%，集中分布趋势明显；住宅用地占全部土地面积的 16.8%，空间分布与其他用地类型相比较为均匀；交通运输、水域及水利设施用地占全部用地面积的 13%，空间分布相对集中；工商业用地占全部用地面积的 11.5%，空间分布相对均匀；其他用地占比 9.4%（图 8-2）。

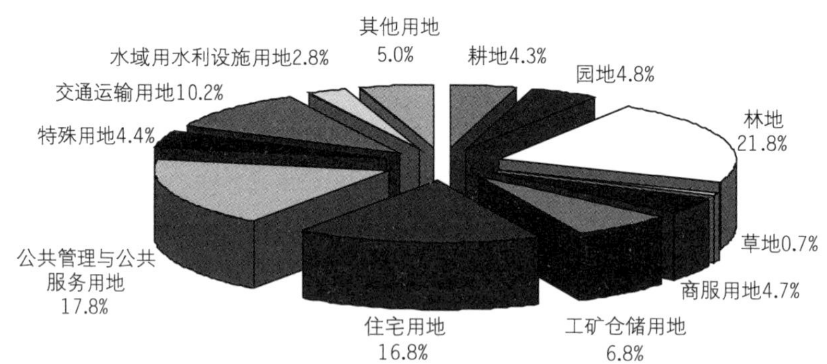

图 8-2 北京市海淀区城乡结合部土地利用结构

（资料来源：北京市海淀区土地局调查获取资料）

8.4.3 形成与发展机制比较

中国和西方国家城乡结合部的产生、发展有着相同之处，但也有明显的区别，两者在形成与发展机制方面均有着深刻的制度背景和时代背景。

1. 郊区化与城市扩展

城市用地不断向外蔓延是中外城乡结合部产生与发展的直接原因，但由于发展阶段与发展模式的不同，中外郊区化与城市扩展机理存在显著差异。

西方较发达国家，小汽车的普及和高速交通设施的拓展是促进城乡结合部发展的重要因素之一，带动了居住、工业、商业和办公等活动的外迁。20 世纪 20 年代起，城市高密度开发地区出现的交通拥挤、环境污染、消费支出上升及种族隔离等不愉快导致部分富裕阶层选择到郊区居住（Carmen C F、Elena G I，2004）。20 世纪中叶，许多工厂难以承受中心市区高昂的地价，纷纷迁出，与之有联系的小厂也随着外迁，掀起工业郊区化的浪潮（李新、周春山，2005）。随着居住郊区化、工业郊区化的不断发展，商业郊区化和办公郊区化等逐渐发展起来。汽车旅馆、服务站、仓库、市外购物中心、科技园、产业园等通常布局在结合部。机场及航空业的发展也是一个重要因素（Gallent N、Andersson J，2007）。

20 世纪 80 年代开始，北京、上海、杭州、南京等部分城市进入郊区化阶段（李新、周春山，2005），城乡结合部也随之迅速发展起来。不过，中国的郊区化与西方国家存在诸多不同，主要表现为：郊区化是在城市化水平较低的基础上开始的；无论人口还是产业郊区化均具有较强的被动性，行政力量的干预（如新城区建设、工业外迁、旧城改造居民安置等）发挥了较重要的作用；中低收入人口成为主体以及郊区粗放开发与无序蔓延现象普遍等。另外，近几十年来，中国的快速城市化更多地表现为城市地域扩张，其主要途径是不断侵占周边乡村土地，城乡结合部正是在这种背景下面积迅速扩大，问题也积累得越来越多。

2. 产权制度

西方国家普遍实行的是土地私有制，在此制度下，结合部地区的土地使用与土地所有者的行为有较大关系。土地所有者年龄、对未来的预期不同等因素会影响他们是否愿意出售自己的土地用于开发以及出售价格等（Lee L，1979）。另有研究表明，城乡结合部地区土地所有者对其拥有小块土地的不知情或不在意是该区域出现一些别处不允许活动的原因之一。还有的土地所有者将小块土地租出去，承租者会有一些不合法或不正规的土地利用行为（Qviström M，2007）。

中国实行的是土地公有制，城市土地归国家所有，除法律规定属于国家所有外，大部分乡村土地归集体所有，农民拥有土地承包权。这就使得中国城乡结合部土地开发受到的所有者行为特征影响更为复杂。有些城乡结合部国有土地与集体土地权属界定不清，还有些农民集体内部土地权属关系模糊（杨扬、张新，2012）。既存在城乡结合部农民私自违规出卖农地的行为，还存在乡村集体组织违背农民意愿出让土地的现象，加上土地管理、控制制度与政策的滞后，致使城乡结合部地区土地开发非常混乱，衍生出很多问题与矛盾。

除了土地所有权之外，中国还拥有比西方国家更复杂的房屋与集体资产等产权制度。导致在城乡结合部地区，既有城市房屋产权在国家、单位与个人之间的纠缠，也有小产权房合法身份的抗争，还有村民宅基地上违章建筑的困扰。原来乡村地区由于历史遗留、土地出让、资产租赁等而产生的乡村集体资产在处置与运营方面也存在较大困难，已成为城乡结合部经济结构调整与区域改造的重要障碍之一。

3. 土地开发与管控模式

西方国家采取了一系列具体措施控制和管理城乡结合部土地的开发规模与方向，包括对城乡结合部土地利用转换，特别是农业用地转换为城市用地进行较严格的管控，如美国地方最普遍的控制措施——通过分带、分区管理限制土地上可进行的活动、建筑物的特征、空间部署等。对不同的土地利用征收不同的税负，更直接地控制土地利用的变化，防止城市增长过快（Lee L，1979）。日本为控制城市土地外延扩张也划定了严格的城市发展分区体系，通过分区控制来制约城市规模的扩大（陈银蓉、梅昀等，2008）。

中国法律规定集体土地只有被征收变为国有后才能进行开发建设，乡村集体及农民都没有权利直接开发建设乡村土地。因此，征用成为城乡结合部乡村土地开发建设的首要步骤。优越的地理位置、巨大的城乡土地价值差异，基于规模扩张的城市建设模式，加之尚未健全的土地开发规划与控制保障措施，使得城乡结合部的土地快速地由农业用地向城市用地转变。由于相关制度政策不够完善，过度征地、强行征地现象频繁发生，失地农民利益受到损害。利益驱动下，有些城乡结合部乡村集体与村民违抗法律建造大量小产权房和违章建筑，为后续交易、管理及拆除带来一系列麻烦。另外，我国土地开发的项目导向特征显著，不仅加剧了结合部土地利用的破碎性，使征地补偿的差异性更加突出，而且开发商由于成本、区位等因素普遍存在甩边开发现象，遗留下来的地块成为整治的最大难题，景观也遭到严重破坏。

4. 管理体制

西方国家城乡结合部管理上存在分割，主要表现为不同部门之间的职能管理分割。如，市政部门主要负责建立社区规划区域，资助私营水利设施并增强其城市功能；运输部门拥有不动产管辖权；卫生与环境部门负责私有排污系统等（Meligrana J，2003）。

中国城乡结合部管理体制分割则表现为城乡二元与部门交叉并存。其中，城乡二元管理体制是中国特有的，也是导致城乡结合部诸多问题并使其进一步恶化的重要因素之一。城乡结合部人员管理分割，城镇居民归居委会管理、农民归村委会管理、外来人口归流动人口管理办公室管理；人员管理与事务管理分割，乡镇的农转居人员归街道管理，但是房屋产权认证、基础设施建设占地审批等问题仍由乡镇负责（刘玉，2012）。另外，城乡基础设施与公共服务资金来源与建设主体不同，导致城乡结合部地区内部基础设施与公共服务水平存在显著差异，项目建设无法开展。

8.4.4 存在问题与治理对策对比

无论中外，城乡结合部都是一个多种矛盾集中的区域，但问题具体表现与治理对策均有不同之处。

1. 问题与危害

西方国家城乡结合部面临的核心问题主要集中在景观与土地利用方面。城市蔓延对农业用地的占用，土地的废弃、荒凉，自然景观被人为建筑和现代景观所割裂，以及缺少规划而导致的景观杂乱等是人们对这一地区担忧及呼吁解决最常见的问题。所导致的危害显著集中于资源浪费与环境破坏方面，尤其表现为农业用地减少，土地资源浪费，生物资源和天然景观被破坏。

中国城乡结合部的问题则更加复杂，经济、社会、环境、制度等问题集中显现。概括而言表现为：低端经济、非正规经济占较大比重，发展水平偏低；包括流动人口与失地农民等在内的城市化未能得到妥善安置，社会不稳定因素较多；基础设施建设滞后，违章建筑多，环境脏乱；开发建设主体多，城乡二元交叉，管理混乱。这些问题造成的危害更广泛，危害程度也更深。经济方面体现为效率低下、结构升级困难；社会方面体现为人口混杂、犯罪率高；环境方面体现为生态恶化、耕地减少；空间结构方面体现为无序蔓延、结构松散。

2. 治理对策

西方将城乡结合部地区作为一种特定的区域进行制度与政策安排。发达地区对城乡结合部关注较多的是城市扩散以及增长管理和可能的蔓延（Sieverts T，2003；Foot J，2000）。在英国等国家，又加入了对绿化带今后发展方向问题的讨论。绿化带政策可以用来检查建成区向外无序蔓延的问题，防止相邻的城镇连为一体，帮助周边的乡村地区不被侵吞，保护历史文化名镇以及促进城市复苏（通过鼓励重新恢复利用城市废弃用地）（Gallent N，2003）。许多国家在城市边缘和结合部地区实施了精明增长规划与管理战略和相应的措施，有关结合部地区的规划也在探讨与完善之中。治理的方向更多地倾向于恢复其原有的景观特色。在结合部地区抵制工业景观，试图恢复或塑造自然的、优美的、整洁的、田园的景观已成为不仅英国而是全球普遍的现象（Gallent N、Andersson J，2007）。有观点认为应把结合部变成景观优美的、儿童的开放地或教育基地，环绕城区的绿色园地（Gallent N，2003）。

总体而言，中国城乡结合部截至目前尚缺少专门的强有力的制度与政策安排，有些城市对结合部地区进行了专项治理与整顿。如北京 2010 年正式启动了针对结合部地区 50 个重点村的改造建设。至 2012 年旧村拆除工作已基本完成，共拆除面积 2530 万 m^2；50 个村全部启动集体经济产权制度改革且已有 37 个完成；13 个村实现了整建制农转居。与此同时，还开展了转变集体产业发展方式、转移就业、社区建设、绿地回建等工作。与西方国家相反，中国城乡结合部的改造治理方向是提高其城市化程度，加快这一区域向城市转变。近年来，城乡结合部成为北京城市发展愿望最强烈、发展最迅速、发展前景最乐观的地区（王炜，2013）。

8.5 本章小结

20 世纪早期，西方一些国家城乡结合部逐渐形成与发展起来，并引起了多个学科研究者的关注。尽管在不同地区和不同阶段，城乡结合部的区域特征会有所差异，但整体而言，动态变化显著、景观与经济社会活动混杂，以及空间结构松散等方面共性显著。这些特征的形成与郊区化和城市功能外溢等具有密切的关系，土地的市场分配机制与土地所有者的行为机制也对城乡结合部土地利用变化及空间特征的形成产生一定的影响。城乡结合部的功能一直受到重视，不仅表现为在城乡与区域发展中的作用，还表现在经济、生态、美学、社区、历史等多方面的价值。通常，城乡结合部成为区域人口增长的重要区域，承担着维持城市正常运转的大型基础设施与配套公共服务布局的职能，并保护着乡村地区尽可能地少受城市扩张的侵蚀。相比较而言，西方对城乡结合部的规划与管理干预等较为完善，但随着宏观发展环境的变化和对城乡结合部认识的逐渐深入，规划管理的理念和政策措施也经历了不断调整、提升的过程。从起初单纯的较为严格的土地利用模式规划与控制转向更为综合的空间规划体系，并强调统筹考虑城镇和乡村联系，促进城乡结合部多功能开发与可持续发展，保证其魅力。城乡结合部景观管理在理论与实践层面均得到了较普遍的实施，也彰显出对城乡结合部非经济功能的重视。强调城乡结合部农业在环境质量与文化价值、闲暇与娱乐，以及区域食物供给等多种功能的规划也对促进该区域更合理、有效的发展发挥了重要作用。另外，值得一提的是，在城乡结合部规划与管理工作中，多方利益主体积极参与，取得了良好的成效。

与西方国家比较，我国城乡结合部地域范围更为广阔，自然与经济景观特征更为多元，形成与发展的动力要素更为复杂，存在的问题与危害也更为严重。随着我国城市化发展模式由规模扩张向质量提升转变，传统的地域扩张将逐渐被城市空间结构优化调整与集约发展所替代，城乡结合部地区成为城市未来发展的重要空间载体。通过与西方国家的比较，更清晰地看到导致我国城乡结合部混乱发展状态的深层原因与制度障碍。西方国家城乡结合部在发展实践中也表现出一些负面的特征与信息，但总体而言，研究者、决策者，甚至广大公众对这一特殊区域的认识是清醒的，态度是积极、主动的，无论是学术研究成果还是实践经验都有大量值得我们学习与借鉴的地方。诚然，由于国情与发展阶段等差异，我国不能全盘照搬西方经验，但其在城乡结合部功能定位方面的思考，以及规划管理理念、政策措施和组织协调等方面的先进性，可以为我们更好地引导这一区域的发展，并做好治理改造工作提供有效的参考。

城乡结合部是重要的产业基地，需要建立起高效、有序的经济空间，同时，城乡结合部也是城乡居民重要的居住空间、就业空间和休闲娱乐空间，因此还应注重经济空间的和谐、绿色与宜居性。

第 9 章 城乡结合部经济空间优化与调控

NINE

9.1 城乡结合部经济空间的优化目标

前已述及，城乡结合部是城市重要的产业发展（就业）空间，还担负着联系城市经济空间与乡村经济空间纽带的作用，与此同时，该区域也是重要的居住空间、生态空间和休闲娱乐空间之一。经济空间与社会空间、生态空间和文化空间相互影响，相互制约，要将此区域建成环境优美、功能多元、人地和谐、协调共生的重要空间，具体目标如下。

9.1.1 环境优美、生态等功能多元化

通过绿化建设实现将城市建成区与外围乡村地区有效隔离是城乡结合部常见的做法，也是城乡结合部基本功能的体现。因此，城乡结合部首先应该是一个环境优美、生态良好的区域。

1. 生态环境得到有效恢复与优化

在发展的初期，城乡结合部是以耕地等农用地为主的区域，之后随着开发程度的不断提升，自然与农业景观逐渐被蚕食，我国遍地开花式的开发建设更是使城乡结合部地区生态环境遭到严重破坏，并沦为“脏、乱、差”的典型区域。因此，逐步改善、修复自身生态环境，并进而起到保护城乡生态系统的作用，是城乡结合部空间优化的首要目标和任务。

要使城乡结合部生态环境从已经受到较严重的破坏状态下恢复过来，必须一方面拆除那些不合理的建设，恢复为自然或农业景观；另一方面充分挖掘现有生态用地的价值与开发潜力，尽可能增加自然与农业景观比例，全面提升其生态功能。另外，优化城乡结合部生态环境应该保证该地区较低的开发率。过去一段时期，我国城市快速扩张蔓延的过程中，片面通过从城市中心区不断向外“摊”，而忽视了旧城区改造和城市中心区内部空间的整理与优化。城市空间开发思路的限制使得向城乡结合部进军和维持该地区越来越高的开发率成为无法避免的选择。扭转这一趋势，还城乡结合部应有的宁静与优美任重道远。

2. 生态功能与其他功能实现协调发展

尽管生态优化与保护是城乡结合部最重要的功能之一，但不是唯一的功能。目前，包括北京在内的许多大型城市开始注重城乡结合部的绿化建设与生态环境优化，但是在此过程中，过于强调该区域的绿化功能而忽视了其他功能。这一问题在英国“绿带”政策实施初期也曾出现过，但后来及时得到了纠正。实现城乡结合部生态功能与其他功能的协调，首先，生态功能与农业

的生产功能有效结合起来。其次，生态功能与休闲娱乐功能结合起来。第三，生态功能与教育文化功能结合起来。

生态状况与用地类型密切相关，建立在自然资源与景观开发利用基础上的城乡结合部农业活动有利于保护城市周边自然生态系统，并进而对维护整个城市与乡村生态具有积极作用。因此，适度保留城乡结合部农业用地及其农业经济活动非常必要。农业景观自身具有强大的生态功能。以绿色植物和水体等为主的农业生产载体或产品可以涵养水源、净化空气，保持水土，缓解现代城市经济社会活动造成的多种生态负面效应，对保护自然环境和人类身心健康极具益处。并防止城市发展过度侵蚀乡村地域系统，避免形成"似城似乡、非城非乡"的普遍性景观怪象。另外，城乡结合部农业的服务对象主要是城市，城市非农人口数量庞大，农产品消费需求旺盛。随着经济社会的发展，城市消费者对农产品的要求不仅仅是普通的产品，更注重农产品的生态环保价值、食品安全贡献，以及精细与多元化的加工手段；对农业的消费需求也不仅限于农产品购买，还包括观光、体验、求知、休闲娱乐等服务性产品的购买。从这个角度上讲，城乡结合部农业是保障城镇居民农产品及其衍生多元化产品需求的重要依托。

城乡结合部地域广阔、生态环境良好、基础设施相对完善、邻近城市和乡村消费市场，具有为城乡提供休闲娱乐场所的独特优势。在西方一些国家，即使农业生产是城乡结合部地区最主要的土地利用方式，但它依然是附近城市的放松空间（Bryant C R、Johnston T R R，1992）。城市地区的参观者会用一种非正式的方式来利用城乡结合部景观，如享受公共空间活动（Agger P，2007），他们很看重城乡结合部农业所具有的休闲娱乐价值。因此，应充分利用城乡结合部的生态、区位和空间优势，规划、建设各类休闲娱乐空间，为城乡居民提供休闲娱乐场所。同时，将休闲娱乐功能深入渗透到城乡结合部绿化建设、现代农业发展和商业文化设施运行等过程中，从而更好地提升其休闲娱乐功能。

在许多西方国家，城乡结合部被视为重要的儿童教育基地之一，充分利用该区域良好的生态基础与自然环境特点，开展包括儿童生态文明教育、农业知识与劳动能力教育、野外生存与拓展训练，以及灾害避难常识教育等在内的多个体验与培训项目。这也应该成为我国城乡结合部空间利用的重要方向之一。另外，良好的生态建设是抵御开发建设及其所带来破坏的重要基础，也是保护区域文化特色的有效途径之一。现阶段，我国城市建设出现了严重且普遍的雷同模式，不同区域、不同城市呈现出越来越趋同的开发模式与景观特征，城市周边小城镇甚至乡村也出现显著的城市化景观，区域特色文化逐渐消失。因此，在城乡结合部生态功能实现的基础上，保护区域文化不受侵蚀应受到足够的重视。

9.1.2 居民安居乐业

有学者指出，未来 20 年城乡结合部仍将是解决流动人口住房需求的主要空间[①]，与此同时，

① 引自王雪梅 2015 年 4 月 10 日在同济大学召开的"城市与社会"国际学术论坛的平行论坛上《大都市城乡结合部社区变迁、新常态与治理》的报告。

城乡结合部未来也将会是城镇居民最主要的居住空间之一。而最优的目标是不仅让居民在城乡结合部找到住所，而且住得安适，住得安稳，具体应实现改善居住条件，完善居住环境配套，加强居住社区化管理等目标。

1. 良好的居住条件

城乡结合部，尤其是外来人口聚集的城中村地区，居住条件不仅远远落后于城区，甚至不及乡村地区。现阶段，导致城乡结合部大量简陋、设施不完善住房存在的主要原因是巨大的市场需求与供给方的客观存在叠加作用的结果。改善这一状况，一方面需要为外来人口和较低收入人群提供更多廉价且交通便利的房源；另一方面，应有效减少与避免违章建筑建设量的产生与增加。提供更多的房源主要依赖开拓多途径的住房安置措施，包括扩大廉租房覆盖范围，充分利用企业、集体经济组织等力量为外来务工人员提供稳定、安全的住所等。减少违章建筑产生量主要是在城中村的拆迁改造源头上解决好失地农民的就业与居住安置等问题，加强相关法律法规的制定与实施力度。

2. 完善的居住配套环境

城乡结合部住所通常是原有农户住宅和新建居住小区。原有农户住宅因修建年代不一并缺少统一规划管理，内部环境堪忧，而外部环境则因为建设主体一般为村镇，面临资金不足、衔接不力等问题，也不理想。新建居住小区则因居住人口在短期内迅速聚集，建设扩张过快，不仅数量庞大，距离中心区也越来越远，导致相关交通、教育、医疗、商业、文化等基础设施建设滞后，给居民居住生活带来诸多不便。因此，在合理控制建设规模与优化区位选择的基础上，应着力完善城乡结合部居住配套环境，提升居民居住质量。

3. 居住社区化管理

前已述及，城乡结合部人口混杂，部分居民，尤其是大量的外来人口尚未被纳入有效的社区管理体系，导致出现教育、治安、环境、卫生等一系列社会问题，甚至成为新增城镇化人口不能完全融入城市，享受应有的城镇公共服务，实现完全城镇化的重要障碍。有效、合理地安置新增城镇化人口是我国新型城镇化的主要目标之一，城乡结合部是新增城镇化人口居住的主要区域，加强该区域居住的社区化管理，有利于这个群体在城市中的生存与发展，也是改善与提升城乡结合部空间发展质量的有效途径。

4. 居住与就业空间合理匹配

在前一阶段的建设推动下，城乡结合部地区出现了若干个大型居住社区，如北京的回龙观、天通苑、望京等，规划或现住人口甚至超十万，而与此同时，居住人口中还有相当部分是在城市中心区工作，面临着巨大的通勤压力。据 2015 年一份《全国 50 城市上班族通勤距离及用时排行榜》，北京以平均通勤时间 52min，通勤距离 19.8km 位居榜首。同时，统计指出，通勤时间长幸福指数低[①]。在我国城乡结合部已经形成的格局中，居住区的规模难以改变，甚至在未来还会有所增长，于是统筹考虑城乡结合部居住与就业的空间协同问题势在必行。

① 中国新闻网 [OL]. 2016-01-26.

9.1.3 经济活动正规有序

总体而言，现阶段我国城乡结合部经济活动具有层次低、非法经营普遍、空间布局分散、多种活动混杂等特征，因而也导致该区域经济空间出现一系列负面效应。通过有效的规划、协调、治理、整顿，让经济活动步入正规有序的状态，是优化城乡结合部经济空间的基本目标。

1. 有效消除非正规经济活动

城乡结合部大量非正规经济活动的存在，有其特定的内外部环境。日新月异的变化加之制度的不完善，助长了各种投机行为；居住人口混杂，低技能、低收入人群催生了各种无照、违法经营活动。只有有效消除城乡结合部非正规经济活动，才能让这一区域的经济社会进入良性发展轨道。而彻底、有效地消除非正规经济活动，单靠治理、整顿和一次次的执法检查无法实现，几十年来，城乡结合部的发展实践已经充分证实了这一点。实现这一目标，除了“堵”，主要指“堵”各种制度、政策与管理漏洞，阻止投机、非法行为的产生外，更重要的是“疏”，即从根本上解决城乡结合部不同人群面临的实际困难，给他们创造必要、合理的生存空间。包括全方位考虑转居人员的就业、收入、居住需求与安置，对外来人口应加强促进其本地化的服务与支持，引导他们从事正规经营与就业活动。

2. 实现产业升级优化

现阶段，城乡结合部产业整体水平偏低，尤其城区外迁产业、本地原有乡镇、集体产业，以及外来人口涌入所产生的生活服务业，普遍存在层次低、规模小、环境负面影响显著等特点，这些产业必须得到升级优化才能使城乡结合部产业发展进入一个较高水平。

产业升级优化一方面需要淘汰一些城乡结合部地区过于低端、低效，不符合区域定位的产业部门，如产业附加值低又占地过多、人流量过大、对城市环境、交通发展不利的部门，将其转移到更偏远的地区。北京在近来已经在这方面采取了一些强有力的措施，如位于丰台大红门地区的服务批发、零售业等全部外迁至河北地区，取而代之的是服装电商服务部门的进驻。另一方面有效提升城乡结合部原有低端产业的技术水平和管理水平，使其达到城乡结合部区域定位需求。由于城乡结合部人口构成多元，消费需求各异，而且该区域在快速发展过程中尚需要二、三产业部门的支撑，因此应适当保留一些传统的工业和服务业部门，但是必须促进其尽快升级改造，高效发展。

3. 提高产业协作发展程度

根据我国的国情，城乡结合部会普遍作为城市重要产业基地之一而存在，产业的合理选择、布局与协作是其追求的目标。

现阶段，由于城乡结合部产业构成复杂，从属机构各异，层次不一，更替较快，一定程度上加剧了产业协作的难度，反过来对该区域产业与经济发展带来不利影响。提高产业协作发展程度，一方面需要处理好城乡结合部新建现代化产业（园区）与周边传统产业的关系，尤其应积极通过产业链配套、技术外溢和就业等带动区域产业整体发展水平；另一方面需要处理好城市产业与乡村产业的融合与协作，归属于城乡不同管理机构的产业在发展中长期存在割裂发展，应通过实行城乡一体化的制度与管理措施等，打破原有各自发展的格局，互相融合、互相促进，共同为城乡结合部地区产业与经济的发展而努力。

9.1.4 区域文化特色显著

城乡结合部文化拥有独特的区域特征，既有现代城市文明的氛围，又有乡村自然与宁静的意境。因此，应将其建设成为具有特色区域文化的文明新区。遗憾的是，我国现有的以拆迁、破坏、高密度开发与无序布局的做法不仅没有体现城乡结合部的区域文化特色，反而将其变成了一个最没有文化底蕴、最缺乏美感与吸引力的“文化盲区”。

在科学、合理的规划指导下，城乡结合部拥有城市稀缺的农耕文化、生态文化、村镇文化，同时也拥有一定的现代城市工业文明、商业文化、建筑文化，将上述文化资源有机融合，合理开发，就是该区域特有的优势条件。让城乡结合部区域文化得到发现与发扬，需要多方面的合作与努力。不仅要以政府为主导，并积极调动市场、社会力量，多方筹措文化投资资金，充分挖掘城乡结合部的文化资源，兴建图书馆、文化馆、文体活动中心、科学技术馆等文化设施，培育优质文化产业，还要举办丰富多彩的文化活动，加强区域文化传播，提高居民的文化素养，全面建立城乡结合部区域文化发展支撑体系。尤其应该保障在城乡结合部撤村建居、拆旧建新的过程中，充分保留与保护区域文化资源，并在新的环境与发展阶段进行转型与再生产，从而延续并发展该区域的文化特色。

9.2 城乡结合部经济空间优化策略

城乡结合部的种种问题与弊端一直是研究者们关注的重点，他们不断从人口、资源、生态、产业、空间、社会等各个角度提出城乡结合部发展中存在的问题及解决对策，但现实中这些问题一直没有得到有效的解决。现阶段，随着我国新型城镇化道路的提出以及对城市和乡村发展模式的重新审视，城乡结合部的治理、改造及未来发展方向再度引起了新的思考。城乡结合部拥有良好的经济空间及其能够促进其良性发展的社会空间、生态空间和文化空间，需要制定科学、系统、细致的策略才能实现。

9.2.1 加强城乡结合部规划与管理

城乡结合部经济空间的形成与发展，既受宏观背景与发展阶段的影响，也有规划与管理不足的制约。未来规划与管理层面应该加强以下工作。

1. 从城市与区域宏观层面界定其地域功能与价值

城乡结合部是城市与区域的有机组成部分，该区域的产生与发展与城市与区域的整体发展密不可分。城乡结合部的合理发展首先需要从城市与区域宏观层面界定其地域功能与价值。城乡结合部外引乡村地区，内联城市中心区，既是城乡经济社会联系的桥梁与纽带，又是城市与乡村地区之间的防护地带，防止城市无序蔓延及其对乡村地区造成的侵蚀与破坏。与此同时，从更广阔的空间角度，城乡结合部还是中心城市与外围腹地之间的重要连接区域。因此，深入、客观地分析城乡结合部在城市和区域的地域功能与价值，是制定该区域发展定位与规划管理的重要前提。

2. 制定科学的城乡结合部发展专项规划

过去，城市规划、乡村规划乃至区域规划等都比较忽视对城乡结合部这一独特区域的规划。而这一区域重要的地域功能和极强的动态变化性又要求规划先行，制定科学的城乡结合部发展专项规划必要而又迫切。应该深入研究城乡结合部的功能定位与各阶段的发展重点，结合城乡结合部具体的资源环境赋存与承载力状况，并结合城市与区域宏观发展目标与任务，确定城乡结合部的开发强度与发展方向。尤其要重视城乡结合部的边界扩张约束功能与生态屏障功能，划定城市增长边界；加强对城乡结合部土地集体经营性建设用地、宅基地和农用地的规划，制定并落实严格的空间开发管控措施；探讨城乡结合部人口—产业—土地联动开发模式，切实解决好居住、就业与土地开发之间的协调发展，将城乡结合部地区建成生态优美、开发适度、功能突出、居民安居乐业的和谐之地。

3. 打破城乡二元管理体制

长期以来，我国城乡二元管理体制给经济社会的发展造成了诸多不良影响，而城乡结合部作为受城乡二元结构影响最大的地区，矛盾更为集中与突出。打破城乡二元管理体制，首先，应对区域内相互交织的城乡要素进行统一化管理，从行政管理体制上理顺区域管理体系，消除多头管理、交叉管理的弊端。另外，对区域内基础设施、公共服务和社会保障等事务实施统一的标准化建设与管理标准，并在资金来源、土地征用、项目建设、人员管理等诸多方面建立起有效的沟通与协调机制。

9.2.2 保护城乡结合部居民利益

城乡结合部的开发不仅仅是为城市经济发展争取更多的建设空间，城乡结合部的改造不仅仅是为了城市的美观与城市管理者的政绩，同时还需要更多地考虑城乡结合部居民的利益和生存发展需求。

1. 开发与改造过程中应充分保护原住居民的利益

现阶段，原住居民的利益损失主要表现在经济损失、历史传承延续和个人权益保护等方面。其中，经济损失是最突出的问题，拆迁补偿额度的不合理、长期就业与发展机会的丧失，以及集体资产处置中的收益损失等是具体的体现。历史传承问题，对个人而言是家园故土的离弃，对村庄和区域而言，则是文化底蕴的消失。个人权益保护除了与上述两方面相关的问题之外，还有社会保障、政治与文化等方面。

保护城乡结合部原住居民利益应从完善土地征用、拆迁补偿制度；加强城乡结合部新建过程中对原住居民的就业与发展安置；健全集体资产处置办法；合理制定居民回迁方案和区域传统文化保护；寻求城乡社会保障制度与政策的有机衔接，切实保护原住居民的政治、文化权利等方面入手。

2. 充分考虑外来人口的需求与出路

大量乡村剩余劳动力进入城镇是城镇化的重要标志，也是社会进步的表现，但是他们进入城镇后过什么样的生活，给城镇带来什么样的贡献才是最重要的。总体而言，传统城镇化背景下我国人口城镇化进展得并不十分顺利，进入城镇的乡村人口中大部分并未真正融入城镇社会，他们在为城镇经济社会发展作出了一定贡献的同时，某种程度上也给城镇发展带来新的困境，城乡结合部正是承载这种困境的主要阵地。截至目前，中国仍有 6 亿多人生活在乡村，乡村人口外迁的趋势在今后相当长的一段时间内仍会继续。尽管现在越来越鼓励乡村转移人口到中小城市和小城镇，但大中城市，尤其大型城市城乡结合部的外来人口短期内仍将保持非常高的数量。因此，他们在城乡结合部的需求与出路也必须得到关注与充分考虑。

目前，城乡结合部外来人口中大量人从事于低端制造业和传统服务业，这是由他们自身的素质条件和外部宏观环境共同决定的，改变这一局面也需要多方面共同的努力。

城乡结合部农业高端、精细、产品多元化、产业链长，与非农产业的融合更深入、更广泛，能创造的就业岗位自然也比大宗农业生产更多。城乡结合部地区由于处于城镇化的前沿，外部涌入的乡村农业转移人口也主要分布在城乡结合部地区，而乡村农业转移人口大都具有丰富的农业生产经验，对农业相关部门的就业适应性更强。因此，适当保留城乡结合部农业有利于为外来人口创造一定的就业机会与发展出路。当然，城乡结合部的农业区别于传统乡村产业，外来人口在城乡结合部参与的农业生产也区别于以往在乡村的工作。这种衔接与过渡也有利于帮助乡村转移人口实现从传统农业生产到现代农业生产的过渡，并且了解更多带有城市经济特点的产业运营与管理技能。另外，外来人口除了在城乡结合部地区从事一些与农业相关的经济活动外，还可以同时兼职一些其他行业或接受一些就业技能培训，为以后转型与提升提供良好的积累。

此外，城乡结合部既然是大量外来人口的栖息地，就应该依据他们的消费水平与需求特点，提供相应的配套服务。如更多廉价居住场所的提供，更多就业机会获得的培训与帮助，更多适合他们需求的教育、医疗、生活服务等配套设施与政策措施的供给等。

9.2.3 积极探索合理的空间开发与改造模式

快速城镇化背景下，我国城乡结合部开发速度很快，空间开发模式上也出现了一些不同的模式，如大型居住区建设、产业园区建设和综合性新区开发等。这些城乡结合部新开发区域，经过多年的建设与发展已初具规模，但已有开发模式也存在“有城无产”或“有产无城”等现象，导致区域功能过于单一，发展受限及居民生活就业不便等问题。同时，城乡结合部改造作为该区域持续性的工作重点，长期实践中也采取了一些不同的模式，不过同样也存在些许负面影响。

因此，积极探索科学、合理的城乡结合部空间开发与改造模式是重要的空间优化策略之一。

合理的城乡结合部开发与改造模式，应该以城乡结合部地域功能为依据，以维护城乡结合部居民利益为出发点，以营建美丽、和谐、充满活力的城乡结合部为最终目的。探索多赢的城乡结合部开发与改造模式，城乡结合部的开发与改造绝不是简单的“拆”和“建”的过程。哪些地方需要拆，如何拆，如何安置被拆的人和地，在哪建，建什么，怎么建……都需要统筹考虑。具体如：哪些耕地不能动？哪些建设用地拆了以后要恢复成绿化与生态用地？城乡结合部的拆建怎样与宏观城市与区域规划良好地衔接？各区域的开发密度如何控制？村集体企业或设施拆除以后集体经济如何实现迅速的恢复与提升？农民上楼过程中和上楼之后会面临什么样的问题，如何解决？安置住所建设资金从何而来？将原来世代居住在这里的农民都赶往更远的郊外是否合理？让留下来的转变户口和居住环境的本地人口空守着房子生活是否合适？外来人口聚居的城中村拆除以后，这些人会分流到哪里，对城市与区域空间格局产生怎样的影响？新建居住区、产业区的建设规模、开发时序、设施配套和功能定位等如何确定？是否应将城乡结合部变成新的城市化区域？

9.3 城乡结合部经济空间优化调控政策建议

彻底改变城乡结合部低效、松散、脏乱的经济空间景象，将此区域建成保护城市与乡村的“绿带”，居民享受休闲娱乐的乐园，充满文化特色与氛围的圣地，经济增长与产业布局的新区，需要在科学理念与完备规划策略的前提下，采取一系列切实有效的政策措施才能实现。

9.3.1 划定城市增长边界并明确法律约束

转变城乡结合部改造与发展思路，不要片面地将目标定位为将该区域完全城市化，城市边界的增长是一种客观规律，尤其是城市发展的初期、中期，空间扩张不可避免，城乡结合部在空间上不断外推的趋势也难以阻挡。另外，不同规模、处于不同发展阶段和发展水平城市的城乡结合部经济空间特征也有所不同，未来发展趋势有所差异，但需要明确的是，城市增长都应该是有边界的，其合理边界在哪里，这将直接决定着城乡结合部空间的定位与塑造。

相比而言，我国城乡结合部空间位置和范围变化更为显著，不仅区位上不断地向外推移，而且空间范围快速大规模扩张，这实际上是城市增长缺少边界约束导致的。城市建成区与城乡结合部无序蔓延使“城市病”越来越严重，城市边缘区发展效率越来越差。尽管在城市规划中基本上都有对所谓增长边界的界定，但实施中由于缺少强有力的法律约束，规划中的增长边界不断被突破。所以，今后我们不仅要在科学指导下非常明确地划定城市的增长边界，还要制定配套的法律法规，确保得到顺利实施。约束城市增长边界不被突破，最重要的是控制土地利用类型的无序变更。美国对城乡结合部土地实行分带管理，严禁随意改变土地的用途，并结合税收等杠杆的调节作用防止城乡结合部土地利用类型的变更。例如，农业用地改变用途后，所有者需要承担很高的税赋。我国也应借鉴西方国家的相关经验，一方面完善制度与法律建设，另一方面采取多元化的调控手段，遏制城市空间无序蔓延的势头，保护城乡结合部免遭侵蚀。

9.3.2 制定农业保护与创新发展措施

城乡结合部被认为是目前全球范围内 LUCC（土地覆被 / 土地利用）最剧烈、人地系统矛盾最尖锐的地区（Chen Y Q，1997）。城镇化使城乡结合部大量优质农田被破坏，农业发展受到严重冲击。20 世纪中后期，美国每年因城镇化而失去的优质农田在 39 万 ~ 76 万英亩（约 15.8 万 ~ 30.8 万 hm^2）之间（U.S. Department of Agriculture，1975），近年中国快速城镇化背景下形势更为严峻。例如，第二次土地调查资料显示，1996 ~ 2009 年，北京耕地净减 11.67 万 hm^2，离全市 2020 年耕地保有量指标仅 1.24 万 hm^2 [①]。

长期以来，我国农业的传统、低层次发展及其“非生产性行业”定位使其脱离于现代第二、第三产业的发展轨道，并且在思考与塑造产业关系、区域关系时被忽略。城乡统筹、三产互动等新型城镇化视角下，运用现代化经营管理模式下的农业，不仅产值、附加值可以大幅提升，而且其拉动就业的功能，维护和修复生态的功能，拉动前向、后向、侧向联系的功能和促进城乡一体化发展的功能都是显著的。城乡结合部农业由于其位于城市边缘地区的特殊区位，地域功能更为显著与多元。

早期，西方国家的规划者曾一度忽视城乡结合部农业的价值与功能，基于农业产生的噪声、垃圾处理和动物传染疾病等原因不断将农业向城市外缘推进（Brinkley C，2012），政府通常会禁止城市周边农业企业的一些发展行为，如建设牲畜圈舍等（Henderson S R，2003）。但近来开始重新审视城乡结合部农业的价值与功能，认为其可以提供生态服务、野生生物栖息地、良好的视野以及农产品（Brinkley C，2012），在倡导“本地食品”消费，促进城市可持续发展和缓解城市气候变化方面也具有重要的作用（Sarah W J，2014）。而现阶段，我国城乡结合部农业的多元化功能与价值尚未得到充分的认识，并且，由于缺少创新的动力与举措，农业发展出现日益萎缩与衰退趋势。

相对于乡村地区，城乡结合部农业用地的资源稀缺性更加显著、价值更高、担负的职能也更多。城乡结合部农业地域功能是多元的，但是各项功能之间并非单纯并列关系，而是相互协调、共同促进。因此，在具体操作过程中，应注重各项功能的匹配与协调，以便于最大程度地实现城乡结合部农业地域功能。

城乡结合部农业地域功能的最终实现，需要创新生产经营模式。综合循环农业、生态农业、观光农业、科技农业、文化农业、会展农业等生产特点，建立一种具有更高层次、更丰富内涵的新型城郊农业生产模式（图 9-1）。城乡结合部农业生产的对象是高端、精细、营养、创新型农产品，消费者目标群聚集为城市中高收入阶层，并通过与休闲、旅游、文化、教育、科技、

① 王立彬 . 中国为大城市扩张划出红线 [DB]. 新华网，2014-11-03. http://news.xinhuanet.com/politics/2014-11/03/c_1113094804.htm.

会展、信息、物流配送、现代制造等产业深度融合显著提升产品附加值。从而使城乡结合部农业超越于传统意义上单纯的食品供给和生态屏障价值，成为城乡和三次产业间有机融合的重要纽带和吸纳新增城镇化人口就业的重要载体。不仅有利于避免与缓解目前普遍困扰城市的城乡结合部“脏、乱、差”问题，还有利于通过产业链延伸和新业态兴起拓展城市现代制造业与现代服务业的发展空间。

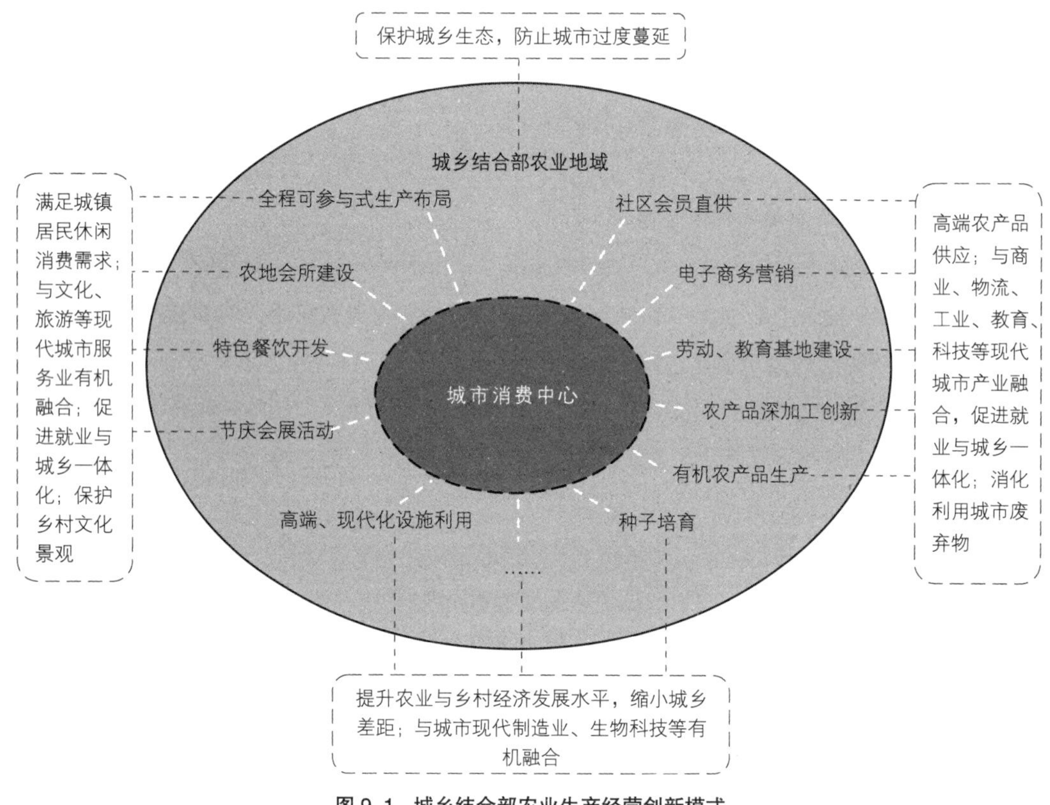

图 9-1　城乡结合部农业生产经营创新模式

（资料来源：刘玉，冯健．城乡结合部农业地域功能研究 [J]. 中国软科学，2016（6）：62-72）

现代化农业企业应发挥越来越重要的作用，农户通过不同的形式加入其中或者进行合作，具有农业技能的乡村转移人口和失地农民可以以新型农业产业工人等身份参与到城乡结合部农业的发展之中。而且，对大多数城乡结合部农业工作者而言，他们的身份可以是兼职的，即农业并非其唯一的工作领域。通过创新农业生产经营模式，城乡结合部农业可以焕发出蓬勃的生机与活力，同时又能提供优美的环境、良好的生态、更多的就业岗位、更多元、高端的农业产品与延伸服务产品，对优化城乡结合部经济空间，实现和谐发展具有积极的影响（刘玉、冯健，2016）。

9.3.3　整合优化经济资源

城乡结合部经济资源层次多元、布局分散、管理混乱，导致经济空间的无序发展。一方面，城乡结合部低端经济中许多资源，如集体经济、个体经济等由于处于传统的发展阶段，资源运营、利用效率非常低，而且与城乡结合部地区新兴产业与产业园区之间的配套协作较差，无法有效对接。事实上，这些资源的整合空间很大，运用现代技术手段与管理模式，将传统、低端的经济要素进行升级改造，并将其有效融入结合部地区现代城市产业体系，将可以极大地提升这些资源的利用效率和经济、社会与环境效益。另一方面，城乡结合部由于开发过程中涉及多个主体，彼此间掌握的经济资源被分割，难以取得规模效应，也是影响城乡结合部经济发展的重要原因之一。加强城乡结合部经济发展的统一部署与管理，整合经济资源，有利于经济空间的优化与经济效益的提高。

9.3.4 开辟多元化公众参与渠道

城乡结合部不仅是城市与乡村地域间的一个过渡区域，也不仅是城市政府治理与管理的一个简单的对象，它同时还是居住在此区域人们的美好家园，是城乡居民享受文化与生活的一个重要空间，是城市新兴产业与经济发展的前沿阵地。因此，城乡结合部的开发、治理、改造绝不是政府部门单方面的责任与任务，而应是多个利益相关者共同关注与参与的事务。 近年，在我国城市与区域公共政策制定与实施过程中，公众参与的程度有所提高，但仍有巨大的提升空间。就城乡结合部的发展而言，公众参与程度还比较有限，这也正是这一区域诸多矛盾与问题一直得不到彻底、有效解决的症结之一。开辟多元化公众参与渠道，让更多的利益相关者参与到城乡结合部经济空间的优化工作之中必要而又迫切。

前已述及，我国现有城乡结合部发展过程中，包括基层政府、企业、农村集体组织、个人等在内的各种利益主体都普遍存在投机行为，并导致与加剧了该区域土地开发的违规混乱，房屋建筑的私搭乱建，经济活动的非法无序，生态环境的急剧恶化和社会网络的封闭狭隘等。之所以出现这种局面，缺少明确系统的规划布局，缺乏利益主体间的沟通与协调是重要原因之一。由于不知道在城乡结合部未来的开发、改造与建设过程中，自身能够获得什么样的利益，以及这些利益是否拥有足够的保障，于是趁乱先捞些利益再说。事实上，各个利益主体对这种状态都是不满意的，因为这些投机行为虽然让他们获得了一些短期利益、局部利益，却也为之付出了沉重的代价。

提高城乡结合部开发与治理的公众参与程度，首先，应充分尊重与考虑该区域内各利益主体的合理利益诉求，如失地农民的长期生活就业安置、农村集体经济的后续发展转型、改造与建设资金的筹措、新建居住区内居民的生活与就业配套、入驻企业的发展空间需求等。其次，应开辟公众参与的多元化渠道，让他们积极融入城乡结合部开发、改造与治理的每一个环节。不仅直接参与到本地区的改造与发展过程中，还广泛参与整个城乡结合部的长远规划与发展之中。再者，应建立起高效的沟通机制与强有力的制度保障。让城乡结合部各项工作的制定与实施都在规范、透明的环境中得以落实，让各种矛盾与问题在发生前就能有效地得到预防与解决。需要强调的是，公众参与并不是让每一个主体的意愿都得以实现，而是体现每一种利益主体大部分人的意愿，并且各种利益主体在参与、沟通与协调的过程中逐渐达成符合大家共同利益的共识。而这些需要有相应的机制、体制设计与健全的制度、法律保障等。

9.4 本章小结

复杂的经济社会背景下，造就了城乡结合部多元、混杂的经济发展空间。作为城市与区域经济空间中的重要组成部分，城乡结合部需要高效、有序的经济空间；而作为城乡居民今后重要的居住场所、就业场所、休憩娱乐场所之一，城乡结合部也需要建立起和谐、健康的经济空间。

重塑与优化城乡结合部发展空间，从目标到策略再到具体措施，需要系统的考虑与安排。首先，应加强城乡结合部的“绿色园地”功能，建立一个优美的生态环境。在科学合理的规划指导下，确定城乡结合部的合理开发密度与强度以及城市开发红线，并严格保护农业用地和生态用地，在城乡结合部发展过程中注重对生态环境的修复，在此基础上再充分挖掘该区域的生态功能。重视其在改善城市景观和生态，满足现代城市居民日益增长的健康与休闲需求方面的作用，将城乡结合部建成有利于促进城市与乡村协调、持续发展，并且能够为城乡居民提供良好的休闲、娱乐与文化活动的场所。其次，作为城乡之间的缓冲发展地带，城乡结合部促进城乡和谐共生方面的功能与作用也不容忽视，应合理界定城市规模，严格监督与控制城乡结合部地区土地利用类型的变更，尤其是农业用地变更为城市用地。应该规范城乡结合部地区的经济活动和土地开发模式，实现人口—产业和土地的联动开发，有效整合城乡结合部经济资源，让城乡结合部地区的居民，包括城镇居民、农村人口和外来人口都能拥有稳定的就业、正规的住所和完善的生产生活环境。第三，应遏制城乡结合部混乱局面的形成与发展。城乡结合部“脏、乱、差”的局面一经形成，治理改造难度非常大。不仅成本增加，而且由于缺少依据只能摸着石头过河，政策措施的试错性与风险也都显著加大。应在充分认识城乡结合部价值与功能的基础上，统筹规划城乡结合部的开发时序、空间安排、功能定位、基础设施建设，以及与城乡的产业联系与协调分工等，并将城乡结合部规划纳入整个大都市区规划体系。第四，创新城乡结合部治理改造模式。城乡结合部不仅形成了自身独特的经济、社会特征，更形成了独特的区域文化。改造并非简单的生产方式、生活方式的改变，经济组织运作模式、居民生活心理习惯、区域价值观、区域生态环境系统、区域功能体系等的转型更是一个长期复杂的过程。应在掌握城乡结合部形成与发展机制，明确城乡结合部各种问题产生的原因及相互关系的基础上，针对各个地区的具体情况，选择系统性的、根本性的改造模式。第五，创新制度与管理模式。城乡结合部非城非乡的特征决定了其在城乡二元制度背景下的尴尬局面。今后应探索适用于此区域的制度与管理新模式，不再以城市和乡村对服务对象实施区别化管理，整合城乡资源，建立统一的人口、土地、产业、基础设施与公共服务体系等。

城乡结合部治理与改造已成为现阶段我国城市管理部门的核心任务之一。该区域具有重要的经济、社会、文化和生态功能，“完全城市化”之外的城乡结合部治理与改造模式值得探讨。

第10章 结语

TEN

城乡结合部，是城市与区域中的一个重要地域单元，现阶段在我国快速城镇化过程中承担着非常重要的功能与建设任务。近年的快速开发给城乡结合部带来了无限的生机与活力，使其成为经济发展最快的区域之一。但与此同时，也给此区域带来了重大的生态、景观、经济、社会与文化等全方位冲击，遗留下大量的矛盾与问题，并造就了“脏、乱、差”的发展态势特征。

城乡结合部位于城市边缘地带，既要紧密联系城市与乡村的发展，又成为两者之间的分界线，保护两个区域相对独立、各具特色地发展。在城镇化的不同时期和城市发展的不同阶段，城乡结合部的空间位置与范围会发生一定的变化。总体而言，从城镇化和城市发展的初期开始，城乡结合部的空间位置会逐渐外移，空间范围也会不断扩大。随着城镇化和城市发展进程的加快，这一外推和扩大过程会加速并达到鼎盛，城乡结合部的动态变化也最为剧烈。而当城镇化和城市发展进程进入高级、稳定阶段，城乡结合部的空间位置变化会越来越小直至相对停止，空间范围也不再大规模扩张。我国现在正处在城镇化和城市发展的加速时期，因此城乡结合部也处于变化最剧烈、扩张最迅速的时期，也是各种经济、社会、环境问题最集中、最复杂和最严峻的时期。

城乡结合部不同于中心城区，也不同于外围乡村地区，尤其在快速动态变化时期，形成了独特的经济空间特征。传统的较为成熟的城市发展理论，尤其是立足于中心城区发展建立的城市发展理论有时难以解释与反映城乡结合部的发展特征与态势。过去一段时期，我国快速城镇化背景下，城乡结合部虽然得到了非常快速的发展，但更多的是一种土地空间开发与经济建设惯性下的结果，对这一区域应该承担什么样的功能，采取什么样的开发策略，形成什么样的发展格局，并未进行太多的思考与审视，结果导致城乡结合部表面繁荣背后隐藏着巨大的经济、社会和环境危机。由于传统城镇化模式下，我国城市空间扩张普遍存在粗放式发展特点，使得城乡结合部的空间范围急剧扩大，这一区域发展的好坏对整个城市与区域的发展具有重要的影响。

城乡结合部兼具城市经济与乡村经济特征，但又不同于上述两者。而且现阶段，我国城乡结合部在经济发展的许多方面都表现出界于城市与乡村之间的过渡状态。整体上，城乡结合部第二产业发展优势明显，第一产业不及乡村地区，第三产业又不及中心城区。除此之外，混合性特征是城乡结合部经济发展的一个重要特征。在这里，不仅有城市经济和乡村经济的混合，还有高低端产业的混合，以及扩张带动型经济、就业带动型经济和消费带动型经济的混合，因此造就了该区域亦城亦乡，既有城市现代化产业又有乡村传统经济，既有在全市乃至更大区域范围内承担重要功能的产业，也有仅服务于城乡结合部内部极具空间局限性的经济活动。具体而言，城乡结合部的内环区域，即邻近中心城区的区域，城镇化水平更高，非农产业尤其第三产业经济活动单位与从业人员分布更为集中，产业结构的层次与从业人员的素质等优势更加明显。而城乡结合部的外环区域，则城镇化水平偏低，农业用地的比例稍高，第二产业比重更高。

经济利益驱动下，城乡结合部大量农用地发生流转，迅速转变为建设用地，随之区域景观、文化、居民构成、经济活动等都发生了显著的变化。一方面，城乡结合部作为城市空间扩张的主要阵地，大量区位条件好的地段被征用，成为新兴产业区、大型居住区以及重要基础设施建设区等；另一方面，未被征用的集体土地中大多也被改变了用途。更关键的是，城乡结合部地区的土地开发普遍存在规划不足、无序开发的问题，加之现行二元体制下，国有土地与集体土地的交错分布导致在空间上表现为分散、混乱开发，而且违规使用、违法建设的现象非常普遍。城乡结合部用地类型上以非农用地为主，绿化、公用设施和住宅等用地比例较高。这种土地利用结构特征的形成与城乡结合部的区域位置、发展阶段、开发模式等均有关系。土地利用特征奠定并加剧了城乡结合部经济空间特征的形成与发展。

城乡结合部地区拥有最复杂、多样的居民构成，以失地转居农民为主体的本地人口，城区外迁和新定居城镇居民，以及大量的外来人口构成了城乡结合部现有居民的主体。这些群体具有与其他区域差异性较为显著的就业、居住、社交和消费特征，而且他们之间的差异也较明显，加剧了城乡结合部经济空间的复杂多样性。本书重点分析了城乡结合部典型地区——城中村居民的经济行为特征，并探讨了其空间效应。城中村居民以外来人口为主，加之少量的本地人口。在北京城乡结合部分布着全市 86.3% 的外来人口，而其中很大一部分外来人口的落脚地是城中村。城中村的外来人口和本地人口拥有大致相同又有所差异的经济行为特征。两者的就业领域、收入水平、通勤距离、消费趋向与日常活动空间等特征一定程度上塑造并影响了城乡结合部微观经济空间的形成与发展。

城乡结合部独特的产业、土地与居民行为特征及其耦合关系，促使一种混合经济形态与经济空间的形成与发展。具体表现为城市经济与乡村经济的混合，高端经济与低端经济的混合，以及扩张带动型经济、就业带动型经济和消费带动型经济的混合等。这种混合经济形态的形成与发展受经济要素构成、经济活动变化和经济管理体制等多种因素影响。劳动力构成复杂且弱势群体集中、就业不稳定；土地产权复杂交错，土地流转问题居多；资本结构特征独特，集体资本地位重要但运营效率受限；经济活动形式多样且变动频繁；公共服务供给主体多元化、经济管理交叉矛盾等都是造成与加剧城乡结合部混合经济形态的重要因素，也是城乡结合部转型过程中面临的诸多障碍。城乡结合部混合经济形态是城市化过程中必然出现的产物，也使这一区域成为变化最剧烈、矛盾最集中的地带。城乡结合部混合经济形态中存在着许多不合理的要素，如经济稳定性差、经济层次偏低、经济效益欠佳、经济调控薄弱等。

西方国家城乡结合部的形成、发展的过程与机制等与我国具有一定差异，但也有相似之处。西方一些国家由于城镇化进程开始较早，城乡结合部发展历史也较长，积累了更多的经验与教训供我国借鉴。尽管我国城乡结合部现阶段发展过程中存在的大量矛盾与困境，有宏观背景和诸多客观因素的影响，但对这一区域功能定位和发展方向考虑不足，规划与管理理念滞后，制度与政策保障薄弱等都极大地加剧了其发展的障碍。因此，在今后城乡结合部的建设与改造过程中，应该充分遵循此类区域的发展演变规律，并着眼于城市与区域的宏观框架下明确其区域功能，科学规划确定开发的强度、时序和各项目之间的协作配套，将城乡结合部打造成为城市中心区和乡村地区之间一个“环境优美、经济活动规范有序、开发强度适宜和居民安居乐业”，又能为城市和乡村提供良好的生态保障和多元化经济、社会与文化功能的过渡区域。实现这一目标，经济方面应将重点放在就业安置与培训、资本重组与优化、新兴产业对传统产业的融合与改造、违规经济的治理与整顿、经济管理与服务一体化等方面，促进经济要素的整合与提升，充分发挥现代经济力量的影响力与带动作用，加快推进城乡结合部地区经济转型进程。生态方面应加强对城乡结合部地区生态价值的认识，并将其生态功能与经济功能、文化功能和社会功能等结合起来，改变过去单纯强调绿化的做法，在生态建设与保护的前提下进行经济开发与社会活动，在充分挖掘经济和文化价值的过程中深化生态建设与保护。尤其应重新审视城乡结合部地区农用地的价值，在充分发挥农业多功能的基础上创新农业发展模式，真正在城市中心区与外围乡村地区之间建成一个充满生机与活力并广泛服务于城乡经济社会发展的绿带。

城乡结合部是一个动态性非常强，要素布局与组织管理非常复杂的区域，在不同的发展阶段、不同的开发模式下表现出的发展特征与矛盾问题也有一定差异，因此要将这一区域的理论发展规律和实践解决对策探讨清楚需要长期不懈的努力。本书的研究只是一个开端，尤其受资料获取的限制，案例区域只是选择了北京，北京是拥有 2000 多万人口的超大城市，而且作为首都，经济社会发展与空间开发模式等都具有一定的特殊性，城乡结合部的发展演化也与其他经济发展程度不一样、城市规模不一样的城乡结合部都会有些区别。所以，今后对城乡结合部的研究还需要进一步拓展与完善。

附录

APPENDIX

Ⅰ城乡结合部（城中村本地人口）居民生活调查问卷

一、基本情况

1. 您的性别：□男 □女；年龄______

2. 受教育程度：①小学及以下 ②中学、中专和技校 ③大专 ④本科 ⑤硕士及以上

3. 您家有耕地______亩，是否流转：①已流转 ②未流转

4. 您的主要收入来源（多选）：

①务农（含农、林、牧、副、渔）②出租房屋______元/月 ③企业职工工资 ④行政机关或事业单位工资 ⑤自主创业或个体商户 ⑥集体分红 ⑦土地征收补偿 ⑧赋闲在家 ⑨退休金或社保补贴 ⑩其他________

其中，您最重要的收入来源是（请在上面的回答中选择一项填入）__________

5. 您个人近期月收入________

① 1000 元以下 ② 1000 ~ 3000 元 ③ 3000 元 ~ 5000 元 ④ 5000 ~ 10000 元 ⑤ 10000 元以上

6. 您家庭月收入________

① 2000 元以下 ② 2000 ~ 5000 元 ③ 5000 ~ 10000 元 ④ 10000 ~ 20000 元 ⑤ 20000 元以上

7. 工作地点______区______街道（______路______标志建筑）

8. 与居住地之间距离______km，通勤时间______min

9. 您主要使用何种交通工具去工作（单选）：________

①步行 ②自行车 ③公共汽车 ④地铁 ⑤小汽车 ⑥不适用（没有工作）

二、居住

1. 与您同住的家人共有____位，参加工作的有____人

2. 您现在住房是：面积____m^2，已经居住____年

3. 住房来源：①自建 ②拆迁安置 ③购买 ④公房 ⑤其他______

4. 您为何选择在此地居住（多选）：

①一直住在此地（如家传私房）②拆迁安置 ③政府或单位分配 ④跟随子女 ⑤为了方便子

女上学 ⑥商铺众多，生活方便 ⑦离上班地点近 ⑧交通便利 ⑨物价水平低 ⑩亲戚朋友或老乡在这里 ⑪纯属偶然 ⑫其他______

5. 您对本村未来的看法是:

①尽快拆迁 ②不要拆迁，但尽量改善环境（如完善公共服务设施配套等）③保留原样，顺其自然 ④其他______

6. 如果这里拆迁，您会选择

①选择原地改建后条件好的房子 ②选择到附近设施完善的小区 ③选择交通便利的房子 ④选择较远一点的房子，租金便宜 ⑤到其他村庄 ⑥其他______

三、休闲

1. 您每周外出进行早操、散步等体育锻炼的平均次数是______次

（1）您外出进行体育锻炼的地点主要是:

①楼前楼后 ②村内公共场所 ③村外，位于______，离家大约______m

（2）从您家到该地单程耗时______min，平均锻炼时间大约______h，花费为______元

（3）您选择在该地进行体育锻炼的原因是（多选）:

①距离家近 ②交通便利 ③活动内容丰富有趣 ④人多，热闹 ⑤环境好 ⑥花费少 ⑦配套体育设施齐全 ⑧比较熟悉 ⑨其他______

（4）所用的主要交通方式是:

①步行 ②自行车 ③公交车 ④地铁、轻轨 ⑤摩托车 ⑥出租车 ⑦私人汽车

（5）陪伴您一起去锻炼的是:

①配偶 ②父母 ③子女 ④朋友或邻居 ⑤同事 ⑥没有陪伴

（6）一天中您外出进行体育锻炼的主要时间段是（多选）:

①早上 ②中午 ③下午 ④晚上

2. 您每月外出进行打牌、聊天等娱乐活动的次数是______次

（1）您外出进行娱乐的地点主要是:

①楼前楼后 ②村内公共场所 ③村外，位于______，离家大约______m

（2）从您家到该地单程耗时______min，平均娱乐时间大约______h，花费为______元

（3）您选择在该地进行娱乐活动的原因是（多选）:

①距离家近 ②交通便利 ③活动内容丰富有趣 ④人多，热闹 ⑤环境好 ⑥花费少 ⑦配套娱乐设施齐全 ⑧比较熟悉 ⑨其他______

（4）所用的主要交通方式是:

①步行 ②自行车 ③公交车 ④地铁、轻轨 ⑤摩托车 ⑥出租车 ⑦私人汽车

（5）陪伴您一起去娱乐的是:

①配偶 ②父母 ③子女 ④朋友或邻居 ⑤同事 ⑥没有陪伴

(6)一天中您外出进行娱乐活动的主要时间段是(多选):

①早上 ②中午 ③下午 ④晚上

四、消费

1. 您的消费观念倾向于以下哪种类型:

①节约储蓄型 ②即时消费型 ③超前消费型 ④投资发展型

2. 支出大约______元，各项支出大约是:

购物类:______元	休闲娱乐类:______元	通信类:______元
教育类:______元	储蓄保险类:______元	投资类:______元
医疗保健类:______元	其他(请填写):______元	

3. 您每周外出购买蔬菜和食品的平均次数是______次

(1)您经常买菜和食品的市场或超市的名称是____________

(2)它的位置是:

①村内 ②村外，位于______，离家大概______m，

(3)从您家到该地单程耗时______min，花费为______元

(4)您选择在该地买菜和食品的原因是(多选):

①距离近 ②价格便宜 ③交通便利 ④习惯了 ⑤商品种类丰富 ⑥商品质量好 ⑦服务质量好 ⑧营业时间长 ⑨氛围好 ⑩有优惠或打折 ⑪信用度高 ⑫知名度高 ⑬有配套的餐饮娱乐设施 ⑭其他______

(5)所用的主要交通方式是:

①步行 ②自行车 ③公交车 ④地铁、轻轨 ⑤摩托车 ⑥出租车 ⑦私人汽车

4. 您每月外出购买日用品的平均次数是______次

(1)您经常购买日用品的市场或超市的名称是 ______

(2)它的位置是:

①村内 ②村外，位于______，离家大概______m

(3)从您家到该地单程耗时______min，花费为______元;

(4)您选择在该地买菜和食品的原因是(多选):

①距离近 ②价格便宜 ③交通便利 ④习惯了 ⑤商品种类丰富 ⑥商品质量好 ⑦服务质量好 ⑧营业时间长 ⑨氛围好 ⑩有优惠或打折 ⑪信用度高 ⑫知名度高 ⑬有配套的餐饮娱乐设施 ⑭其他______

(5)所用的主要交通方式是:

①步行 ②自行车 ③公交车 ④地铁、轻轨 ⑤摩托车 ⑥出租车 ⑦私人汽车

5. 大件、较贵重商品购置地点是在______

①城区大型购物中心、专卖店 ②城乡结合部大型购物中心

6. 家人生病一般选择在哪里就医：

①城区大型、高等级医院 ②城乡结合部社区医院 ③城乡结合部私人诊所

7. 您对本地商铺的看法是：

①价格便宜，分布灵活，方便生活 ②帮助解决就业 ③无序经营、侵害公众利益 ④其他______

五、文化调适

1. 您是否有特别关注过小区内的外来租客：①有 ②没有

2. 您在村内是否有相熟的外来租客朋友：①很多 ②不太多 ③很少 ④几乎没有

3. 您日常交往接触最多的人____________（请选三项，从高到低排序）

①同乡 ②朋友 ③邻居 ④房东 ⑤本村其他村民 ⑥其他外来租客

4. 您觉得和外来租客沟通交流困难吗 ____________

①很困难 ②偶尔有困难 ③没困难，很轻松 ④没怎么沟通过

5. 如果觉得沟通有困难，那么困难主要在哪些方面（多选，上一题选“无困难”则可跳过）

①语言不通 ②思维方式差异大 ③生活习惯差异大 ④其他

6. 外来租客是否影响到您的日常活动范围：

①有 ②没有

7. 如果有影响到您的日常活动范围，扩大了还是缩小了

①扩大 ②缩小

8. 是否和外来租客发生过矛盾______

①是 ②否

9. 您是否愿意主动去接触和了解外来租客

①很愿意 ②不愿意 ③无所谓

10. 您愿意/不愿意主动接触和了解外来租客的原因是

____

11. 请用数字回答问题：（5= 绝对同意 4= 比较同意 3= 一般 2= 比较不同意 1= 绝不同意）

	5	4	3	2	1
（1）我认为本社区的人对我家很友好					
（2）本社区的人都有相同的观念和习惯					
（3）我能从邻里得到帮助					
（4）我认识社区的很多人					
（5）我感觉自己属于这个地方					
（6）我愿意在这社区长期居住					

六、日常活动

请填写周日和周一您一天的生活情况（时间、地点请填写，活动内容、一起活动者、交通工具请选择，请参考〖填表案例〗）

活动内容：

①睡眠（包括午休）②私事（用餐、洗澡、美容等）③工作（上班、临时工作等）④家务（包括照顾老人、孩子）⑤购物 ⑥娱乐（包括打牌、唱歌等文体活动）

一起活动者：

①配偶 ②父母 ③子女 ④其他亲戚 ⑤邻居 ⑥朋友或同事 ⑦没有陪伴

交通工具：

①步行 ②自行车 ③公交车 ④地铁/轻轨 ⑤摩托车 ⑥出租车 ⑦私人汽车 ⑧单位集体班车 ⑨其他

〖填表案例〗

活动时间	0:00～6:00	6:00～6:30	6:45～7:00	8:00～12:00	12:00～12:30	12:30～17:30	18:30～19:00	19:15～19:45	
活动内容	①		②	④	③	②	③	④	⑤
活动地点	家里	家里	村里××小学	朝阳区望京街道**大厦	朝阳区望京街道**大厦	朝阳区望京街道**大厦	村里××小学	村里菜市场	
一起活动者	①③	①③	③	⑥	⑥	⑥	③	⑦	
交通工具			①		③			③	①
交通时间			15min	1h			1h	15min	
活动时间	19:45～20:30	20:30～21:00	21:30～22:30	22:30～23:00	23:00～24:00				
活动内容	④	②	⑥	④	①				
活动地点	家里	家里	望京公园	家里	家里				
一起活动者	①③	①③	①③	①③	①③				
交通工具	①		③	③					
交通时间	10min		30min	30min					

刚过去的最近一个星期日：　　年　　月　　日（星期日）的生活情况

活动时间								
活动内容								
活动地点								
一起活动者								
交通工具								
交通时间								

续表

活动时间								
活动内容								
活动地点								
一起活动者								
交通工具								
交通时间								

刚过去的最近一个星期一：　　年　　月　　日（星期一）的生活情况

活动时间								
活动内容								
活动地点								
一起活动者								
交通工具								
交通时间								
活动时间								
活动内容								
活动地点								
一起活动者								
交通工具								
交通时间								

Ⅱ城乡结合部（城中村外来人口）居民生活调查问卷

一、基本情况

1. 您的性别：□男 □女；年龄______

2. 户口类型：□外地城市 □外地农村

3. 您来自______省 / 自治区 / 直辖市______市 / 县

4. 受教育程度：①小学及以下 ②中学、中专和技校 ③大专 ④本科 ⑤硕士及以上

5. 您所从事的行业：

①没有工作 ②制造业 ③建筑业 ④交通运输、仓储和邮政业 ⑤信息传输、计算机服务和软件业 ⑥ 批发和零售业 ⑦住宿和餐饮业 ⑧租赁和商务服务业 ⑨居民服务和其他服务业 ⑩教育 ⑪卫生、社会保障和社会福利业 ⑫其他______

6. 您个人近期月收入______

① 1000 元以下 ② 1000 ~ 3000 元 ③ 3000 元 ~ 5000 元 ④ 5000 ~ 10000 元 ⑤ 10000 元以上

7. 您家庭月收入______

① 2000 元以下 ② 2000 ~ 5000 元 ③ 5000 ~ 10000 元 ④ 10000 ~ 20000 元 ⑤ 20000 元以上

8. 您家庭总人数______人（住在一起的），参加工作的有______人

9. 您父母是否为外出（出省）打工者______？①是 ②否

二、居住

1. 您现在居住的房子是：①单独租赁 ②合租 ③自建 ④购买 ⑤其他______

2. 房子面积______；如果是租赁，月租金______元

3. 您为何选择在此地居住（多选）

①一直住在此地（如家传私房）②拆迁安置 ③政府或单位分配 ④跟随子女 ⑤为了方便子女上学 ⑥ 商铺众多，生活方便 ⑦离上班地点近 ⑧交通便利 ⑨物价水平低 ⑩亲戚朋友、老乡在这里 ⑪纯属偶然 ⑫其他______

4. 您最近一次搬迁的原因

①住房条件 ②租金 ③拆迁 ④工作变动 ⑤交通 ⑥家庭结构变动（结婚、生育等）⑦其他______

5. 您对本村未来的看法是______

①尽快拆迁 ②不要拆迁，但尽量改善环境（如完善公共服务设施配套等）③保留原样，顺其自然 ④其他______

6. 如果这里拆迁，您会选择

①选择原地改建后条件好的房子 ②选择到附近设施完善的小区 ③选择交通便利的房子 ④选择较远一点的房子，租金便宜 ⑤到其他村庄 ⑥其他______

三、工作

1. 工作地点______区______街道（______路______标志建筑）

2. 与居住地之间距离______km，通勤时间______min

3. 您主要使用何种交通工具去工作（单选）______

①步行 ②自行车 ③公共汽车 ④地铁 ⑤小汽车 ⑥不适用（没有工作）

4. 您所在的企业 / 单位共有______人，是否已进行登记：①是 ②否

5. 您为何选择这份工作：

①亲戚朋友、老乡、同事介绍 ②工资高 ③对技术水平的要求低 ④偶然的机会 ⑤尚未找到更好的工作，先在这里干着 ⑥人流量大，好做生意 ⑦北京发展机会多 ⑧其他______

6. 来北京后，您工作变更了几次：

	第一份工作	第二份工作	第三份工作	第四份工作	现在的工作
从业时间（具体到月份）					
工作内容					
工作地点（具体到乡镇、街道）					

四、休闲

1. 您每周外出进行体育锻炼、打牌、聊天等休闲娱乐活动的次数是______次

2. 您外出进行休闲娱乐的地点主要是：

①楼前楼后 ②村内公共场所 ③村外，位于______，离家大约______m

3. 从您家到该地单程耗时______min，平均时间大约______h，花费为______元

4. 您选择在该地进行休闲娱乐活动的原因是（多选）：

①距离家近 ②交通便利 ③活动内容丰富有趣 ④人多，热闹 ⑤环境好 ⑥花费少 ⑦配套娱乐设施齐全 ⑧比较熟悉 ⑨其他______

5. 所用的主要交通方式是：

①步行 ②自行车 ③公交车 ④地铁、轻轨 ⑤摩托车 ⑥出租车 ⑦私人汽车

6. 陪伴您一起去的是：

①配偶 ②父母 ③子女 ④朋友或邻居 ⑤同事 ⑥没有陪伴

7. 一天中您外出进行休闲娱乐活动的主要时间段是（多选）：

①早上 ②中午 ③下午 ④晚上

五、消费

1. 支出大约______元，各项支出大约是：

购物类：______元	休闲娱乐类：______元	通信类：______元
教育类：______元	储蓄保险类：______元	投资类：______元
医疗保健类：______元	其他（请填写）：______元	

2. 您每周外出购买食品和日用品的平均次数是______次

（1）您经常购物的市场或超市的名称是__________________

（2）它的位置是：

①村内 ②村外，位于______，离家大概______m，

（3）从您家到该地单程耗时______min，花费为______元

（4）您选择在该地购物的原因是（多选）：

①距离近 ②价格便宜 ③交通便利 ④习惯了 ⑤商品种类丰富 ⑥商品质量好 ⑦服务质量好 ⑧营业时间长 ⑨氛围好 ⑩有优惠或打折 ⑪信用度高 ⑫知名度高 ⑬有配套的餐饮娱乐设施 ⑭其他______

（5）所用的主要交通方式是：

①步行 ②自行车 ③公交车 ④地铁、轻轨 ⑤摩托车 ⑥出租车 ⑦私人汽车

3. 大件、较贵重商品购置地点是在______

①城区大型购物中心、专卖店 ②城乡结合部大型购物中心 ③从家乡购置带来

4. 家人生病一般选择在哪里就医：

①城区大型、高等级医院 ②城乡结合部社区医院 ③城乡结合部私人诊所 ④回家乡就医

5. 子女上学是在______

①城区公立学校 ②城乡结合部公立学校 ③城乡结合部打工子弟学校 ④在家乡就读

六、文化调适

1. 感觉到北京后您的生活圈子（接触到的人）

①扩大 ②缩小 ③差不多

2. 发生上题的变化的主要原因是______

①工作变化 ②生活环境变化 ③接触的人不同了 ④经济能力变化 ⑤其他

3. 您在村内是否有相熟的本地居民朋友______

①很多 ②不太多 ③很少 ④几乎没有

4. 您日常交往接触最多的人____________（请选项，从高到低排序）

①同乡 ②朋友 ③邻居 ④房东 ⑤本村其他村民 ⑥其他外来租客

5. 您觉得和本地居民沟通交流困难吗______

①很困难 ②偶尔有困难 ③没困难，很轻松 ④没怎么沟通过

6. 如果觉得沟通有困难，那么困难主要在哪些方面（多选，上一题选“无困难”则可跳过）

①语言不通 ②思维方式差异大 ③生活习惯差异大

7. 是否和本村村民发生过矛盾______ ①是 ②否

8. 是否愿意接触和了解本村村民______ ①愿意 ②不愿意 ③远离 ④无所谓

9. 您是否打算以后回老家发展______ ①是 ②否

10. 请用数字回答问题:（5= 绝对同意 4= 比较同意 3= 一般 2= 比较不同意 1= 绝不同意）

	5	4	3	2	1
（1）我认为本社区的人对我家很友好					
（2）本社区的人都有相同的观念和习惯					
（3）我能从邻里得到帮助					
（4）我认识社区的很多人					
（5）我感觉自己属于这个地方					
（6）我愿意在这社区长期居住					

七、日常活动

请填写周日和周一您一天的生活情况（时间地点请填写，活动内容、一起活动者、交通工具请选择，请参考〖填表案例〗）

活动内容:

①睡眠（包括午休）②私事（用餐、洗澡、美容等）③工作（上班、临时工作等）④家务（包括照顾老人、孩子）⑤购物 ⑥娱乐（包括打牌、唱歌等文体活动）

一起活动者:

①配偶 ②父母 ③子女 ④其他亲戚 ⑤邻居 ⑥朋友或同事 ⑦没有陪伴

交通工具:

①步行 ②自行车 ③公交车 ④地铁 / 轻轨 ⑤摩托车 ⑥出租车 ⑦私人汽车 ⑧单位集体班车 ⑨其他

〖填表案例〗

活动时间	0:00～ 6:00	6:00～ 6:30	6:45～ 7:00	8:00～ 12:00	12:00～ 12:30	12:30～ 17:30	18:30～ 19:00	19:15～ 19:45	
活动内容	②		②	④	③	②	③	④	⑤
活动地点	家里	家里	村里××小学	朝阳区望京街道**大厦	朝阳区望京街道**大厦	朝阳区望京街道**大厦	村里××小学	村里菜市场	
一起活动者	①③	①③	③	⑥	⑥	⑥	③	⑦	
交通工具			②		③			③	①
交通时间			15min	1h			1h	15min	
活动时间	19:45～ 20:30	20:30～ 21:00	21:30～ 22:30	22:30～ 23:00	23:00～ 24:00				
活动内容	④	②	⑥	④	②				
活动地点	家里	家里	望京公园	家里	家里				
一起活动者	①③	①③	①③	①③	①③				
交通工具	①		③	③					
交通时间	10min		30min	30min					

刚过去的最近一个星期日：　　年　　月　　日（星期日）的生活情况

活动时间								
活动内容								
活动地点								
一起活动者								
交通工具								
交通时间								
活动时间								
活动内容								
活动地点								
一起活动者								
交通工具								
交通时间								

刚过去的最近一个星期一：　　年　　月　　日（星期一）的生活情况

活动时间								
活动内容								
活动地点								
一起活动者								
交通工具								
交通时间								

续表

活动时间								
活动内容								
活动地点								
一起活动者								
交通工具								
交通时间								

参考文献

[1] Agger P. Access to the Post-Productivist Landscape: The Case of Denmark[C]. Conference Proceedings "Public Access to Natural, Agricultural Forest Areas", Clemont-Ferrant, France, 2001. September 24-26.

[2] AudiracI. Unsettled Views about the Fringe: Rural-Urban or Urban-Rural Frontiers[M]// Contested Countryside: The Rural Urban Fringe in North America. O. J. Furuseth and M. B. Lapping. Vermont, Aldershot, Hants and Brookfield, 1999: 7-32.

[3] Banzhaf H S. Economics at the Fringe: Non-Market Valuation Studies and Their Role in Land Use Plans in the United States[J]. Journal of Environmental Management, 2010, 91 (3): 592-602.

[4] Basley G. Staying Inside the Lines: Urban Growth Boundaries[M]. Chicago: American Planning Association, 1992.

[5] Beauchesne A, Bryant G. Agriculture and Innovation in the Urban Fringe[J]. Tijdschrift Voor Economische en Sociale Geogrqfie, 1999, 90 (3): 320-328.

[6] Brandt J, Tress B, Tress G, eds. Multifunctional Landscapes: Interdisciplinary Approaches to Landscape, Research and Management[C].Conference Material for the International Conference on Multifunctional Landscapes, Centre for Landscape Research, University of Roskilde, Denmark, 2000 (October): 18-21.

[7] Brandt J, Vejre H. Multifunctional Landscapes — Motives, Concepts and Perspectives[M]// Brandt J, Vejre H, eds. Multifunctional Landscapes, Vol I. Southampton:WIT Press, 2004:3-31.

[8] Brinkley C. Evaluating the Benefits of Peri-Urban Agriculture[J]. Journal of Planning Literature, 2012, 27 (3): 259-269.

[9] Broomhall D. Urban Encroachment, Economic Growth and LandValues[J]. Growth and Change, 1995, 26: 191-203.

[10] Bryant C R, Johnston T R R. Agriculture in the City's Countryside[M]. London: Belhaven Press, 1992.

[11] Bryant C, Russwurm L, McLelian A. The City's Countryside: Land and Its Management in the Rural-Urban Fringe[J]. London, New York: Longman Group Limited, 1982.

[12] Bryant C. The Role of Local Actors in Transforming the Urban Fringe[J]. Journal of Rural Studies, 1995, 11 (3): 255-267.

[13] Bunker R. In the Shadow of the City: The Fringe of the Australian Metropolis in the 1950s[J]. Planning Perspectives, 2002, 17: 61-82.

[14] Busck A G, Pilgaard Kristensen S, Praestholm S, Reenberg A, Primdahl J. Land System

Changes in the Context of Urbanisation: Examples from the Peri-urban Area of Greater Copenhagen[J]. Geografisk Tidsskrift, 2006, 106: 21-34.

[15] CA: Countryside Agency. Delivering a New Urban Fringe-Regeneration and Renewal Supplement[M]. London: Haymarket Publications, 2006.

[16] CA: Countryside Agency. The Countryside in and Around Towns[M]. Cheltenham: CA, 2005.

[17] CA: Countryside Agency.Unlocking the Potential of theRural-Urban Fringe[M]. Cheltenham: CA, 2004.

[18] Carmen C F, Elena G I. Determinants of Residential Land-Use Conversion and Sprawl at the Rural-Urban Fringe[J]. American Journal of Agricultural Economics, 2004, 86 (4): 889-904.

[19] Chen Y Q.Discussion on Land Use Mode in Rural-Urban Fringe [J]. China Land Science, 1997, 11 (4): 32-36.

[20] Clark W, Ledwith V. Mobility, Housing Stress, and Neighborhood Contexts: Evidence from Los Angeles[J]. Environment and Planning A, 2006 (38): 1077-1093.

[21] Coffey W J, Shearmur R G. Agglomeration and Dispersion of High-Order Service Employment in the Monstreal Metropolitan Region, 1981-1996[J]. Urban Studies, 2002, 39: 359-378.

[22] Coffey W J, Shearmur R G. The Identification of Employment Centers in Canadian Metropolitan Areas:The Examples of Monstreal, 1996[J]. The Canadian Geographer, 2001 a, 45: 371-386.

[23] Coffey W J, Shearmur R G. Intrametropolitan Employment Distribution in Montreal, 1981-1996[J]. Urban Geography, 2001 b, 22: 106-129.

[24] Coffey W J. The Geographies of Producer Services[J]. Urban Geography, 2000, 21: 170-183.

[25] Conzen MRG. Alnwick, Northurmberland: A Study in Town-Plant Analysis[M]. London: Institute of British Geographers Publication, 1960.

[26] Cullingworth B. A Vision Lost: The Lost Vision of the 1947 Town and Country Planning Act[J]. Town and Country Planning, 1996, 65 (6): 172-174.

[27] Daniel F J, Perraud D. The Multifunctionality of Agriculture and Contractual Policies, a Comparative Analysis of France and the Netherlands[J]. Journal of Environmental Management, 2009, 90: S132-S138.

[28] Daniels T. When City and Country Collide[M]. Washington: Island Press, 1999.

[29] Department of Agriculture.Impact of City-County Consolidation of the Rural-Urban Fringe[R]. Agricultural Economic Report, 1971: 206.

[30] Erickson R A. The Evolution of the Suburban Space Economy[J]. Urban Geography, 1983 (2): 95-121.

[31] Feng J, Wang F H, Zhou Y.X. Spatial Restructuring of Population in Beijing Metropolitan Area towards Polycentricity in the Post-Reform Era[J]. Urban Geography, 2009, 30: 779–802.

[32] Feng J, Zhou Y X, Logan J, Wu F L. Restructuring of Beijing's Social Space[J]. Eurasian Geography and Economics, 2007, 48 (5): 509–542.

[33] Foot J. The Urban Periphery,Myth and Reality:Milan,1950–1990[J]. City,2000,4 (1):7–26.

[34] Friedberger M. The Rural-Urban Fringe in the Late Twentieth Century[J]. Agricultural History, 2000, 74: 502–514.

[35] Friedland W. Agriculture and Rurality: Beginning the Final Separation[J]? Rural Sociology, 2002, 67 (3): 350–371.

[36] Furuseth O, Lapping M. Contested Countryside: The Rural Urban Fringe in North America[M]. Aldershot: Ashgate Publishing, 1999.

[37] Gallent N, Andersson J. Representing England's Rural-Urban Fringe[J]. Landscape Research, 2007, 32 (1): 1–21.

[38] Gallent N, Andersson J, Bianconi M. Planning on the Edge: The Context for Planning at the Rural Urban Fringe[M]. London: Routledge, 2006.

[39] Gallent N, Andersson J. Representing England's Rural-Urban Fringe[J]. Landscape Research, 2007, 32 (1): 1–27.

[40] Gallent N, Shaw D. Spatial Planning, Area Action Plans and the Rural-Urban Fringe[J]. Journal of Environmental Planning and Management, 2007, 50 (5): 617–638.

[41] Gallent N. The Rural-Urban Fringe: A New Priority for Planning Policy [J]? Planning, Practice & Research, 2006, 21 (3): 383–393.

[42] Gant R L, Robinson G M, Fazal S. Land-Use Change in the "Edgelands": Policies and Pressures in London's Rural-Urban Fringe[J]. Land Use Policy, 2011, 28 (1): 266–279.

[43] Garreau J. Edge City[M]. New York: Doubleday, 1991.

[44] Gaubatz P. China's Urban Transformation: Patterns and Processes of Morphological Change in Beijing, Shanghai and Guangzhou[J]. Urban Studies, 1999, 36: 1495–1521.

[45] Gollege R G. Sydney's Metropolitan Fringe: A Study in Urban-Rural Relations[J]. AustralianGeography, 1960 (7): 243–255.

[46] Griffiths J. The Last Frontier[J]. Planning Week, 1994, 2 (11): 14–15.

[47] Gu C L, Wang F H, Liu G L. The Structure of Social Space in Beijing in 1998: A Socialist City in Transition [J]. Urban Geography, 2005, 25: 167–192.

[48] Haase D, Nuissl H. Does Urban Sprawl Drive Changes in the Water Balance and Policy? The Case of Leipzig (Germany) 1870–2003[J]. Landscape and Urban Planning, 2007, 80: 1–13.

[49] Halseth G. Community and Land-Use Planning Debate: An Example from Rural British Columbia[J]. Environment and Planning A, 1996, 28: 1279–1298.

[50] Hara Y J, Takeuchi K, Okubo S. Urbanization Linked with Past Agricultural Land Use Patterns in the Urban Fringe of a Deltaic Asian Mega-City: A Case Study in Bangkok[J]. Landscape and Urban Planning, 2005, 73 (1): 16-28.

[51] Hart K. Informal Income Opportunities and Urban Employment in Ghana[J]. The Journal of Modern African Studies, 1973, 11 (1): 61-89.

[52] Hartshorn TA, Muller PO. Suburban Downtowns and the Transformation of Metropolitan Atlanta's Business Landscape[J]. Urban Geography, 1989, 10: 375-395.

[53] Hathout S. The Use of GIS for Monitoring and Predicting Urban Growth in East and West St Paul, Winnipeg, Manitoba[J].Canadian Journal of Environmental Management, 2002, 66: 229-238.

[54] Henderson S R. Agricultural Adaptation to Real Regulation on the Urban Fringe: The Chicken Meat Industry's Response to Land-Use Conflict in the Western Port Region of Victoria, Australia [J]. Australian Geographical Studies, 2003, 41 (2): 156-170.

[55] Hoggart K., ed. The City's Hinterland: Dynamism and Divergence in Europe's Peri-Urban Territories[M]. Aldershot: Ashgate, 2005.

[56] Hsing You-Tien. The Great Urban Transformation: Politics of Land and Property in China[M]. New York: Oxford University Press, 2010.

[57] Ingo Zasada. Multifunctional Peri-Urban Agriculture - A Review of Societal Demands and the Provision of Goods and Services by Farming[J].Land Use Policy, 2011, 28: 639-648.

[58] Isakson H, Ecker M. An Analysis of the Influence of Location in the Market for Undeveloped Urban Fringe Land[J].Land Economics, 2001, 77 (1): 30-41.

[59] Johnson N L, Kelleher F M, Chant J J. The Future of Agriculture in thePeri-Urban Fringe of Sydney[C].Proceedings of the 9th Australian Agronomy Conference, 1998, Wagga July: 613-616.

[60] Johnston R J, Derek Gregory, Geraldine Pratt, Michael Watts, eds.The Dictionary of Human Geography[M] . Blackwell Publishing: Oxford, 2000: 762.

[61] Kaika M, Swyngedouw E. Fetishizing the Modern City: The Phantasmagoria of Urban Technological Networks[J]. International Journal of Urban and Regional Research, 2000, 24 (1): 120-138.

[62] Kearns A, Parkes A.Living in and Leaving Poor Neighborhood Conditions in England[J]. Housing Studies, 2003 (18): 827-851.

[63] Kenyon W, Hill G, Shannon P. Scoping the Role of Agriculture in Sustainable Flood Management[J]. Land Use Policy, 2008, 25: 351-360.

[64] Knapp G, Nelson A C. The Regulated Landscape: Lessons on State Land Use Planning from Oregon[M].Cambridge: Lincoln Institute of Land Policy, 1992.

[65] Koomen E, Dekkers J, van Dijk T.Open-Space Preservation in the Netherlands: Planning, Practice and Prospects[J]. Land Use Policy, 2008, 25: 361-377.

[66] Le Grand L, van Meekeren M. Urban-Rural Relations: Dutch Experiences of the Leader Network and Rural Innovation in Areas under Strong Urban Influences[C]. Rurality Near the City, 2008.

[67] Lee L. Factors Affecting Land Use Change at the Urban-Rural Fringe[J]. Growth and Change, 1979, 10 (4): 25-31.

[68] Lehman T. Public Values, Private Lands: Farmland Preservation Policy 1933-1985[M]. Chapel Hill: University of North Carolina Press, 1995.

[69] Li Z G, Wu F L. Tenure-Based Residential Segregation in Post-Reform Chinese Cities: A Case Study of Shanghai[J]. Transactions of the Institute of British Geographers, 2008, 33 (3): 404-419.

[70] Lin G C S. Chinese Urbanism in Question: State, Society, and the Reproduction of Urban Spaces[J]. Urban Geography, 2007, 28: 7-29.

[71] Luttik J, van der Ploeg B. Functions of Agriculture in Urban Society in the Netherlands[M]// Brouwer F, ed. Sustaining Agriculture and the Rural Economy: Governance, Policy and Multifunctionality. Cheltenham: Edward Elgar, 2004: 204-222.

[72] Marsden T. Rural Futures: The Consumption Countryside and Its Regulation[J]. Sociologia Ruralis, 1999, 39: 501-526.

[73] McDonald G T, Brown A L. The Land Suitability Approach to Strategic Land-Use Planning in Urban Fringe Areas[J]. Landscape Planning, 1984, 11 (2): 125-150.

[74] McDonald J F, McMillen D P. Employment Subcenters and Subsequent Real Estate Development in Suburban Chicago[J]. Journal of Urban Economics, 2000, 48: 135-157.

[75] McDonald J F, Prather P. Suburban Employment Centers: The Case of Chicago[J]. Urban Studies, 1994, 31: 201-218.

[76] McDonald J F. The Identification of Urban Employment Subcenters[J]. Journal of Urban Economics, 1987, 21: 242-258.

[77] Mckain W C, Burnight R G.The Sociological Significance of the Rural-Urban Fringe from the Rural Point of View[J]. Rural Sociology, 1953: 18.

[78] McKenzie F. Beyond the Suburbs: Population Change in the Major Exurban Regions of Australia[M]. Canberra: AGPS, 1996.

[79] Meligrana J. Developing a Planning Strategy and Vision for Rural-Urban Fringe Areas: A Case Study of British Columbia[J]. Canadian Journal of Urban Research, 2003, 12 (1): 119-141.

[80] Menzies B, Bell M. Peri-Urban Development: A Case Study of the Adelaide Hills[M].

Department of Agriculture, South Australia, Extension Research and Evaluation Unit, Research Monograph 2, Adelaide, 1981.

[81] Nkambwe M, Arnberg W. Monitoring Land Use Change in an African Tribal Village on the Rural-Urban Fringe[J]. Applied Geography, 1996, 16 (4): 305–317.

[82] Pacione M. Development Pressure and the Production of the Built Environment in the Urban Fringe[J]. Scottish Geographical Magazine, 1991, 107 (3): 162–169.

[83] Pierce J. Conversion of Rural Land to Urban: A Canadian Profile[J]. Professional Geographer, 1981, 33 (2): 163–173.

[84] Pond B, Yeates M. Rural/Urban Land Conversion II: Identifying Land in Transition to Urban Use[J]. Urban Geography, 1994, 15 (1): 25–44.

[85] Qviström M. Landscapes Outof Order: Studying the Inner Urban Fringe Beyond the Rural-urban Divide[J]. Swedish Society for Anthropology and Geography, 2007, 89B (3): 269–182.

[86] R. J. Pryor. Defining the Urban-Rural Fringe[J]. Social Forces, 1968, 47 (2): 202–215.

[87] Razin E, Hasson S. Urban-Rural Boundary Conflicts: The Reshaping of Israel's Rural Map[J]. Journal of Rural Studies, 1994, 10 (1): 47–59.

[88] Robinson G M. Geographies of Agriculture: Globalisation, Restructuring and Sustainability[M]. Harlow: Pearson Education Limited, 2004.

[89] Rode M, Brink A, von Haaren Ch, Tessin W. Naturschutzorientierte Entwicklung im Suburbanen Bereich am Beispiel Hannover-Kronsberg[J]. Natur und Landschaft, 2006, 81 (3): 146–151.

[90] Sancton A. Governing Canada's City-Regions: Adapting Form to Function[M]. Montreal: The Institute for Research on Public Policy, 1994.

[91] Sarah W J. Protecting Sydney's Peri-Urban Agriculture: Moving beyond a Housing/Farming Dichotomy [J]. Geographical Research, 2014, 52 (4): 377–386.

[92] Sieverts T. Cities without Cities: An Interpretation of the Zwischenstadt[M]. London/New York: Spon, 2003.

[93] Smith T L. The Population of Louisiana: Its Composition and Change[J]. Louisiana Bulletin, 1937 (29) .

[94] Speare, Alden J R.Residential Satisfaction as an Intervening Variable in Residential Mobility[J]. Demography, 1974, 11 (2): 173–188.

[95] Sperandelli D L, et al. Dynamics of Urban Sprawl, Vacant Land, and Green Spaces on the Metropolitan Fringe of São Paulo, Brazil[J]. Journal of Urban Planning and Development, 2013, 139: 274–279.

[96] Stanback T M. The New Suburbanization[M]. Boulder: Westview, 1991.

[97] Sullivan W C, Lovell S.T. Improving the Visual Quality of Commercial Development at the Rural-Urban Fringe[J]. Landscape and Urban Planning, 2006, 41 (1–2): 152–166.

[98] Sullivan W C. Perceptions of the Rural-Urban Fringe: Citizen Preferences for Natural and Developed Settings[J]. Landscape and Urban Planning, 1994, 29 (2-3): 85-101.

[99] Sullivan W C, Anderson O M, Lovell S T. Agricultural Buffers at the Rural-Urban Fringe: An Examination of Approval by Farmers, Residents, and Academics in theMidwestern United States[J]. Landscape and Urban Planning, 2004, 69: 299-313.

[100] Tobias S, Nüesch A, Nebel R, Guilmain A. Suburbane Landwirtschaft oder Landschafts Management[J]? Agrarforschung, 2005, 12: 306-311.

[101] Tonts M, Greive S. Commodification and Creative Destruction inthe Australian Rural Landscape: The Case of Bridgetown, WesternAustralia[J]. Australian Geographical Studies, 2002, S40: 58-70.

[102] U.S. Department of Agriculture. Soil Conservation Service,Potential Croplands Study [M]. Washington, D.C., 1975.

[103] Van Huylenbroeck G, et al..Scientific Support Plan for a Sustainable Development Policy (SPSD II) [M]//Development Strategies for a Multifunctional Agriculture in Peri-Urban Areas. Brussels: Belgian Science Policy, 2005.

[104] Vejre H, et al..Multifunctional Agriculture and Multifunctional Landscapes and Land Use as an Interface[M]//Mander Ü, Wiggering H, Helming K, eds.Multifunctional Land Use-Meeting Future Demands for Landscape Goods and Services. Berlin: Springer, 2007: 93-104.

[105] Vejre H, Primdahl J, Brandt J. The Copenhagen Finger Plan: Keeping a Green Space Structure by a Simple Planning Metaphor[M]//Pedroli B, van Doorn A, de Blust G, Paracchini M L, Wascher D, Bunce F, eds. Europe's Living Landscapes: Essays on Exploring our Identity in the Countryside. Zeist: KNNV Publishing, 2007: 311-328.

[106] Vernon Henderson,Jacques-François Thisse. Handbook of Regional and Urban Economics [M]. Cities and Geography, 2004, 4: 2063-3073.

[107] Wang J C, Wang J X. An Analysis of New-Tech Agglomeration in Beijing: A New Industrial District in the Making[J]? Environment and Planning A, 1998, 30: 681-701.

[108] Weaver D B, Lawton L J. Resident Perceptions in the Urban-Rural Fringe[J]. Annals of Tourism Research, 2001, 28 (2): 439-458.

[109] Weber G, Seher W. Raumtypenspezifi sche chancen für die landwirtschaft[J]. DISP, 2006, 166: 46-57.

[110] Wheater H, Evans E. Land Use, Water Management and Future Flood Risk[J]. Land Use Policy, 2009, 26: S251-S264.

[111] WhitehandJ W R. Fringe Belts: A Neglected Aspect of Urban Geography[J]. Transactions of the Institute of British Geographers, 1967, 41: 223-233.

[112] Whitehand J W R. Urban Fringe Belts: Development of an Idea [J]. Planning Perspectives,

1988, 3 (1): 47-58.

[113] Whitehand J W R, Morton N.Fringe Belts and the Recycling of Urban Land: An Academic Concept and Planning Practice[J]. Environment and Planning B: Planning and Design, 2003, 30 (6): 819-839.

[114] Wilson G. Multifunctional Agriculture: A Transition Theory Perspective[M]. Wallingford: CABI International, 2007.

[115] Wood R, Ravetz J. Recasting the Fringe[J]. Landscape Design, 2000, 294 (10): 13-17.

[116] Wu F, Phelps N A. (Post) Suburban Development and State Entrepreneurialism in Beijing's Outer Suburbs [J]. Environment and Planning A, 2011, 43: 410-430.

[117] Wu F L. Transitional Cities [J]. Environment and Planning A, 2003, 35: 1331-1338.

[118] Wu J J, Fisher M, Pascual U. Urbanization and the Viability of Local AgriculturalEconomies [J]. Land Economics, 2011, 87 (1): 109-125.

[119] Yu X J, Ng C N. Spatial and Temporal Dynamics of Urban Sprawl along Two Urban-Rural Transects: A Case Study of Guangzhou, China [J]. Landscape and Urban Planning, 2007, 79 (1): 96-109.

[120] Zhao P G, Lu B, Woltjer J. Conflicts in Urban Fringe in the Transformation Era: An Examination of Performance of the Metropolitan Growth Management in Beijing[J]. Habitat International, 2009, 33 (4): 347-356.

[121] Zhou Y X, Ma L J C. China's Urbanization Levels: Reconstructing Comparable Time-Series Data Based on the Fifth Population Census [J]. China Quarterly, 2003 (173): 184-204.

[122] Zhou Y X, Ma L J C. Economic Restructuring and Suburbanization in China [J]. Urban Geography, 2000, 21: 205-236.

[123] 安红莹等 . 发展型城市城乡结合部小流域生态整治试点——以成都市清水河整治为例 [J]. 水土保持研究，2004，11 (3): 163-168.

[124] 北京市农研中心，北京市委研究室，北京市政府研究室联合调查组 . 关于北京市近郊城乡结合部经济社会问题的调查 [J]. 投资北京，1999 (5) .

[125] 曹广忠，缪杨兵，刘涛 . 基于产业活动的城市边缘区空间划分方法 [J]. 地理研究，2009，28 (3): 771-780.

[126] 曹有挥 . 长江沿岸港口体系空间结构研究 [J]. 地理学报，1999，54 (3): 233-240.

[127] 柴彦威，李昌霞 . 中国城市老年人日常购物行为的空间特征——以北京、深圳和上海为例 [J]. 地理学报，2005，60 (3): 401-408.

[128] 柴彦威，翁桂兰，龚华 . 深圳居民购物消费行为的时空间特征 [J]. 人文地理，2004，19 (6): 79-84.

[129] 陈怡，潘蜀健 . 广州城乡结合部管理问题及对策 [J]. 城市问题，1999，5: 48-54.

[130] 陈银蓉，梅昀等 . 大中城市城乡结合部非农建设用地的扩张与调控研究 [M]. 北京：地质出版社，

2008.

[131] 陈佑启 . 北京城乡交错带土地利用问题与对策研究 [J]. 经济地理，1996，16 (4): 46-51.

[132] 崔功豪,武进 . 中国城市边缘区空间结构特征及其发展——以南京等城市为例 [J]. 地理学报，1990，45 (4): 399-412.

[133] 方王洋 . 2015 年北京土地成交量创 8 年最低 [N]. 新京报，2015-12-19.

[134] 方晓 . 上海城市边缘区的开发管理矛盾——以浦东钦洋镇为例 [J]. 城市问题，1999 (1): 50-52.

[135] 冯健，陈秀欣，兰宗敏 . 北京市居民购物行为空间结构演变 [J]. 地理学报，2007，62 (10): 1083-1096.

[136] 冯健，刘玉 . 转型期中国城市内部空间重构: 特征、模式与机制 [J]. 地理科学进展，2007，26 (4): 93-106.

[137] 冯健，周一星 . 中国城市内部空间结构研究进展与展望 [J]. 地理科学进展，2003，22 (3): 304-315.

[138] 冯健 . 转型期中国城市内部空间重构 [M]. 北京: 科学出版社，2004.

[139] 顾朝林，柴彦威，蔡建明等 . 中国城市地理 [M]. 北京: 商务印书馆，1999.

[140] 顾朝林，陈田，丁金宏，虞蔚 . 中国大城市边缘区特性研究 [J]. 地理学报，1993，48 (4): 317-328.

[141] 顾朝林，熊江波 . 简论城市边缘区的研究 [J]. 地理研究，1989，8 (3): 43-48，95-101.

[142] 郭鸿懋等 . 城市空间经济学 [M]. 北京: 经济科学出版社，2002: 56.

[143] 郭慧馨，葛健 . 北京城乡结合部社区商业发展研究——以管庄地区为例 [J]. 中国经贸导刊，2016 (2): 21-23.

[144] 郭思维等 . 城市边缘区研究评述 [J]. 规划师，2007，28 (7): 57-62.

[145] 何华玲，韩舒立，张晨 . 论城乡结合部“过渡型社区”居民生活空间规划的合理化——以苏州工业园区若干社区为例 [J]. 中国名城，2013 (9): 18-23.

[146] 黄宝荣，张慧智，王学志 . 城市扩张对北京市城乡结合部自然和农业景观的影响——以昌平区三镇为例 [J]. 生态学报，2014，34 (22): 6576-6766.

[147] 金平 . 论城乡结合部 [J]. 开发研究，2001 (1): 9-10.

[148] 景体华 . 北京产业结构调整与经济空间布局变化 [J]. 北京规划建设，2009 (5): 21-25.

[149] 李雷艳，周介铭 . 成都市城市空间扩展与城郊农地城市流转驱动力分析 [J]. 城市建设，2005 (9): 60-62.

[150] 李明圣 . 对城乡结合部地区的文化审视——以北京市丰台区为例 [J]. 城市问题，2012 (5): 69-71，93.

[151] 李培林 . 村落的终结——羊城村的故事 [M]. 北京: 商务印书馆，2004.

[152] 李强，戴俭 . 规划制度安排与绿带政策的绩效: 伦敦与北京的比较 [J]. 城市发展研究，2005，12 (6): 30-33.

[153] 李世峰，白人朴．城乡结合部土地利用问题的战略性思考 [J]. 农业现代化研究，2003，24 (4): 248-251.

[154] 李新，周春山．中国与西方国家郊区化比较研究综述 [J]. 云南地理环境研究，2005，17 (5): 82-85.

[155] 李志刚，吴缚龙．转型期上海社会空间分异研究 [J]. 地理学报，2006，61 (2): 199-211.

[156] 刘保奎，冯长春．大城市外来农民工通勤与职住关系研究 [J]. 城市规划学刊，2012 (4): 59-64.

[157] 刘娟，张一帆．伦敦、纽约、巴黎、东京四大世界城市的农业啥模样 [J]. 科技潮，2011 (10): 32-39.

[158] 刘君德，宋迎昌，方晓．上海城市边缘型开发区的管理体制探讨 [J]. 华东师范大学学报 (哲学社会科学版)，1999 (2): 84-88.

[159] 刘盛和,吴传钧,沈洪泉．基于 GIS 的北京城市土地利用扩展模式 [J]. 地理学报,2000,55 (4): 407-416.

[160] 刘盛和，张擎．杭州市半城市化地区空间分布变化 [J]. 地理研究，2008，27 (5): 982-992.

[161] 刘守英．土地资本化与农村城市化道路 [J]. 开放导报，2011 (2): 17-22.

[162] 罗仁朝，王德．基于聚集指数测试的上海市流动人口分布特征分析 [J]. 城市规划学刊，2008 (4): 81-86.

[163] 刘杨．"城乡结合部" 你的界度在哪里 [J]？中国土地，1995 (10): 12-14.

[164] 刘映花，孙雨．望京进化史: 中国下一个硅谷 [N/OL]. 搜狐财经 - 财经综合报道，2016-03-14.

[165] 刘玉，冯健，孙楠．快速城市化背景下城乡结合部发展特征与机制——以北京海淀区为例 [J]. 地理研究，2009，28 (2): 499-512.

[166] 刘玉．城乡结合部混合经济形态与驱动要素分析——以北京海淀区为例 [J]. 城市规划，2012，36 (10): 19-25.

[167] 刘玉，郑国楠．中外城乡结合部发展比较研究 [J]. 国际城市规划，2013，28 (4): 53-58.

[168] 刘玉，苏晓捷，车巍巍．中国城乡结合部演化态势与发展趋向 [J]. 国际城市规划，2014，29 (4): 27-32.

[169] 刘玉，郑国楠．城乡结合部功能定位与规划管理国际经验 [J]. 国际城市规划，2014，29 (4): 33-39.

[170] 刘玉,冯健．城乡结合部居民经济行为特征及空间效应研究 [J]. 城市发展研究,2015,22 (4): 19-27.

[171] 刘玉，冯健．城乡结合部农业地域功能研究 [J]. 中国软科学，2016 (6): 62-72.

[172] 刘玉亭，何深静，李志刚．南京城市贫困群体的日常活动时空间结构分析 [J]. 中国人口科学，2005 (S1): 85-93.

[173] 隆少秋．大城市边缘区中小城市可持续发展战略探讨——以广州增城市为例 [J]. 地理科学进展，2003，22 (5): 532-547.

[174] 陆大道等．中国区域发展的理论与实践 [M]. 北京：科学出版社，2003.
[175] 陆大道．区位论及区域研究方法 [M]. 北京：科学出版社，1988.
[176] 陆大道．区域发展及其空间结构 [M]. 北京：科学出版社，1995.
[177] 陆玉麒，俞勇军．区域双核结构模式的数学推导 [J]. 地理学报．2003，58（3）：406-414.
[178] 陆玉麒．区域双核结构模式的形成机理 [J]. 地理学报，2002，57（1）：85-95.
[179] 吕海虹，徐勤政，程海青，李钢．北京市中心城城乡结合部绿色空间调研与思考 [J]. 北京规划建设，2013（3）：63-66.
[180] 吕卫国，陈雯．制造业企业区位选择与南京城市空间重构 [J]. 地理学报，2009，64（2）：142-152.
[181] 孟斌．北京城市居民职住分离的空间组织特征 [J]. 地理学报，2009，64（12）：1457-1466.
[182] 戚本超，周达．北京城乡结合部的发展演变及启示 [J]. 城市问题，2007（1）：61-64.
[183] 齐童，白振平，郑怀文．北京市城乡结合部功能分析 [J]. 城市问题，2005（2）：26-29.
[184] 齐一聪，陈宙颖，燕宁娜．城市更新中城乡结合部历史职能保护问题研究 [J]. 天津城市建设学院学报，2012，18（3）：219-225.
[185] 齐岳峰．北京市城乡办：重点村改造不针对特定人群 [J]. 瞭望东方周刊，2014.
[186] 曲福田，陈江龙，陈雯．农地非农化经济驱动机制的理论分析与实证研究 [J. 自然资源学报，2005，20（2）：231-241.
[187] 任荣荣，张红．城乡结合部界定方法研究 [J]. 城市问题，2008（4）：44-48.
[188] 石永江．发展中的城郊区域性经济 [J]. 科技导报，1991（4）：18-22.
[189] 宋金平，李丽平．北京市城乡过渡地带产业结构演化研究 [J]. 地理科学，2000，20（1）：20-26.
[190] 孙心亮．城乡结合部问题的根源与发展策略的转变——以北京地区为例 [J]. 经济地理，2012，32（3）：132-137.
[191] 唐子来．西方城市空间结构的理论和方法 [J]. 城市规划汇刊，1997（6）：1-12.
[192] 田毅鹏，齐苗苗．城乡结合部的“社会样态” [N]. 北京日报，2015-02-22.
[193] 涂人猛．城市边缘区：它的概念、空间演变机制和发展模式 [J]. 城市问题，1991（4）：9-12.
[194] 土地利用管理司调研组．城乡结合部土地市场管理调研报告 [J]. 中国土地，2001（1）：35-39.
[195] 王广双．北京市城乡结合部 50 个重点村的建设 [J]. 中国发展观察，2012（5）：8-10.
[196] 王海燕．北京昌平回龙观将拆分成三个街道，每个街道人口不超过 15 万人 [N]. 北京日报，2015-07-21.
[197] 王浩，胡吉平，谭衢霖．基于 TM 影像的北京城乡结合部土地利用变化分析 [J]. 测绘与空间地理信息，2012，35（2）：46-50.
[198] 王炜．关于用影像记录首都城乡结合部城市建设进程的思考 [J]. 城建档案，2013（1）：11-12.
[199] 王振宏，李舒．不完全城市化 [J]. 财经国家周刊，2010（2）.
[200] 吴一洲，吴次芳，贝涵璐．转型期杭州城市写字楼空间分布特征及其机制 [J]. 地理学报，

2010，65（8）：973-982.
[201] 肖志锋，杨宝玲，于良佐．北京市绿化隔离带建设地区失地农民就业现状及对策分析——以朝阳区东坝乡为例[J]. 小城镇建设，2007（2）：38-40.
[202] 谢宝富．北京城中村改造新模式——北坞的启示[J]. 城市开发，2012（4）：74-75.
[203] 徐坚．城市边缘区的住环境 [J]. 城市问题，2005（4）：65-69.
[204] 徐文营，金晶．北京市启动50个重点村城市化工程[N]. 经济日报，2010-04-08（第10版）.
[205] 许月明，梁山．城乡结合部耕地保护问题研究[J]. 经济问题，1998（10）：34-37.
[206] 闫雪静．北京环五环将形成一条城市绿道[N]. 北京日报，2012-11-02.
[207] 杨瑞芳，谭衢霖，秦晓春等．基于遥感与GIS的北京城乡结合部土地利用时空变化分析[J]. 测绘与空间地理信息，2016，39（9）：19-23.
[208] 杨山．城市边缘区空间动态演变及机制研究 [J]. 地理学与国土研究，1998，14（3）：19-23.
[209] 杨扬，张新．城乡结合部土地利用现状、问题与对策分析[J]. 黑龙江科技信息，2012（3）：150.
[210] 杨永春，伍俊辉，杨晓娟等．1949年以来兰州城市资本密度空间变化及其机制[J]. 地理学报，2009，64（2）：189-201.
[211] 杨再巧．基于城乡统筹视角的城乡结合部问题研究——以重庆市南岸区涂山镇莲花村畜牧社为例[D]. 重庆：重庆大学硕士论文，2008.
[212] 杨振山，蔡建明，高晓路．利用探索式空间数据解析北京城市空间经济发展模式[J]. 地理学报，2009，64（8）：945-955.
[213] 殷呈悦．北京2016年燃煤减到1100万吨以内[N]. 北京晚报，2015-12-31.
[214] 尹力，曾鼐．北京上班通勤耗时超纽约[N]// 港媒：住房远离市中心．参考消息，2015-01-28.
[215] 尹晓颖，闫小培，薛德升．快速城市化地区“城中村”非正规部门与“城中村”改造——深圳市蔡屋围渔民村的案例研究[J]. 现代城市研究，2009（3）：44-53.
[216] 余钟夫主编．北京市城乡结合部问题研究[M]. 北京：北京出版社，2010.
[217] 余钟夫．城乡结合部的更新和改造——北京的实践[J]. 城市管理与科技，2011（6）：12-14.
[218] 湛东升，孟斌，张文忠．北京市居民居住满意度感知与行为意向研究[J]. 地理研究，2014，33（4）：336-348.
[219] 张安录．城乡生态经济交错区农地城市流转机制与制度创新[J]. 中国农村经济，1999（7）：43-49.
[220] 张高攀．国际新城新区建设实践（八）：美国新城——发展特征[J]. 城市规划通讯，2015（8）.
[221] 张桂兴．积极稳妥地推进城乡结合部行政区划改革[J]. 城市问题，1993（5）：36-38.
[222] 张霁雪．城乡结合部的社会样态与空间实践：基于C市东村的调查研究[M]. 北京：中国社会科学出版社，2014.
[223] 张建明，许学强．城乡边缘带研究的回顾与展望 [J]. 人文地理，1997，12（3）：5-8，33.
[224] 张景秋，陈叶龙，孙颖．基于租金的北京城市办公活动经济空间结构解析[J]. 地理科学，2010，30（6）：833-838.

[225] 张景秋，贾磊，孟斌．北京城市办公活动空间集聚区研究[J]. 地理研究，2010，29(4): 675-682.

[226] 张庭伟. 1990年代中国城市空间结构的变化及其动力机制[J]. 城市规划,2001,25(7):7-14.

[227] 张文忠，刘旺，李业锦．北京城市内部居住空间分布与居民居住区位偏好[J]. 地理研究，2003，22(6): 751-759.

[228] 张文忠．经济区位论[M]. 北京：科学出版社，1999a.

[229] 张文忠．大城市服务业区位理论及其实证研究[J]. 地理研究，1999 b，18(3): 273-281.

[230] 张衔春，单卓然，贺欢欢等．英国“绿带”政策对城乡边缘带的影响机制研究[J]. 国际城市规划，2014，29(5): 42-50.

[231] 张学勇，沈体雁，朱成元．大城市空间结构与形态演变机制研究——以北京市为例[J]. 城市发展研究，2014，21(2): 21-26.

[232] 张雪松，吕正华，李逸群．城乡结合部发展刍议——以沈阳市浑南地区为例[J]. 城市规划，1999，23(9): 43-44.

[233] 张艳，柴彦威．生活活动空间的郊区化研究[J]. 地理科学进展，2013(12): 172-173.

[234] 赵语涵．大气污染防治重点在城乡结合部[N]. 京郊日报，2015-01-30(第2版).

[235] 甄峰，刘慧，郑俊．城市生产性服务业空间分布研究：以南京为例[J]. 世界地理研究，2008，17(1): 24-31.

[236] 甄峰．信息时代的区域空间研究[M]. 北京：商务印书馆，2004.

[237] 周春山，叶昌东．中国城市空间结构研究综述[J]. 地理科学进展，2013，32(7): 1030-1038.

[238] 周大鸣，高崇．城乡结合部社区的研究——广州南景村 50 年的变迁[J]. 社会学研究，2001(4): 99-108.

[239] 周素红，刘玉兰．转型期广州城市居民居住与就业地区位选择的空间关系及其变迁[J]. 地理学报，2010，65(2): 191-201.

[240] 周素红，闫小培．基于居民通勤行为分析的城市空间解读——以广州市典型街区为案例[J]. 地理学报，2006，61(2): 179-189.

[241] 自曾晖．北京郊区产业园遍地 安全隐患应防范[N]. 新京报，2015-08-21.